OTRA HISTORIA DE LA ÓPERA

Redbook

Fernando Sáez Aldana

OTRA HISTORIA DE LA ÓPERA

MA
NON
TROPPO

© 2021, Fernando Sáez Aldana

© 2021, Redbook ediciones

Diseño cubierta: Regina Richling

Diseño interior: Amanda Martínez

Fotografías: Wikimedia Commons / Archivo APG

ISBN: 978-84-18703-00-3

Depósito legal: B-2.948-2021

Impreso por Reprográficas Malpe, S.A. c/ Calidad, 34, bloque 2, nave 7

Pol. Ind. "Los Olivos" 28906 Getafe Madrid

Impreso en España - *Printed in Spain*

A todos los amigos de la ópera

¡Que venga la muerte!
¡Que me alcance el momento supremo
en el éxtasis de este abrazo!

Otelo en *Otello*, de Giuseppe Verdi

El amor es injusto...
¡La muerte es buena!
Mientras estaba viva, me maldecías...
Quizás, muerta, me perdones...

Fedora Romazoff en *Fedora*, de Umberto Giordano

... en el infinito hálito
del alma universal,
en el gran Todo...
perderse, sumergirse...
sin conciencia...
¡supremo deleite!

«Muerte de amor» de Isolda en *Tristán e Isolda*, de Richard Wagner

ÍNDICE

I. PRESENTACIÓN

Hace ya tiempo que el espectáculo artístico definido como «drama cantado y escenificado», es decir, la ópera, pudo sacudirse el prejuicio de distracción elitista que arrastraba. Por fortuna, la velada operística ha dejado de considerarse un evento social de minorías acomodadas para convertirse en un acontecimiento popular. En los viejos teatros decimonónicos de herradura, forrados de pan de oro y terciopelo rojo, se acomodaban unos cientos de espectadores distribuidos en plateas, palcos privados y gallineros, según su clase social. Hoy en día, el anfiteatro romano de Verona acoge hasta 22.000 amantes del mayor espectáculo del mundo que aplauden a rabiar sus arias y coros favoritos en las incómodas pero «democráticas» gradas de piedra que dos mil años después siguen ofreciendo espectáculos de masas. En el siglo XXI, las temporadas operísticas van a más y en la actualidad se representan más de veinte mil funciones de óperas compuestas solo por los cien compositores que lideran el ranking mundial. La ópera actual ya no es una atractiva oferta cultural exclusiva de Europa y Norteamérica sino también de países repartidos por los cinco continentes, como Omán, Perú, Singapur, Egipto o Nueva Zelanda, que disponen de teatros acondicionados para ofrecer el espectáculo más complejo que haya ideado el ser humano.

El viejo sambenito de «arte fosilizado» aplicado al teatro lírico tampoco se sostiene ya. Rechazar la puesta en escena de obras como *Madama Butterfly*, *Norma* o *El barbero de Sevilla* por considerarlas muestras obsoletas de un arte difunto es tan erróneo como dejar de admirar por superadas otras obras maestras del arte universal como el templo ateniense Partenón, el mural de Da Vinci *Il Cenacolo* o la novela *Don Quijote de la Mancha* de Cervantes. Las modernas escenografías, además, permiten reinterpretar las óperas del repertorio actualizándolas a los nuevos tiempos, una plasticidad desconocida en otros ámbitos artísticos.

La experiencia de la ópera ha sido analizada con autoridad por divulgadores, críticos y ensayistas prestigiosos, como el británico W. H. Auden, los estadounidenses Joseph Kerman y Paul Henry Lang, el alemán Joachim Kaiser o el español Roger Alier. Con tanto rigor como sentido crítico, estos y otros autores se han ocupado sobre todo de las cualidades musicales de tal ópera o cuál compositor, pero olvidando en ocasiones que una ópera es, ante todo, un texto literario, llamado libreto. Que, al contrario de lo que se pretende en la ópera de Antonio Salieri *Prima la música e poi le parole*, preexiste una obra literaria, original o adaptada de otra, a la que el compositor ha de poner música. Este olvido es responsable, por ejemplo, de la atribución de calificativos como sádico, lacrimógeno o manipulador a Puccini por la abundancia de muertes violentas, cuando fueron sus libretistas quienes escribieron que Butterfly se hace el harakiri, Suor Angelica se envenena y Tosca se precipita al vacío desde las almenas del castillo de Sant'Angelo.

Por tanto, el presente estudio no pretende ocuparse de analizar los aspectos musicales o vocales de unas cuantas óperas famosas, sobre los que ya existe una abundante y excelente bibliografía, sino de otros menos estudiados e incluso ausentes en la literatura especializada. Así, se abordan la importancia del libretista en el producto final operístico, la procedencia de los libretos, originales o adaptados, y los procesos por los que una obra de teatro, una novela, un poema, un cuento popular o una antigua leyenda llegan a convertirse en el libreto de una ópera.

Mas el principal objetivo de este libro es analizar los muy variados modos de recibir la muerte con la que finaliza la intervención de tantos personajes de óperas, es decir, el recurso de la muerte como inevitable desenlace trágico de la mayoría de los argumentos. Se estudian con detalle tanto los mecanismos físicos de producción de la muerte (arma blanca o de fuego, combustión, asfixia, envenenamiento, etc.) como los aspectos legales (homicidio, suicidio, duelo, ejecución, etc.) y los móviles más frecuentes (desesperación, despecho amoroso, celos, ambición de poder, etc).

Finalmente, por la importancia del fenómeno en la sociedad actual, se realiza una interpretación de los perfiles argumentales más frecuentes en la ópera desde puntos de vista tan actuales como el machismo, el acoso sexual o las llamadas violencias doméstica y de género.

Para llevar a cabo el estudio se han seleccionado 180 óperas, con referencias a más de 300. Aunque puedan parecer muchas, solo son una ínfima parte de los millares que se han compuesto desde el año 1600 hasta nuestros días, aunque suponen un alto porcentaje de las óperas incluidas en las programaciones de los teatros que las ponen en pie por todo el mundo.

A través de ellas, se analizan las circunstancias de la muerte de 230 personajes y se describen los principales estereotipos presentes en las tramas de las óperas más importantes, inevitablemente formados a partir de los dos polos fundamentales del universo humano, Eros y Tánatos. Por tanto, quedarán fuera del estudio las óperas en las que nadie muere, si bien, y esta es una de las conclusiones, son las menos programadas (solo once de las cincuenta más representadas en todo el mundo en la temporada 2018-2019).

Con ello se pretende realizar una aportación inédita al conocimiento del género operístico cuya «evolución y promoción son claves para la supervivencia de un patrimonio artístico y cultural sin fronteras» (*World Opera Forum*, Madrid, 2018). Se relaciona la bibliografía consultada, pero evitando las citas en prolijas notas al pie, que restarían agilidad a la lectura de un texto que no pretende ser un sesudo trabajo académico sino la amena divulgación de un arte en el que música, voz, texto, danza, decorados e iluminación se unen para alcanzar de un modo incomparable la razón de ser de todo arte: emocionar a sus destinatarios.

El reto que me impuse al emprender la tarea fue que el resultado no solo consiguiese agradar a los amigos de la ópera, a quienes he dedicado el trabajo, sino también interesar a cualquier lector profano en la materia pero dispuesto a adentrarse en un mundo maravilloso, aunque injustamente marcado a veces por rancios prejuicios.

Como complemento de la obra, se ofrece una visión de la actualidad operística en España y Latinoamérica y se propone una apuesta por el disfrute doméstico de la ópera, gracias a la abundancia de recursos tecnológicos y audiovisuales disponibles en la actualidad.

Otra historia de la ópera, en fin, pretende ser un entretenido repaso a la mortalidad operística como pretexto para adentrarse en un mundo fascinante y, desde luego, pródigo en historias trágicas.

Lardero, enero de 2021

II. LIBRETOS Y LIBRETISTAS

OLIVIER
(siempre sosegado, pero con decisión)
¡Prima le parole, dopo la musica![1]

FLAMAND
(con severidad)
¡Prima la musica, e dopo le parole!

OLIVIER
El sonido y la palabra...

FLAMAND
... son hermano y hermana.
¡Es una comparación osada!

(De la ópera *Capriccio*, con música de Richard Strauss y libreto de Clemens Kraus y del compositor).

En la cultura occidental, las composiciones de la llamada «música clásica» o culta que incluyen canto se denominan líricas, palabra proveniente de *lira*, el antiguo instrumento de cuerda punteada con el que Orfeo amansaba a las fieras.

---

1 En el libro *Prima la musica, dopo le parole* (Westend, 2018, editado en alemán) los legendarios críticos Marcel Reich-Ranicki (literario) y Joachim Kaiser (musical) discuten sobre el controvertido tema de la relación entre música y texto en la ópera, en un debate moderado por el director de escena August Everding en 1995.

El libreto, castellanización del diminutivo italiano *libretto* (librito), es el texto o parte literaria de estas obras musicales donde interviene la voz humana cantando o declamando, bien sea una ópera, un drama, un oratorio o una comedia musical.

La ópera (de *opera*, plural latino de *opus*, obra) es una mezcla de composición musical y obra teatral, y por tanto precisa de un texto que comprenda todas las intervenciones vocales de los personajes y las indicaciones precisas del autor sobre cómo debe desarrollarse la acción sobre el escenario.

A simple vista, un libreto operístico es igual que una obra de teatro, con su reparto, su estructura en actos, sus cuadros y escenas, sus diálogos, sus entradas y mutis, sus acotaciones, etc. Pero posee notables diferencias que lo convierten en un texto teatral especial, entre las que podemos destacar las siguientes:

Portada de un libreto de la ópera *Fausto* de Charles Gounod.

- Aunque resulte obvio, el texto del libreto no se declama, se canta, y sus intérpretes son antes cantantes que actores, si bien el cantante de ópera perfecto será quien, además, resulte un buen actor (la soprano Maria Callas fue el paradigma del «animal escénico» operístico). No obstante, algunas frases declamadas interrumpiendo el canto poseen una fuerza dramática capaz de ponerle carne de gallina al espectador, como el *Muori dannato! (…) E avante a lui tremava tutta Roma!* de *Tosca* tras apuñalar a Scarpia, el *E strano! (…) Cesaronno gli spasmi del dolore…* de *La traviata* instantes antes de expirar o el *Ich will nicht!* de la Emperatriz en *La mujer sin sombra*.

- A diferencia del teatro, en la ópera tradicional es frecuente la superposición de varias voces, al unísono o de forma contrapuntística, formando dúos, tríos, cuartetos, quintetos y hasta septetos, lo que dificulta la comprensión del texto… y el trabajo de los traductores que añaden subtítulos.

- El coro desempeñaba un papel fundamental en el teatro griego antiguo, al mismo tiempo narrador y personaje, pero en épocas posteriores fue decayendo hasta desaparecer hacia el siglo xvii. El nacimiento de la ópera significó la resurrección del coro como elemento primordial de la acción, aportando unas veces lirismo, otras, dramatismo y, sobre todo, grandiosidad a multitud de escenas durante la edad dorada del género. La tendencia del siglo xx a la ópera en pequeño formato, en fin, ha conllevado la desaparición del coro en las obras más modernas.

• A menudo se descalifica al libreto operístico como subproducto de baja calidad, literaria, se entiende. Puede ser un juicio equivocado o cuando menos injusto, porque el libreto no pretende ni puede ser una joya de la literatura dramática sino un texto al servicio del buen funcionamiento escénico de una obra musical cantada. Esto explica que de la pluma de dramaturgos hoy olvidados —algunos, justamente— como Giovanni Verga, Victorien Sardou, David Belasco o Antonio García Gutiérrez, surgieran los libretos de óperas tan notables como *Cavalleria rusticana*, *Fedora*, *Madama Butterfly* o *El trovador*, respectivamente. El tradicional desprecio al libreto se debe a su ubicación en una especie de tierra de nadie como un producto tan ajeno a la música a la que sirve como a la literatura de la que procede.

El dramaturgo David Belasco escribió las obras *Madama Butterfly* y *La Fanciulla del West* en las que se basan los libretos de sendas óperas de Puccini.

• Aun aceptando que una ópera es una obra de teatro cantada, es evidente que los espectadores no acuden al teatro para disfrutar de la actuación de unos personajes declamando el texto del libreto sino de sus voces y de la música que las acompaña. Un argumento de peso a favor de esta preeminencia de la música sobre el libreto es que muchos aficionados a la ópera pueden disfrutar plenamente de una representación o de una audición, incluso sin seguir la traducción del texto ni entender ni una palabra de lo que los cantantes estén diciendo. Esta realidad es más patente aún en obras de autores como Wagner o Strauss, las cuales, más que «óperas», se podrían considerar gigantescos poemas sinfónicos con acompañamiento vocal. Buen ejemplo es el *liebestod* (muerte de amor) final de *Tristán e Isolda*, que puede interpretarse (y de hecho se hace) prescindiendo de la voz de la soprano sin que la música pierda —gana, incluso— un ápice de lirismo, intensidad dramática y, en definitiva, capacidad de emocionar al espectador u oyente.

Fuentes literarias del libreto

Muchos libretos operísticos pueden compararse con ríos cuyo aspecto va cambiando a medida que su curso avanza desde el nacimiento a la desembocadura, aunque el agua que transporta sea la misma, si bien recibiendo las aportaciones de afluentes que van modificando su cauce.

Por la procedencia de su autoría podemos distinguir varios tipos de libretos:

• Libreto de primera mano, cuando es original del propio compositor de la música, como los de los dramas musicales de Richard Wagner.

• Libreto de segunda mano, cuando el libretista se sirve de un texto literario preexistente de otro autor, como el de *La dama de picas*, de Piotr Ilich Chaikovski, en este caso de su hermano Modest, basado en un relato de Alexander Pushkin. Es el caso más frecuente.

• Libreto de tres o más manos: como el de *Turandot*, de Giacomo Puccini, con texto de Giuseppe Adami y Renato Simoni, quienes adaptaron una fábula de Carlo Gozzi inspirada a su vez en un cuento de las *Mil y una noches*.

Libretos de primera mano

Son aquellos cuyo texto es totalmente original y fueron redactados íntegramente por los propios compositores.

En 1813 el escritor Johann Paul Friedrich Richter, conocido como Jean Paul, escribió en su ciudad natal:

> «Hasta el momento, el buen Dios ha otorgado siempre el don de la poesía con una mano y el de la música con la otra, y esto a seres tan alejados el uno del otro que hemos de esperar todavía al hombre que sabrá a la vez componer el libreto y la música de una verdadera ópera.»

Palabras extraordinariamente proféticas, teniendo en cuenta el lugar (Bayreuth) y el año (1813) en que fueron escritas. Pues el máximo exponente del compositor de óperas autor de sus propios libretos fue Richard Wagner, que además de músico fue un prolífico autor de ensayos en los que abordó cuestiones políticas, filosóficas y de teoría musical entre los que destacan *Arte y revolución*, *Ópera y drama* y *La obra de arte del futuro*, además de panfletos tan reprobables como *El judaísmo en música*. Wagner escribió los textos de todas sus óperas, con una extensión proporcionada a su larga duración.

El proceso creativo de sus dramas comenzaba con la redacción de un esbozo en prosa del argumento, que después versificaba, y finalmente componía la música. En su obra más ambiciosa, *El Anillo del Nibelungo*, tan extensa que la dividió en una serie de cuatro capítulos, el proceso literario fue retroactivo, comenzando por el final (*El Ocaso de los Dioses*) y acabando por el principio (*El Oro del Rin*). Cuando completó los cuatro libretos, Wagner inició la composición en orden cronológico sin que el espectador, oyente o lector de la inmensa obra

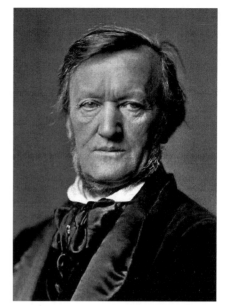

Richard Wagner (1813-1883)

pueda percatarse de este viaje de vuelta e ida de la historia.

Pero Wagner no fue un mero redactor de sus libretos. Como señala Roger Scruton en su ensayo *El anillo de la verdad*:

«La música dejaba de estar al servicio de las palabras: más aún, los roles de las palabras y la música se invertirían, las primeras explicadas por la segunda. La música debía introducir en el drama aquellos niveles más profundos de significación, simbolismo y emoción primordial que las palabras, por sí solas, no pueden más que insinuar».

Estas palabras serían la respuesta adecuada a la pregunta que formula la Condesa en *Capriccio*, de Richard Strauss: «¿Son las palabras las que conmueven mi corazón o es la música la que me habla con más fuerza?».

Además de Wagner, otros compositores optaron por escribir su propio libreto, como Ruggero Leoncavallo (*Payasos*), Modest Mussorgski (*Jovánschina*), Nicolái Rimski-Korsakov (*Mozart y Salieri*), Olivier Messiaen (*San Francisco de Asís*), Ferruccio Busoni (*Doctor Fausto*) o Giancarlo Menotti (*La médium*, *El cónsul*).

En algunos casos, el compositor fue el autor de su propio libreto, pero basado en otra obra. He aquí algunos ejemplos[2]:

- *Salomé*, de Richard Strauss, quien adaptó fielmente la traducción al alemán del drama de Oscar Wilde realizada por Hedwig Lachmann.

- *Mefistófeles*, de Arrigo Boito, basado en el *Fausto* de Goethe.

- *Los Troyanos*, de Héctor Berlioz, según *La Eneida*, de Virgilio.

- *Wozzeck y Lulú*: Alban Berg adaptó los dramas *Woyzeck*, de Georg Büchner y *La caja de Pandora*, de Franz Werdekind.

- *El rey Arturo*: Ernest Chausson utilizó una conocida leyenda medieval.

- *Pelleas y Melisenda*, de Claude Debussy sobre el drama homónimo de Mauricio Maeterlinck.

- *Beatriz y Benedicto*, de Héctor Berlioz, basado en *Mucho ruido y pocas nueces*, de William Shakespeare.

- *El caso Makropulos*, de Leos Janacek (de la obra teatral de Karel Čapek).

- *Boris Godunov*, de Modest Musorgski (del drama de Alexander Pushkin).

- *El ángel de fuego*, de Sergéi Prokofiev (de la novela de Valeri Briúsov).

- *Moisés y Aarón*: Arnold Schönberg extrajo el libreto de la Biblia.

- *Los soldados*, de Bernd Alois Zimmerman (del drama de J.M.R Lenz).

En raras ocasiones, el compositor y el libretista redactaron el texto a medias, como hicieron Richard Strauss y Clemens Krauss en *Capriccio*, Benjamin Britten y Peter Pears en *Sueño de una noche de verano* o Piotr Ilich Chaikovski y Viktor P. Burenin en *Mazepa*.

Libretos de segunda mano

La mayoría de los textos de óperas están basados en una obra literaria anterior y ajena al compositor. Aunque estos libretos proceden de todos los grandes géneros literarios (narrativa, teatro, poesía, cuento o leyenda popular e incluso ensayo), tratándose de «teatro cantado» es lógico que la mayor parte sean adaptaciones de obras teatrales.

Libreto y teatro

La lista de libretos procedentes de obras teatrales es muy larga. Como ejemplos de óperas famosas podremos citar las siguientes:

Del teatro antiguo (Grecia y Roma)

- *Medea*, de Luigi Cherubini, cuyo libretista François-Benoît Hoffman extrajo la historia de Corneille y éste de Eurípides.

- La «saga» de óperas basadas en los mitos labdácidos de Sófocles: *Edipo* de Enesco y Edmond Fleg, *Edipo Rey* de Stravinski y Coctcau, y las *Antígonas* de Karl Orff y Friedrich Hölderlin, y de Tommaso Traetta y Marco Coltellini.

- *Elektra*, de Strauss y Hofmannsthal, a partir de Sófocles.

Del teatro clásico (siglos XVI y XVII)

- La mayoría de las obras teatrales de esta época que inspiraron libretos operísticos son de William Shakespeare:

  - *Otelo* inspiró la ópera homónima de Verdi y Boito (la de Rossini no procede del drama shakespeariano).

  - *Las alegres comadres de Windsor*, el *Falstaff* de Verdi/Boito y el título homónimo de Otto Nicolai y Salomon Herman Mosenthal.

  - *Romeo y Julieta*, la ópera homónima de Charles Gounod con libreto de Jules Barbier y Michel Carré (los *Capuletos y Montescos* de Bellini y Romani no están inspirados en este drama).

  - *Hamlet*, la ópera de igual nombre compuesta por Ambroise Thomas con libreto de Barbier y Carré.

  - *Sueño de una noche de verano* inspiró dos óperas de autores ingleses tan separados en el tiempo como Henry Purcell (titulada *La reina de las hadas*) y Benjamin Britten.

  - *Mucho ruido y pocas nueces* inspiró *Beatriz y Benedicto*, con música y texto de Héctor Berlioz.

  - *Medida por medida* proporcionó el texto a la obra de juventud *La prohibición de amar* de Richard Wagner.

  - *Macbeth* daría lugar a la ópera homónima de Verdi con libreto de Francesco Maria Piave y Andrea Maffei.

  - *La tempestad* ha inspirado la que por el momento es la última ópera «shakespeariana», con música de Thomas Adès y texto de Meredith Oaker, estrenada con ese título en 2004.

- Otras: *Hipólito y Aricia* de Rameau, con texto de Simon Joseph Pellegrin basado en la *Fedra* de Racine; *Don Giovanni*, de Mozart y Da Ponte, basada en *El burlador de Sevilla y convidado de piedra*, de Tirso de Molina.

De obras de los siglos XIX y XX

• Como veremos en cada caso, la mayor parte de los libretos de las óperas italianas del siglo XIX proceden del teatro, tanto las belcantistas (Rossini, Bellini, Donizetti) como las de Verdi, Puccini y los veristas (Mascagni, Cilea, Ponchielli, etc.).

• Ejemplos del siglo XX: *La ópera de tres peniques* y *Ascenso y caída de la ciudad de Mahagonny*, de Kurt Weill, con libreto de Bertolt Brecht; las colaboraciones entre Richard Strauss y Hugo von Hoffmannsthal o la adaptación de los dramas de Oscar Wilde *Salomé* (Strauss) y *Una tragedia florentina* (Zemlinsky).

• Mención aparte merece la extraordinaria obra del literato ruso Alexander Pushkin como inspiradora de numerosas óperas rusas.

Aleksandr Pushkin (1799-1837)

Una vida de libreto. Pushkin y la ópera

Poeta, novelista y dramaturgo, Aleksandr Pushkin (1799-1837) fue el padre de la literatura rusa moderna. Romántico, contestatario del absolutismo zarista, mujeriego y vividor, sufrió varios destierros y murió a consecuencia de un duelo con un militar francés —amante del embajador holandés— al que retó por flirtear con su joven esposa Natalia.

Si la influencia literaria de Pushkin en los grandes escritores rusos posteriores (Tolstoi, Dostoievski, Gógol) fue grande, en los compositores sólo puede calificarse de extraordinaria. En menos de cuatro décadas (entre 1872 y 1909) subieron a los escenarios las siguientes óperas basadas en poemas, dramas o novelas de Pushkin: *El convidado de piedra* y *Rusalka*, de Alexander Dargomyzhski; *Boris Godunov*, de Modest Mussorgski; *Eugenio Oneguin, Mazepa* y *La dama de picas*, de Piotr Ilich Chaikovski; *El gallo de oro, Mozart y Salieri* y *La leyenda del zar Saltán*, de Nikolai Rimski-Korsakov; *El prisionero del Cáucaso, Un festín en tiempo de peste* y *La hija del capitán*, de Cesar Cui, y *Aleko*, de Sergéi Rachmaninov. Antes de este período, también inspiró *Ruslan y Ludmila*, de Mijail Glinka y después *Mavra*, de Igor Stravinski.

Algunas de estas óperas narran historias basadas en aspectos de la vida de Pushkin como su afición al juego (*La dama de picas*), sus deportaciones (*El prisionero del Cáucaso*), sus amoríos (*El convidado de piedra*), su convivencia con los zíngaros (*Aleko*) o, de un modo premonitorio, su muerte en duelo (*Eugenio Oneguin*).

Libreto y narrativa: novela, relato breve, cuento

En el último tercio del siglo XIX y en el XX el teatro fue perdiendo fuerza como fuente de libreto operístico, en favor de otros géneros literarios como la narrativa (novela, cuento), la poesía o la leyenda. Al igual que en las obras de teatro, los libretistas modificaron en mayor o menor medida los argumentos de los relatos para adaptarlos a las exigencias dramáticas de la ópera en cuestión, en muchos casos también con la intervención del compositor. La ópera con libreto basado en una novela más famosa, programada y aplaudida en todo el mundo es *Carmen*.

Georges Bizet compuso su gran éxito operístico sobre un libreto de Ludovic Halévy y Henri Meilhac basado en la *nouvelle* que Prosper Mérimée escribió, según él, porque necesitaba comprarse unos pantalones. Mérimée había traducido al francés el poema *Los gitanos* de Pushkin en el que se basaron otras dos óperas, *Gitanos* de Leoncavallo y *Aleko* de Rachmaninov, comentadas en otros capítulos de este estudio.

Quizá sorprenda saber que, en la novela de Merimée, este personaje paradigmático de la gitana andaluza convertida en *femme fatale* se entendía en vascuence con José 'Navarro' Lizarrabengoa (Don José) para que los demás no se enterasen, ya que ambos eran naturales del valle vasconavarro del Baztán. En la novela, Carmen está casada con un jefe bandolero, el Tuerto, al que don José mata en una pelea. Cuando Carmen lo abandona por el torero Lucas —un personaje menos importante que el Escamillo de la ópera—, el ex militar metido a contrabandista la asesina en un ataque de celos. Como en la ópera inmediatamente cae el telón, hay que leerse la novela para conocer el triste final de José: su ajusticiamiento a garrote vil.

Otras grandes novelas generadoras de libretos operísticos son *La muerte en Venecia*, de Thomas Mann (*Muerte en Venecia*, de Britten); *Billy Budd*, de Herman Melville (mismo título, también de Britten); *Eugenio Oneguin*, de Pushkin (mismo título, de Chaikovski); *El ingenioso hidalgo Don Quixote de la Mancha*, de Miguel de Cervantes (*Don Quijote*, de Massenet); *La historia del caballero Des Grieux y Manon Lescaut*, del Abad Prévost (la *Manon* de Massenet y las *Manon Lescaut* de Auber y Puccini); *Las penas del joven Werther*, de Goethe (*Werther*, de Massenet); *Guerra y paz*, de Tolstoi (mismo título, de Prokofiev); *La dama de las camelias*, de Alejandro Dumas hijo (*La traviata*, de Verdi); *Rarahu o El matrimonio*, de Pierre Loti (*Lakmé*, de Léo Delibes), y *El proceso*, de Franz Kafka (*Der Prozess*, de Gustav von Einem, y *The Trial*, de Philip Glass).

Libreto y leyenda, mito o cuento popular

El compositor más importante de óperas basadas en antiguas leyendas por antonomasia fue Richard Wagner, si bien los poemas, como él denominaba a sus libretos, son recreaciones personales de su autor. *El holandés errante* rememora la vieja leyenda del buque fantasma; *Lohengrin* y *Parsifal* orbitan en torno al mito cristiano del Santo Grial, *Tristán e Isolda* en los relatos artúricos y las fuentes del monumental *Anillo del Nibelungo* son poemas medievales sobre leyendas germánicas (*El cantar del Nibelungo*) y las Eddas o sagas islandesas de la mitología nórdica.

Mitología clásica

Algunas óperas se inspiran en cuentos infantiles como *Hansel y Gretel* de Engelbert Humperdinck, y *La luna*, de Carl Orff, basadas en cuentos de los hermanos Grimm; *El gato con botas*, de Xavier Montsalvatge; *El castillo de Barbazul*, de Bartok y las *Cenicienta* de Rossini y Massenet, sobre cuentos recopilados por Charles Perrault. Basada en los relatos de Lewis Carroll, la ópera *Alicia en el país de las maravillas*, estrenada en Múnich en 2007, es una de las pocas compuestas por una mujer, en este caso la surcoreana Unsuk Chin.

Otras leyendas: germánicas (la del cazador negro en *El cazador furtivo* de Weber), nínficas, eslavas (*Rusalka* de Dvorak), nórdicas (*Las Villis* de Puccini), artúricas (el *Tristán e Isolda* de Wagner, las dos *El rey Arturo* de Purcell y Chausson) y orientales (*Turandot*, de Puccini)

Cuento

Algunos libretos de óperas basados en relatos cortos o cuentos para adultos son los de *Cardillac* de Hindemith (*La señorita de Scuderi*, de E.T.A. Hoffmann), *Los cuentos de Hoffmann* de Offenbach, *La caída de la casa Usher* de Debussy (Edgar Allan Poe), *La dama de picas* de Chaikovski (Pushkin), *El enano* de Zemlinsky (*El cumpleaños de la Infanta*, de Oscar Wilde) y *Lady Macbeth de Mtsensk* de Shostakovich (relato homónimo de Nikolài Leskov).

Libreto y poema

Quizá por su estructura literaria poco propicia para la escenificación, no son frecuentes los poemas inspiradores de libretos operísticos, aunque hay ilustres ejemplos como:

• *Los Troyanos*, de Berlioz, basada en la *Eneida*, de Virgilio.

• Las óperas fáusticas (Gounod, Berlioz, Boito, Busoni), en el mito creado por Goethe.

- La mencionada *Pelleas y Melisenda* de Debussy, en el poema de Maeterlinck.

- *Mireille* de Gounod, en el poema *Mirèio*, de Frédéric Mistral.

- *El combate de Tancredo y Clorinda*, de Monteverdi, en el poema de Torquato Tasso.

- *Gianni Schicchi* de Puccini y *Francesca de Rímini* de Riccardo Zandonai y Rachmaninov, en poemas de Dante Alighieri,

- *Aleko* de Rachmaninov y *El gallo de oro* de Rimski-Korsakov, en sendos poemas de Aleksandr Pushkin.

Libretos de tercera mano

Son aquellos que resultaron de la adaptación por terceros de obras literarias preexistentes. Ejemplos:

- *Otelo*, de Rossini: el libretista Francesco Maria Berio di Salsa adaptó la tragedia *Otelo, o el moro de Venecia*, de Jean-François Ducis, basada de un modo bastante libre en el drama de Shakespeare.

- El libreto de *La violación de Lucrecia*, de Benjamin Britten lo escribió el poeta y dramaturgo inglés de ascendencia alemana Ronald Duncan basándose en el drama homónimo del francés André Obey, desarrollado a partir de un poema de William Shakespeare cuyas raíces se hunden en el relato que hizo el historiador Tito Livio de la violación de Lucrecia por Sexto Tarquinio.

- Francis Poulenc escribió el libreto de *Diálogos de carmelitas* (1957) en colaboración con Emmet Lavery, basándose en la obra de teatro homónima de Georges Bernanos (1949), adaptación de la novela *La última del patíbulo* de la escritora Gertrud von Le Fort (1932), la cual se había inspirado en el manuscrito *Relación del martirio de las dieciséis carmelitas de Compiègne*, de sor María de la Encarnacion (Francisca-Genoveva Philippe, 1761-1836).

- *Turandot*, de Giacomo Puccini: los libretistas Adami y Simoni utilizaron la tragicomedia que Carlo Gozzi (s. XVIII) escribió sobre un relato de *Los mil y un días*, una recopilación de historias orientales realizada por François de la Croix, *Las siete bellezas* o *Las siete princesas*, tomado del gran poeta persa del siglo XII Nezamí Ganyaví.

El libretista relegado

En el cartel anunciador del estreno de *Elektra*, el 25 de enero de 1909 en la Ópera Real de Dresde, bajo el título de la obra podía leerse: «Tragedia en un Acto de Hugo von Hofmannsthal», y en la línea subyacente: «Música de Richard Strauss». En el de *Aida*, el 24 de diciembre de 1871 en el Teatro de la Ópera de El Cairo, bajo el título figuraba «Libreto de Antonio Ghislanzoni» y debajo, «Música de Giuseppe Verdi».

En la actualidad, los nombres de los libretistas aún merecen una discreta mención en segundo plano en los carteles y los programas de mano de los teatros, pero han desaparecido por completo en la publicidad audiovisual de los espectáculos. En los *cartellone* de algunos escenarios para ópera de masas, como la Arena de Verona, incluso se sustituye el nombre del libretista por el del escenógrafo («*Madama Butterfly*, de Giacomo Puccini, dirección de Franco Zeffirelli»), dejando claro que después del compositor no importa tanto quien escribió el texto ni quien dirige la orquesta como quien la ponga en escena.

Hoy incluso la mayoría de los buenos aficionados al género desconocen la autoría de las hermosas palabras que integran sus arias favoritas, y las fuentes más populares de información no ayudan a reparar este injusto olvido. Sirva como ejemplo lo que la enciclopedia generalista de internet Wikipedia dice de la conocida aria *Una furtiva lacrima*:

> «Es una romanza para tenor incluida en la ópera *L'elisir d'amore*, compuesta por Gaetano Donizetti en 1832. Constituye el aria más célebre de la ópera, y la han interpretado a través de los años tenores de la más alta talla, como…»

Sigue una larga lista de famosos intérpretes, luego un resumen del argumento de la obra y finaliza ofreciendo el texto completo del aria, en italiano y traducido al castellano. Pero ni mención al autor del poema, Felice Romani.

Libretistas célebres

Una lista exhaustiva de libretistas sería interminable, pero entre los más ilustres de la historia de la ópera sobresalen nombres como Lorenzo da Ponte (Mozart, Salieri, Martin y Soler), Eugène Scribe (Rossini, Auber, Meyerbeer, Donizetti, Verdi) Luigi Illica (Puccini, Giordano, Catalani), Francesco Maria Piave y Arrigo Boito (Verdi) y Hugo von Hofmannsthal (Richard Strauss).

Colaboraciones fructíferas

Las relaciones entre el compositor y el libretista no siempre fueron fáciles ni cordiales. Pero en todas las etapas del género operístico se han dado casos de pleno entendimiento y compenetración artística entre el músico y el literato, cuyo resultado son obras de la categoría del *Don Giovanni* de Mozart, *El caballero de la rosa* de Richard Strauss u Otelo de Verdi.

Scribe

Eugène Scribe dominó el panorama teatral de París durante la primera mitad del siglo XIX. Escribió centenares de piezas y rara era la semana que no estrenaba alguna, siempre con buena acogida del público. Cuesta trabajo creer que hoy estaría completamente olvidado si no fuese por su contribución directa o indirecta al libreto operístico.

Scribe trabajó para autores de la categoría de Donizetti (*La favorita*), Rossini (*El conde Ory*), Auber (*Fra diavolo*, *La muda de Portici*, *Manon Lescaut*), Meyerbeer (*Los hugonotes*, *El profeta*, *La africana* y otras, todas en colaboración con Émile Deschamps) o Verdi (*Un baile de máscaras*, *Vísperas sicilianas*). Otras óperas destacadas del repertorio, como *L'elisir d'amore*, *La sonámbula* o *Adriana Lecouvreur*, contaron con libretos escritos por otros (Romani, Colauti) pero basados en obras de Scribe.

Da Ponte y Mozart

La ópera es un invento italiano y hasta la irrupción del drama musical wagneriano ocupó sin competencia el trono mundial —léase europeo— de la ópera. En la edad de oro del género, el siglo XIX, los teatros programaban «ópera italiana», lo cual resultaba redundante, y si no lo eran hacían que lo pareciese obligando a traducir los libretos al italiano. En los grandes coliseos europeos el *Fausto* de Gounod, la *Carmen* de Bizet y hasta el *Lohengrin* de Wagner se cantaba en italiano (de ahí proviene el *racconto* del Caballero del Cisne). Aquella hegemonía del «italianismo» en la ópera favoreció la carrera de numerosos escritores italianos convertidos en afamados libretistas.

Uno de los más célebres del siglo XVIII fue Pietro Antonio Domenico Bonaventura Trapassi, más conocido como Metastasio. A su muerte en 1782 tomó el relevo un personaje de biografía novelesca, nacido Emanuele Conegliano, aunque más conocido como Lorenzo da Ponte. Hijo de judío converso, ordenado sacerdote católico y desterrado de la Serenísima República de Venecia por «libertino» (tuvo dos hijos con una amante) se trasladó a Viena, donde gracias a su condición de masón entró en contacto con «hermanos» de la logia vienesa entre los que se encontraba Wolfgang Amadeus Mozart.

Lorenzo da Ponte (1749-1838)

Da Ponte redactó casi una treintena de libretos para varios compositores, Antonio Salieri entre ellos, pero su fama y su prestigio se lo deben
sobre todo a los que escribió para *Las bodas de Fígaro*, *Don Juan* (*Il dissoluto
punito, ossia Don Giovannni*) y *Así hacen todas* (*Così fan tutte, ossia La scuola
degli amanti*), las últimas óperas «italianas» de Mozart. Nadie como él, que
trató a Casanova, podía describir mejor las andanzas de un *dissoluto* (libertino) como Don Juan.

En aquellos tiempos, la suerte de muchos artistas iba unida a la de sus
patrones, y al morir el emperador José II su poeta oficial tuvo que emigrar
de nuevo, primero a Londres y finalmente en Nueva York, donde redactó
sus sabrosas memorias y falleció a los 89 años. Una vida de ópera.

El dúo Illica-Giacosa y Puccini

Etimológicamente, el melodrama (de *melos* = música con canto, y *drama*)
es una obra dramática con intervención de la música para intensificar la
emoción del espectador. Es un recurso empleado hoy sobre todo en el
cine y, menos, en el teatro. Pero el término «melodrama» no puede significar lo mismo en una obra donde la música suena de principio a fin.
Una ópera adquiere la calificación de melodrama cuando busca «tocar la
fibra» del espectador, es decir, conmoverlo con argumentos y sobre todo
con desenlaces de un sentimentalismo exagerado. Un buen melodrama es
el que acaba emocionando hasta las lágrimas al espectador predispuesto y

dotado de la sensibilidad adecuada. Y el maestro indiscutible en el arte de componer música lacrimógena fue Giacomo Puccini.

Todos los aficionados que acuden a una representación más de *La bohème*, *Madama Butterfly* o *Il Trittico* saben perfectamente que al final de la ópera Mimí acabará apagándose víctima de la tisis, Cio-Cio-San haciéndose el harakiri ante su hijito y a sor Angélica redimida por una visión mística. Pero pocos se librarán del agarrotamiento de garganta y el humedecimiento de ojos que, una vez más, tan conmovedoras escenas desencadenarán en su sistema emocional.

Por esta capacidad de emocionar que poseen sus óperas, Puccini ha sido tachado de hábil manipulador, aunque él afirmó que deseaba «captar la emoción del público haciendo vibrar sus nervios como las cuerdas de un violonchelo». No pudo dejar más claras sus intenciones al respecto cuando pidió a los libretistas de *Turandot*, Giuseppe Adami y Renato Simoni: «Prepárenme algo que haga llorar a la gente». La esclava Liú sería la encargada de intentarlo, pero lo tendría difícil después del buen hacer lacrimógeno de Mimí en *La bohème* o Cio-Cio San en *Madama Butterfly*. Además de estas dos piezas maestras del melodrama pucciniano, *Manon Lescaut* y *Tosca* fueron obra del tándem de libretistas Luigi Illica y Giuseppe Giacosa (un *scapigliati*), cuyas relaciones con Puccini fueron con frecuencia tensas y en ocasiones tormentosas. La razón fue que el maestro solía interferir en el trabajo de sus libretistas modificando sus textos e incluso añadiendo palabras de su cosecha.

Giacomo Puccini (1858-1924)

Hofmannsthal y Strauss

Se diría que Richard Strauss iba al teatro en busca de óperas. Así, en 1902 asistió en Berlín a una representación de *Salome*, el drama que el irlandés Oscar Wilde nunca hubiera podido escribir en Londres ni estrenar en París, a pesar de haberlo escrito en francés. En el «Pequeño Teatro» de Max Reinhardt se daba la obra, traducida al alemán por Hedwig Lachmann e interpretada por Gertrud Eysoldt. Al finalizar la función alguien le dijo a Strauss que ahí tenía un buen tema para una ópera y el músico le contestó: «Ya la estoy componiendo».

Salomé se estrenó en 1905 en la *Semperoper* de Dresde y aquel mismo año Strauss echó de nuevo las redes en otro teatro berlinés, donde de nuevo la Eysoldt representaba con mucho éxito la *Elektra* del dramaturgo y ensayista vienés Hugo von Hofmannsthal. El flechazo artístico entre ambos fue inmediato y, con la decisión de transformar la obra teatral en ópera, nació una de las cola-

Richard Strauss (1864-1949)

boraciones entre un operista y su libretista —o viceversa— más felices y fructíferas de la historia. En los veinte años siguientes a *Electra* vendrían *El caballero de la rosa*, *Ariadna en Naxos*, *La mujer sin sombra*, *Helena egipcíaca* y *Arabella*, hasta que un accidente cerebrovascular fulminante acabó con la vida de Hofmannsthal poco después del funeral de su hijo, que se había suicidado dos días antes. Aunque Strauss siguió componiendo hasta cinco óperas más, libretísticamente hablando ya nunca levantaría cabeza.

La abundante correspondencia entre Strauss y Hofmannsthal revela la excelente relación que los unió, en general, y el grado de compenetración y minuciosidad que alcanzó su colaboración artística:

En la página 77 de Elektra necesito una larga pausa después del primer grito de Elektra: «¡Orestes!». Intercalaré un intermedio orquestal delicado y estremecido mientras Elektra observa a Orestes, al que acaba de recuperar (...) ¿Podría usted añadirme un par de versos antes de pasar al tono sombrío que comienza con las palabras: «No, no debes tocarme», etc.?

Hugo von Hofmannsthal (1874-1929)

Tres días después, Hofmannsthal remitió a Strauss ocho versos que el músico calificó de «maravillosos», y en su carta de respuesta añadió:

Es usted un libretista nato; es éste el mayor cumplido de que soy capaz, pues para mí es mucho más difícil escribir un buen texto de ópera que una buena pieza teatral.

Sin embargo, para el compositor de poemas sinfónicos Richard Strauss parece que la música no sólo debía ser *prima*, sino incluso *sopra le parole*. En un ensayo de *Electra*, el músico rugió desde el podio exigiendo a la mayor orquesta reunida en un foso hasta entonces que tocase todavía más fuerte, pues aún oía vociferar a Clitemnestra…

Tras el paroxismo de *Electra*, el músico comunicó al libretista que la próxima sería «una ópera de Mozart». En principio iba a llamarse Ochs —apellido del barón, que significa «buey»— pero al final se impuso un título que a Strauss no le gustaba, *El caballero de la rosa*. Pero a Pauline, su esposa, sí. Y quien manda, manda.

Boito y Verdi

Entre los estrenos de la primera ópera de Giuseppe Verdi (*Oberto, Conde de San Bonifacio*, 1839) y la última (*Falstaff*, 1893) transcurrieron 54 años. Tras el gran éxito de la tercera (*Nabucco*, 1842), Verdi compuso a un ritmo frenético diecinueve óperas durante dieciséis años, doce de ellos conocidos como «de galera». Tan solo en el quinquenio 1843-48 estrenó diez títulos. En cambio, en los últimos treinta y cuatro años de su carrera sólo produjo seis obras, las tres últimas (*Aida, Otelo* y *Falstaff*) en 22 años. Los motivos de esta progresiva deceleración no tuvieron que ver con un agotamiento de su inspiración lírica sino con el desahogo económico que le proporcionaron las en aquella época modernas leyes que regularon la propiedad intelectual y los derechos de autor. Como a Rossini tras el estreno de Guillermo Tell, después del de *Aida* (1871) al rico hacendado Verdi se le quitaron las ganas de componer más óperas. O, seguramente, la necesidad de hacerlo. El regalo de sus dos últimas obras maestras se lo debemos a dos ilustres personajes: el editor Giulio Riccordi y el compositor y poeta Arrigo Boito.

Boito nació el mismo año que Nabucco (1842) y por tanto perteneció a la siguiente generación de Verdi. Estudió en el conservatorio de Milán, descubrió el nuevo mundo operístico wagneriano

Arrigo Boito (1842-1918) y Giuseppe Verdi (1813-1901)

al otro lado de los Alpes y cuando regresó al feudo de Verdi se adhirió al movimiento conocido como *Scapigliatura* (literalmente, «desmelenamiento»), un grupo de jóvenes que hoy denominaríamos *progres*. Intelectuales refinados, inconformistas e iconoclastas de la cultura imperante en Italia, los de la Scapigliatura arremetieron con osadía contra lo más sagrado, y en ópera no había nadie más consagrado que el autor de la exitosa trilogía romántica integrada por *Rigoletto*, *El trovador* y *La traviata*. En un exceso poético, propio del joven exaltado que era entonces, Boito proclamó en 1863 que el altar del arte lírico italiano que representaba Verdi —sin nombrarlo directamente— se encontraba «ensuciado como la pared de un burdel».

De cómo se vivía la ópera en el Milán de aquella época da buena cuenta el escándalo que produjo el estreno de *Mefistófeles* en la Scala en 1868. Acusada de «wagneriana», la única ópera de Boito tuvo que ser retirada por orden gubernativa tras las graves alteraciones de orden público que se produjeron en el estreno. Nadie podía imaginar entonces que Boito acabaría no solo rindiéndose de manera incondicional al arte del Maestro sino impulsando sus dos últimas óperas, para las que realizó un excelente trabajo de adaptación de sendas obras de Shakespeare. Las cerca de 400 cartas cruzadas entre Verdi y Boito que se conservan permiten conocer a fondo una de las relaciones más interesantes que han existido entre un compositor y su libretista. Más que amigos, el venerable anciano y el antiguo desmelenado que un día lo insultó acabaron siendo como un padre y un hijo.

Antes que Boito colaboraron con Verdi varios libretistas, entre los que destacan Franceso Maria Piave (*Rigoletto*, *La Traviata*, *Ernani*, *La fuerza del destino*, *Simón Bocanegra*), Salvatore Cammarano (*El Trovador*, *Luisa Miller*) y Temistocle Solera (*Atila*, *Nabucco*). Al tratarse de un músico con instinto teatral innato, casi todos los libretos de las óperas del maestro de Busseto proceden del teatro, con la excepción de *Aida* y *La traviata*.

El libreto censurado

La censura intolerante de obras artísticas y literarias es tan antigua como la civilización occidental: ya el emperador Calígula prohibió nada menos que *La Odisea* de Homero por sus peligrosas ideas griegas sobre la libertad. Autores de la talla de Gustave Flaubert (*Madame Bovary*), James Joyce (*Ulises*), Charles Baudelaire (*Las flores del mal*), John Steinbeck (*Las uvas de la ira*), Henry Miller (*Trópico de Cáncer*), Oscar Wilde (*Salome*), Salman Rushdie (*Los versos satánicos*), George Orwell (*Rebelión en la granja*), Vladimir Nabokov (*Lolita*) y Camilo José Cela (*La colmena*) forman parte de una lista interminable de grandes escritores cuya obra ha sido objeto de prohibición por intolerancia política, social, sexual o religiosa.

Como espectáculo público basado en una obra literaria, la ópera no se ha librado del trabajo de los censores que, al servicio de sus amos, han intentado torcer la voluntad creativa de los compositores y sus libretistas en todas las épocas. Hoy puede sorprender que obras maestras como las mozartianas *Cosí fan tutte* o *Las bodas de Fígaro* tuviesen que vérselas con la censura imperial austríaca, pero ambas se consideraron subversivas por atentar contra los cimientos de un viejo orden social, basado en el poder absoluto del trono y el altar, que ya tocaba a su fin. Tres años después del estreno vienés de *Le nozze di Figaro*, estalló en París la revolución de las clases populares y la burguesía contra la aristocracia que el censor supo vislumbrar en el texto de da Ponte.

En la época belcantista, *Maria Stuarda* de Donizetti sufrió los rigores de la censura del reino de Nápoles, gobernado por la ultraconservadora dinastía de los Borbón-Dos Sicilias: una reina no podía ser ejecutada en un escenario, y menos aún si era católica y por orden de otra reina protestante. Veinticinco años después, quien tuvo que soportar la intransigencia de los censores napolitanos fue Giuseppe Verdi, ante el estreno de *Un ballo in maschera*. A Verdi le iban los argumentos derivados de obras teatrales marcadas por el escándalo, como *Rigoletto* (basado en *El rey se divierte*, de Victor Hugo, «inmoral y obsceno») o *La forza del destino* (del drama del Duque de Rivas *Don Álvaro o la fuerza del sino*). Pero ninguna ópera suya sufrió más rigor censor que el *remake* verdiano de *Gustavo III o El baile de máscaras*, ópera con música de Auber y libreto de Scribe, centrada en el asesinato histórico de este monarca durante un baile de máscaras celebrado en la Ópera de Estocolmo en 1792. Al igual que en *Rigoletto*, donde el rey de Francia hubo de convertirse en Duque de Mantua para poder estrenarse, el rey de Suecia se tornó nada menos que en gobernador de Boston, pero esto no fue suficiente. La censura napolitana exigió que se suprimiesen el baile de máscaras y el sorteo del verdugo (que no podía pegarle un tiro a Riccardo, sino apuñalarlo) y que Amelia apareciese como hermana de Renato, en lugar de su esposa, lo que convertía un adulterio en un incesto, chapuza que repetiría un siglo después la torpe censura franquista con el filme *Mogambo*.

En las décadas sucesivas, la intolerancia por atentar contra la realeza o la moralidad dio paso a la política y religiosa de regímenes totalitarios de todo signo, desde el nazi (las óperas de la «música degenerada» se abordan en otro capítulo) hasta el soviético (Stalin condenó personalmente *Lady Macbeth de Mtsensk*, de Shostakovich), pasando por el integrismo islámico. En 2006 la Deutsche Oper de Berlín se autocensuró suspendiendo la representación de una versión del Idomeneo de Mozart, dirigida escénicamente por el provocador Hans Neuenfels, por temor a un posible atentado islamista al mostrarse la cabeza cortada de Mahoma, junto a las de Jesucristo, Buda y Poseidón.

En 1967 el dictador argentino Juan Carlos Onganía ordenó retirar del teatro Colón de Buenos Aires la ópera *Bomarzo*, con música de Alberto Ginastera y libreto de Manuel Mujica Láinez, por indecente. Y en fecha tan reciente como 2009, el Palau de la Música de València censuró toda referencia a los almogávares catalanes en la reposición de la ópera *Roger de Flor*, de Ruperto Chapí. La censura nunca muere.

¿DE QUÉ VA UNA ÓPERA?

Existen diversas teorías acerca del número de situaciones que pueden darse en una obra de ficción dramática, tanto en los géneros clásicos (narrativa, teatro) como en modernos como el cine.

La más antigua conocida es *Las 36 situaciones dramáticas*, del francés Georges Polti (1895), que pueden agruparse en varias categorías:

1. Agresión (homicidio, secuestro o rapto, persecución, injusticia, deshonra)
2. Amor (lícito, adúltero, imposible), celos, remordimientos
3. Odio, rivalidad o enemistad, venganza, crueldad, injusticia, ambición, persecución, rebelión
4. Sacrificio: por un ideal, una pasión o una persona amada, rescate
5. Desastre o desgracia irreparable
6. Empresa audaz, imprudencia fatal
7. Locura
8. Conflicto religioso

Casi un siglo después (1993), el estadounidense Ronald B. Tobias publicó *20 argumentos maestros* y en 2004 el inglés Cristopher Booker (2004) redujo la lista a *Los siete argumentos básicos*. La publicación más reciente al respecto es la de un equipo de investigadores de la Universidad de Vermont (2016) que tras analizar 1700 relatos del Proyecto Gutenberg fijaron en seis el número de modelos de tramas maestras presentes en cualquier «historia del mundo», según lo que le acaba sucediendo al protagonista:

1. De los harapos a la riqueza: subida.
2. De la riqueza a los harapos: caída.
3. Hombre en un hoyo: caer para luego levantarse.
4. Ícaro: subir y después caer.
5. Cenicienta: levantarse, caer y levantarse de nuevo.
6. Edipo: caer primero, levantarse y acabar cayendo.

En la ópera podrán aplicarse estas y otras clasificaciones, pero hay un criterio diferenciador básico tan simple como infalible, atendiendo al desenlace: unas óperas acaban *bien* y otras *mal*. Las primeras no son necesariamente las cómicas (bufas) o comedias; como veremos, muchas óperas serias de la época barroca y clásica tienen un final feliz a pesar de contener situaciones dramáticas. Por el contrario, no todas las óperas con un final trágico lo son necesariamente por causa de la muerte.

Eros y Tánatos

Aunque la teoría psicoanalítica de Sigmund Freud ha sido muy cuestionada y hoy se considera superada por no tratarse de una verdadera ciencia con base biológica, es justo reconocer que buena parte del pensamiento del célebre neurólogo vienés, *se non è vero, è ben pensato*. Una de las ideas fundamentales de Freud fue la coexistencia en cada individuo de dos *pulsiones* o impulsos básicos contrapuestos, el de la vida y el de la muerte, que bautizó con los nombres de dos personajes de la mitología griega, Eros, dios del amor sensual, y Tánatos, personificación de la muerte.

Para Freud, Eros es el instinto que dirige la conducta humana hacia la supervivencia, tanto individual como de la especie, a través de la atracción sexual que garantiza la reproducción y por tanto la perpetuación de la vida, el ser. Tánatos, por el contrario, es el instinto que conduce a la destrucción del ser humano, a la muerte propia (suicidio) o de otro (homicidio), el no ser. Ambos impulsos innatos conviven en cada individuo y en cualquier momento pueden tomar las riendas de su destino. Si es Tánatos, infundiéndole los sentimientos negativos (odio, pena, frustración, culpa, celos, desesperación) que envenenan la mente y nublan el alma y si es Eros, los positivos (felicidad, alegría, empatía, amor, gratitud, compasión) que las iluminan.

Dado que el teatro es un espejo de la vida y que la ópera es una modalidad de teatro, es lógico que la mayoría de las historias de las que se ocupan oscilen entre estos polos opuestos de amor y odio, de vida y muerte, de Eros y Tánatos. Cuando Eros se impone en la trama la ópera será una comedia o aún siendo seria tendrá un *lieto fine*, pero si gana Tánatos inevitablemente sobrevendrá la tragedia.

Esquemáticamente, los sentimientos que conducen a los personajes hacia el triunfo de uno de ambos extremos son los siguientes:

1. Triunfo de Eros: a través del amor, la compasión, la generosidad, la bondad, etc.
2. Triunfo de Tánatos: por medio del odio, la envidia, la infidelidad, traición o deslealtad, los celos, la ambición, el deseo sexual ilícito, la desesperación, la opresión o el fanatismo, político o religioso.

EL TRIÁNGULO TBS

Una reducción al extremo de los trasfondos que encierran la mayoría de los argumentos de óperas nos llevaría a la siguiente simplificación: un personaje desea algo, o a otro, pero un tercero trata de impedirlo. El paradigma de esta ecuación es lo que denominaremos «triángulo TBS», iniciales de Tenor, Barítono —o Bajo— y Soprano.

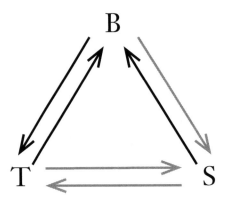

Triángulo TBS típico (las flechas oscuras indican atracción y las más claras rechazo).

Una conocida ocurrencia en torno a la ópera —atribuida a George Bernard Shaw— reduce la mayoría de los argumentos operísticos a un tenor que quiere llevarse al huerto a una soprano predispuesta pero un barítono no les deja. La humorada pretende caricaturizar al género, pero en el fondo no le falta razón. Gran cantidad de libretos pivotan sobre un triángulo cuyos vértices son el rol protagonista masculino, generalmente un tenor; el femenino, casi siempre una soprano (o una *mezzo*), y el malo de la historia que se interpone entre ambos, la mayoría de las veces un barítono y las menos un bajo, y no siempre por rivalidad amorosa.

Para ilustrar la frecuencia de este esquema argumental básico sirvan los ilustres ejemplos siguientes (en negrita, los personajes que mueren):

Título	T	B	S
TOSCA (Puccini)	**Mario Cavaradossi**	**Barón Scarpia**	**Floria Tosca**
OTELLO (Verdi)	**Otello**	Yago	**Desdémona**
LA TRAVIATA (Verdi)	Alfredo Germont	Giorgio Germont	**Violeta Valéry**
TIERRA BAJA (D'Albert)	Pedro	**Sebastián**	Marta
PELLEAS Y MELISANDA (Debussy)	**Pelléas**	Golaud	**Mélisande**
MANON LESCAUT (Puccini)	Renato des Grieux	Geronte de Ravoir	**Manon Lescaut**
DON PASQUALE (Donizetti)	Ernesto	Don Pasquale	Norina
EL BARBERO DE SEVILLA (Rossini)	Conde de Almaviva	Don Bartolo	Rosina
FRANCESCA DE RIMINI (Zandonai)	**Paolo**	Gianciotto	**Francesca**
LA VALQUIRIA (Wagner)	**Siegmund**	**Hunding**	Sieglinde
UN BAILE DE MÁSCARAS (Verdi)	**Riccardo**	Renato	Amelia
LA FAVORITA (Donizetti)	Fernando	Alfonso XI	**Leonora**

El tenor Bradley Daley (Siegmund), la soprano Amber Wagner (Sieglinde) y el bajo Jud Arthur (Hunding) forman el triángulo TBS en *La Valquiria*, de R. Wagner.

- Los motivos más frecuentes del conflicto entre los tres personajes son:

  – Rivalidad amorosa de T y B por S, como sucede en *Tosca* y *Tierra baja*.

  – Prohibición o impedimento del amor entre T y S por B, presente en *La traviata*, *El barbero de Sevilla* o *La favorita*.

  – Odio vengativo de B hacia T: *Otello*, *Manon Lescaut*.

  – S, casada con B, le es infiel con T: *Un baile de máscaras*, *Francesca de Rimini*, *La valquiria*, *Cavalleria rusticana*.

En la pequeña muestra incluida en la tabla puede comprobarse como, salvo las óperas bufas y comedias, en casi todas las óperas pasan a mejor vida uno, dos y hasta los tres elementos que conforman el triángulo TBS.

Este trío protagonista con predominio masculino es el más frecuente en los argumentos operísticos, pero hay otros, atípicos:

- El triángulo STM: lo conforman una soprano, una mezzosoprano (u otra soprano) y un tenor, por el que ambas rivalizan. Ejemplos:

  – Aída (s)-Radamés (t)-Amneris (ms), en *Aida* (Verdi).

  – Abigail (s)-Ismael (t)-Fenena (ms), en *Nabucco* (Verdi).

  – Medea (s)-Jasón (t)-Glauce (s), en *Medea* (Cherubini).

  – Norma (s)-Polión (t)-Adalgisa (ms/s), en *Norma* (Bellini).

  – Katia (s)-Thikon (t)-Marfa (ms), en *Katia Kabanova* (Janáček).

  – Isabel (s)-Roberto (t)-Sara (ms), en *Roberto Devereux* (Donizetti).

Un caso peculiar de triángulo es el que forman Ben (bt), Lucy (s) y un teléfono en *El teléfono o El amor a tres*, de Menotti.

- También podemos encontrar en el repertorio operístico algunos cuadriláteros, como los siguientes:

  – En *Radamisto*, de Haendel, el rey Tirídates (t), casado con Polixena (s), pretende a Zenobia (ms, papel travestido), esposa de Radamisto (ms), mientras que Tigranes (s), otro papel travestido), general de Tirídates, desea a Polixena.

  – En *Ernani*, de Verdi, a Elvira (s) la pretenden tres protagonistas masculinos: Ernani (t), que es correspondido, Silva (bj) y el emperador Don Carlos (b).

  – En *Payasos*, de Leoncavallo, el cuadrilátero está formado por tres hombres y una mujer: Nedda (s), su marido Canio (t), su acosador Tonio (bt) y su amante Silvio (bt).

• E incluso algún pentágono: En *La Gioconda*, Enzo (t) es un noble proscrito, amante de la cantante Gioconda (s) pero en realidad pretende a Laura (ms), esposa del inquisidor Alvise (b), cuyo espía Barnaba (bt) desea a Gioconda cerrando así un complejo círculo amatorio.

DIRETTORE, TRADITORE

Finalizamos el capítulo dedicado a libretos y libretistas con unas palabras a modo de advertencia sobre el artífice del espectáculo operístico que más relevancia está adquiriendo y más polémica viene generando en las últimas décadas de la historia del género: el director de escena o escenógrafo (*inszenierung* en alemán, *metteur en scène* en francés, *stage director* o *director* a secas en inglés, idioma que reserva el término *conductor* para el director musical o de orquesta.)

La conocida sentencia italiana *traduttore, traditore* expresa la dificultad de traducir un texto escrito en una lengua a otra sin «traicionar» su auténtico significado, pero en ningún caso pretende achacar al traductor la mala intención de adulterarlo. En el terreno operístico, sin embargo, la cosa es bien distinta.

Los brabanzones, convertidos en ratas en la ópera *Lohengrin* dirigida por Hans Neuenfels.

Por principio, no es justo acusar de *traditore* al libretista *adattatore* de una obra preexistente. Para empezar, los libretistas debían obtener el permiso de los autores o de los herederos de sus derechos de autor si los hubiese. En segundo lugar, nunca ocultaban las fuentes de sus libretos, que eran de sobra conocidos. Pero no sucede lo mismo con los actuales directores de escena de numerosos montajes operísticos, a quienes se puede acusar de traidores con todas las consecuencias, pues las licencias que se permiten alterando acotaciones escénicas a su antojo solo merecen la calificación de alta traición, no solo al texto sino al espectáculo operístico concebido por sus autores.

Ya no hablemos de cambios de ambientación de las historias en tiempo y lugar, tan frecuentes en las actuales producciones operísticas. Muchas son inteligentes, oportunas y resultan convincentes porque revalidan la actualidad de los conflictos humanos que subyacen en situaciones dramáticas concebidas en épocas pretéritas.

Pero otra cosa muy distinta son los caprichos, extravagancias y presuntas «genialidades» de directores de escena que entran a saco en los libretos y los alteran sin ningún sentido, como situando en escena a personajes cuando no deben —luego no saben qué hacer con ellos, ya que no pueden ni cantar ni intervenir en la acción— o, peor todavía, cambiar su destino final, incluida la muerte. Sin entrar a valorar el gusto por la provocación de algunos escenógrafos con sus montajes escabrosos, cruentos o simplemente desagradables a la vista, cada vez es más frecuente asistir a versiones de óperas donde personajes que deben morir no lo hacen, o viceversa.

Un escandaloso ejemplo de adulteración grave de un libreto, perpetrada impunemente por un director de escena (con el beneplácito de la dirección del teatro), tuvo lugar en una reciente producción de *Carmen* por el Maggio Musicale Fiorentino. En esta versión "feminista" de la ópera, es Carmen quien mata a Don José, y además a tiros.

Huelga decir que en este trabajo se han respetado fielmente los libretos de todas las óperas analizadas. Con la muerte no se juega.

III. LA MUERTE EN LA ÓPERA

La muerte es el destino de todos los seres vivos, incluidos los humanos. Nos acompaña a lo largo de toda la vida cuando, de forma prematura o tras una colmada existencia, se van agotando los plazos vitales de nuestros familiares, amigos, conocidos y convecinos. Más que un misterio, la muerte es el punto final del misterio de la vida y a la vez principio de las creencias religiosas en otra, eterna y dichosa, invención humana que pretende la trascendencia del espíritu tras el «escándalo de la muerte». La muerte nos preocupa, nos fascina y nos atemoriza e incluso aterroriza, aunque sea la única experiencia humana que nunca viviremos. Dicho con mejores palabras:

> Es más fácil soportar la muerte sin pensar en ella, que soportar el pensamiento de la muerte. (Blas Pascal)

> La muerte es algo que no debemos temer porque, mientras somos, la muerte no es y cuando la muerte es, nosotros no somos. (Antonio Machado)

El acontecimiento de la muerte está presente en las representaciones artísticas de todas las civilizaciones de la historia de la Humanidad. En la occidental, ocupa el centro de interés de infinidad de relatos, poemas, cuadros, obras teatrales, esculturas, filmes y, naturalmente, óperas. Según las estadísticas de *Operabase*[3], en 71 de los 100 títulos más representados en todo el mundo durante la temporada 2018-2019 muere algún personaje,

---

3 Base de datos en red que ofrece información sobre la actividad de todos los géneros musicales escénicos en el mundo por países, ciudades, teatros, títulos y compositores.

casi siempre de forma violenta. El desenlace funesto es una constante en la historia de los espectáculos escénicos de todos los tiempos, a menudo basados en la misma historia, como la de Agamenón, sobre la que Esquilo basó su *Orestíada* en el siglo v a. C. y que inspiró *La muerte de Agamenón*, una ópera del barítono y compositor mexicano Roberto Bañuelas estrenada en 2007.

Como regla definitoria, en la ópera cómica y en la comedia o *dramma giocoso per musica* nunca muere nadie y menos de forma trágica (en esa joya tardía de la ópera bufa que es el pucciniano *Gianni Schicchi*, el cadáver que aparece en escena ya ha fallecido de muerte natural antes de iniciarse la acción). La mayoría de las 29 óperas sin muerte de los *top 100* mencionados son de Mozart y de autores barrocos como Haendel o belcantistas como Rossini y Donizetti.

En la ópera no bufa (que no es lo mismo que *seria*[4]), en cambio, abundan los acontecimientos funestos que ocasionan la muerte trágica de algún personaje. Cuando quien perece es uno de los protagonistas, el telón no tardará en caer porque la muerte es un punto y final inapelable de la historia. Después del *Liebestod* de Isolda, la precipitación de Tosca al vacío o la autolisis por apuñalamiento de Otelo, nada más puede suceder sobre el escenario. La muerte es la conclusión inevitable de numerosas situaciones en las que las pulsiones, pasiones y tensiones desplegadas por los libretistas colocan a los personajes tan al límite que no existe otra salida posible que el fin de su existencia, el Tánatos. La muerte, además, es un juez implacable que imparte una justicia, no siempre acertada, pero sin apelación posible.

Existe una última y poderosa razón para *matar* a los protagonistas de un drama musical: nada nos conmueve más que ser espectadores de la muerte. Desde luego, nuestra emoción será máxima, de una intensidad casi insoportable, cuando asistimos personalmente a la pérdida definitiva de alguno de nuestros seres más queridos. Pero también puede emocionarnos la muerte de personas menos allegadas si nos toca vivirla de cerca. Lo asombroso es que podamos llorar de conmiseración asistiendo a la muerte «en directo» de un personaje de ficción sobre el escenario, más aún si la escena viene acompañada de una música tan cargada de emotividad que por sí sola sea capaz de expresar e infundir una gran emoción en el espectador. Esta es la razón por la que una buena representación de la escena final de *La bohème* puede acongojar hasta el llanto al espectador, una y todas las veces que la vea y escuche. Un argumento irrefutable contra la acusación a la ópera de espectáculo inverosímil y artificioso.

---

4 La «ópera seria» no es la contraposición de la cómica sino un estilo que se desarrolló en el siglo XVIII a partir del *dramma per musica* de la ópera barroca.

Ahora bien, supongamos que Mimí supera la crisis y, en lugar de fallecer, se recupera, y la ópera acaba con boda celebrada con los amigos bohemios en el café Momus. O, sin salir de Puccini, que Pinkerton, divorciado de Kate, regresa a tiempo para llevarse a Butterfly y al hijo de ambos cuando se entera de su existencia; o que la orden de Scarpia de simular el fusilamiento de Cavaradossi era auténtica y la pareja escapa por Civitavechia a una nueva vida. ¿Verdad que, desde el punto de vista dramático, no sería lo mismo? Dotar de la máxima intensidad teatral a estas tres óperas —y a tantas otras— exige que Mimí, Butterfly y Tosca mueran. La muerte, en la ópera, proporciona el sumun de dramatismo al que una obra escénica puede aspirar. Y no perdamos de vista que la ópera también es teatro.

La muerte de Mimí (Ailyn Perez) pone un trágico punto final a *La Bohème* de Giacomo Puccini.

¿DE QUÉ MUERE UN PERSONAJE DE ÓPERA?

Básicamente, los personajes operísticos pueden expirar sobre el escenario víctimas de dos tipos de muerte: natural o provocada. Aunque resulte de lo más natural que quien reciba un disparo o una puñalada, se precipite desde una altura o ingiera un veneno fallezca como consecuencia, por «muerte natural» se entiende la que no está ocasionada por causas violentas o intencionadas sino fisiológicas, como la vejez, la enfermedad o la exposición a circunstancias ambientales extremas. Es este un tipo de muerte que, dada

su escasa fuerza dramática, no abunda en el repertorio operístico, si se ex-
ceptúa la tuberculosis que trunca las vidas de heroínas de la talla de Violeta
Valéry (*La traviata*) o Mimí (*La bohème*). Y, aunque la vejez es la causa más
natural de un deceso, veremos cómo entre centenares de muertos en escena
solo unos pocos personajes fallecen porque alguno de sus órganos o siste-
mas vitales deja de funcionar de puro agotamiento.

En cuanto a la muerte provocada, existen dos maneras principales de
perecer los personajes de una ópera: el homicidio y el suicidio. Aproxima-
damente en dos tercios de las óperas más representadas en la actualidad, alguno de los protagonistas o se mata o lo matan. El otro tercio se lo reparten
causas menos frecuentes como el accidente, la mencionada muerte natural
u otras aún más raras. Mención aparte merece la defunción por «desfallecimiento», un recurso tan socorrido como inverosímil ya que, como veremos,
la mayoría de las defunciones por esa especie de desmayo irrecuperable
ocurren sobre todo en mujeres jóvenes y sanas. Es el caso de Isolda (*Tristán
e Isolda*), Leonor (*La favorita*), Salud (*La vida breve*), Margarita (*Faust*), *Elektra* o *Thaïs*, aunque también puede afectar a varones como *Boris Godunov* e
incluso a la pareja, como en el caso de *Tannhäuser* y Elisabeth.

Mecanismos de producción de la muerte provocada

Desde un punto de vista físico, un cuerpo humano puede dejar de funcionar por varios tipos de agresiones físicas externas de las que no están libres
los protagonistas de una ópera, que exponemos a continuación de manera
esquemática, con algunos ejemplos:

• <u>Combustión</u>, por incineración, generalmente en una hoguera:

  – Cuando es voluntaria, se denomina inmolación (*Dido*, *Brunilda*)

  – Si es involuntaria, ejecución (*Juana de Arco*, *Renata*)

• <u>Asfixia o anoxia</u>: la muerte por falta de oxígeno se puede deber a:

  – Constricción mecánica, por

    ◊ ahorcamiento (*Billy Budd*)

    ◊ estrangulamiento (*Desdémona*)

  – Sumersión o ahogamiento (*Lisa*)

• <u>Herida</u>, por:

  – Arma blanca

    ◊ Cortante: la navaja de afeitar con la que se degüella *El Pintor de
    Lulú*.

    ◊ Perforante: la lanza que Hagen clava en la espalda de *Sigfrido*.

◊ Cortopunzante: el tantô con el que *Cio-Cio San* se hace el harakiri.

◊ Contusa: decapitación, por

» Espada (*Jokanaán*)

» Hacha (*Roberto Devereux*)

» Guillotina (*Andrea Chénier*)

– Arma de fuego:

◊ Pistola (*Lenski*)

◊ Fusil (*Mario Cavaradossi*)

• Intoxicación, a causa de un veneno:

– Ingerido (*Fedora, Luisa Miller*)

– Aspirado natural (plantas) (*Sélika, Lakmé*)

– Aspirado artificial (gas) (*Magda*)

• Traumatismo, único o múltiple, por:

– Precipitación al vacío (*Floria Tosca*)

– Aplastamiento (*Sansón*)

– Contusión directa (*Cyrano*)

Actos o hechos que causan la muerte

Desde un punto de vista médico-legal, son los siguientes:

• Homicidio y sus variedades, según a quién se mate:

– Infanticidio: a un niño (*hijos de Jenufa, Medea y Margarita*)

– Parricidio: a los padres o el esposo (*Clitemnestra*)

– Uxoricidio: a la esposa (*Marie*)

– Fratricidio: al hermano (*Fasolt*)

– Magnicidio: a un gobernante (*Simón Bocanegra*)

– Tiranicidio: a un tirano (Gessler de *Guillermo Tell*)

– Pasional o de género: (*Carmen, Nedda*)

• Suicidio, que en la ópera se ejecuta de tres maneras sobre todo:

– Inmolación en hoguera (*Norma, Dido, Brunilda*)

– Con arma blanca (*Butterfly, Edgardo, Gioconda*)

– Con arma de fuego (*Werther*)

- <u>Ejecución</u> (*Blanche de la Force*), Linchamiento (*Cardillac*) o Duelo (*Siegmund, Turiddu*)

- <u>Masacre</u> (*El ejército del Faraón, los filisteos en el templo de Dagon*)

- <u>Natural</u>, a causa de:

  - Enfermedad (*Violeta, Aschenbach*)

  - Vejez (*Don Quijote, Emilia Marty*)

  - Fallo cardíaco (*El enano*)

  - Parto (*Sieglinde*)

  - Accidente montañero (*Hagenbach*)

  - Sed o insolación (*Manon, Mireille*)

- <u>Emoción intensa</u> (*Isolda, Kundry, Boris Godunov*).

- <u>Causas sobrenaturales</u>, como la condenación (*Fausto, Don Giovanni*), la desaparición (*Don Carlos*) o la asunción al cielo (*Margarita*).

- <u>Causas insólitas</u>, como la del Rey Dodón por la picadura de *El Gallo de oro* o la del pastor Acis, aplastado por el pedrusco que le lanza el iracundo Polifemo (*Acis y Galatea*).

Nuestra pequeña estadística

De los 230 personajes operísticos muertos analizados en esta obra, la gran mayoría perecen de forma violenta (81,2%), con predominio de los homicidios (56,6%, incluyendo las ejecuciones y los duelos) y seguido de los suicidios (23,2%), de claro predominio femenino (64%). El tercer lugar lo ocupa la muerte por causas naturales o enfermedad (8,7%), el cuarto la desaparición (6%) y el quinto las muertes por «desfallecimiento» (2,7%). El 2,8% restante se reparte entre una miscelánea de causas infrecuentes.

A continuación, analizaremos brevemente las características de las dos principales causas de fallecimiento en la ópera: matar y matarse.

A. Homicidio

La vida, definida por filósofos y académicos de la Lengua como «fuerza o actividad esencial mediante la que obra el ser que la posee», es, además de un fenómeno biológico, un bien jurídico, «el más valioso», al que todo humano tiene derecho, aunque nadie esté obligado legalmente a vivir (los intentos frustrados de suicidio no son delictivos). Dejando de lado dos cuestiones tan polémicas como el aborto y la pena de muerte, el homicidio o acción de matar a una persona es socialmente rechazable, moralmente reprobable y legalmente punible. Mas, dependiendo de las circunstancias, en Derecho se distinguen dos tipos básicos de homicidio:

• Homicidio simple, cuando no concurren circunstancias como premeditación o alevosía, y la muerte se puede producir accidentalmente o por exceso en el uso de una violencia que no pretendía matar.

• Homicidio doloso o asesinato, cuando el homicida tiene la intención de matar a su víctima y posee competencia moral para entender la ilicitud de tal acto y sus consecuencias.

Riccardo (Gregory Kunde) cae asesinado en *Un ballo in maschera* de Giuseppe Verdi.

En el homicidio doloso pueden concurrir las llamadas <u>circunstancias agravantes</u>, a saber:

– Premeditación: planificación del acto homicida por el autor.

– Nocturnidad u ocultación: el homicida actúa de noche o provisto de un disfraz.

– Alevosía: cuando la víctima no puede defenderse.

– Ensañamiento: producción de sufrimiento añadido innecesario a la víctima.

– Abuso de la confianza existente entre el homicida y su víctima.

– Recompensa: el homicida actúa por encargo remunerado.

En estos casos, el homicidio se convierte en asesinato.

En algunos ordenamientos jurídicos se contempla igualmente la concurrencia de circunstancias atenuantes e incluso eximentes de responsabilidad, como:

– Arrebato por alteración psíquica debida a enfermedad mental o por efecto de sustancias psicoactivas como las drogas o el alcohol.

– Miedo insuperable.

– Estado de necesidad.

– Cumplimiento de la ley o de una sentencia.

En el teatro, y por ende en la ópera, el homicidio es un recurso dramático muy frecuente, además de la primera causa de muerte provocada o violenta, como hemos señalado. Atendiendo a las circunstancias aludidas, he aquí algunos ejemplos de óperas en las que se producen diferentes tipos de homicidio:

Homicidio involuntario

En *La dama de picas* de Chaikovski, Herman sólo pretende asustar a la Condesa amenazándola con una pistola —descargada— para que le revele el secreto de las tres cartas que siempre ganan, pero la anciana sufre tal impresión que en el acto segundo muere súbitamente llevándose el secreto a la tumba... pero solo hasta el tercero.

En *Billy Budd* de Britten, cuando el malvado Claggart acusa injustamente a Billy de amotinamiento ante el capitán del barco, el pobre marinero, nervioso e incapaz de articular palabra por su tartamudez, le propina un puñetazo al maestro de armas con tan mala suerte que se desnuca al caer al suelo y muere.

Homicidio doloso

En *Cavalleria rusticana* de Mascagni, Alfio desea matar a Turiddu y lo reta a una lucha ilegal cuerpo a cuerpo en la que Turiddu no sólo no está indefenso, sino que pudo haber matado en igualdad de condiciones al marido de su amante.

Por el contrario, en *Macbeth* de Verdi la muerte del rey Duncan es un asesinato en toda regla a manos del matrimonio Macbeth con varios agravantes: nocturnidad, abuso de confianza, alevosía, premeditación y ensañamiento.

Homicidios «justificados»

Desde un punto de vista bioético, quitar la vida un ser humano a otro es un acto contrario a la moral y por tanto reprobable, pero no siempre punible. La Ley contempla circunstancias eximentes de responsabilidad en algunos homicidios, empezando por los que ella misma impone como castigo legal. El mayor homicida en serie de la historia, Charles-Henri Sanson, murió en su cama después de matar a 2.918 personas. Fue el verdugo de París durante cuarenta años y en la nómina de sus guillotinados figuran el rey Luis XVI, un poeta llamado André Chénier y las dieciséis monjas carmelitas de Compiègne.

Las ejecuciones de sentencias de muerte

Si la vida es el don más preciado del ser humano, arrebatársela constituye el mayor de los castigos. La pena de muerte o «capital» es un homicidio legal que todavía es legal en una veintena de países, todos ellos gobernados por regímenes autoritarios con las excepciones de Japón y de algunos Estados Unidos de Norteamérica.

En el repertorio operístico abundan los casos de ejecución, casi todos motivados por represiones políticas, intolerancia religiosa o superstición, y realizados de diversos modos.

• Quema en hoguera: el «fuego purificador» era el método preferido para acabar con herejes y brujas. La lista de víctimas operísticas de la Inquisición es larga: Rachel (*La judía*), *Juana de Arco*, Renata (*El ángel de fuego*), Silvana (*La llama*), *El prisionero*, Grandier (*Los demonios de Loudun*)…

• Decapitación: el modo de ejecutar a un reo «separando la cabeza del cuerpo» fue evolucionando desde la espada y el hacha, que exigían la destreza del verdugo, hasta la infalible guillotina. Entre los personajes decapitados a espada destacan Jokanaán (*Salomé*) y el príncipe de Persia (*Turandot*). El hacha fue la preferida en las «óperas Tudor», en las que *Ana Bolena, María Estuardo* y *Roberto Devereux* acaban perdiendo la cabeza. La guillotina, un invento de la Revolución Francesa, se llevó por delante a Danton (*La muerte de Danton*), a *Andrea Chénier* y Magdalena y a Blanche de la Force y sus quince compañeras monjas (*Diálogos de carmelitas*).

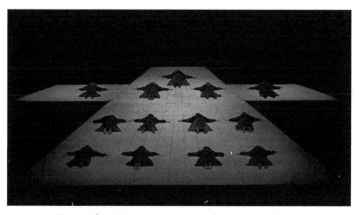

Escena de *Diálogos de carmelitas*, de Francis Poulenc.

- Horca: por motivos bien distintos, *Billy Budd* y Jim Mahoney (*Ascenso y caída de la ciudad de Mahagonny*) acaban sus días colgados del cuello en un patíbulo. Como veremos, Dick Johnson (*La chica del Oeste*) tiene mejor suerte y se libra de la muerte en el último momento.

- Disparo de arma de fuego: Mario Cavaradossi (*Tosca*) muere ante un pelotón de fusilamiento y Leon Klinghofer (*La muerte de Klinghofer*) víctima de un atentado terrorista histórico.

- Otras formas de ejecución menos frecuentes son el enterramiento vivo de Radamés (al que se suma voluntariamente *Aida*) o el linchamiento de *Cardillac*, el orfebre que asesinaba a sus clientes.

Otros homicidios «justificados» son los que ocurren como consecuencia de un duelo o bajo circunstancias atenuantes o eximentes:

El duelo

El combate a muerte entre dos personas que previamente se han retado es una modalidad de homicidio no legal pero aceptado en ciertas épocas y sociedades como medio de dirimir de forma trágicamente absurda cuestiones de honor entre caballeros. Es así como *Eugenio Oneguin* mata a su mejor amigo Lenski, Alfio al amante de su mujer, Turiddu (*Cavalleria rusticana*) o el torero Paquiro a Fernando en *Goyescas*.

La defensa propia

Lohengrin no desea la muerte de Telramund y lo demuestra perdonándole la vida cuando lo vence en el juicio de Dios del primer acto. Pero en el tercero el recalcitrante Conde ataca al caballero desconocido en su alcoba nupcial y a éste no le queda más remedio que defenderse, y en la refriega lo mata.

El estado de necesidad

En *Tosca*, la protagonista apuñala a Scarpia cuando el sádico barón se abalanza sobre ella para violarla como cobro no consentido del perdón de Cavaradossi que, además, es falso. En *Tiefland*, Pedro estrangula a Sebastián cuando éste pretende forzar a su esposa Marta. En Sigfrido, éste mata al enano Mime cuando el pájaro del bosque le revela que pretende envenenarlo.

Enajenación mental súbita

Quizás el rapto de locura más famoso de la historia de la ópera sea el de *Lucía de Lammermoor* cuando mata a Arturo en la noche de bodas.

Escena de *La médium*, de Gian Carlo Menotti.

Miedo insuperable

Aterrorizada por lo que cree un fantasma, Madame Flora (*La médium*) dispara su pistola contra el teatro de marionetas tras el cual se esconde el gitanillo mudo Toby.

B. Suicidio

Desde un punto de vista dramático, el suicidio es un modo de morir más noble, elevado y trágico que el homicidio. Sobre el escenario operístico, matarse da más juego teatral que sufrir una humillación, asumir un resto de existencia desdichado e incluso que ser asesinado. Lo más preciado que tiene el ser humano es su vida y para quitársela por su propia mano se necesita una poderosa razón que pueda llegar a justificarlo.

Así que, antes que caer en manos de los griegos, sin duda para deshonrarlas antes de asesinarlas, Casandra y una parte de las mujeres troyanas (*Los Troyanos*) prefieren quitarse la vida apuñalándose en masa. Antes que sufrir la tortura de la pérdida de su hijito durante el resto de su vida, *Madama Butterfly* se hace el harakiri y *Suor Angélica* ingiere un brebaje letal. Y antes que vivir atormentadas por el remordimiento, la desesperación, el desamor o la vergüenza, Abigaille (*Nabucco*), Lakmé, Magda (*El cónsul*) o Lucrecia (*La violación de Lucrecia*) prefieren quitarse de en medio con dignidad y, por qué no decirlo, con grandeza, porque renunciar a la vida para evitar la infelicidad engrandece al personaje. Se comprende que personajes operísticos de la talla de Julieta, Dido, Hermann, Fedora, Otelo o Brunilda prefieran morir con dignidad a sobrevivir en la amargura.

La soprano Karah Son como Cio-Cio San en *Madama Butterfly*, de Giacomo Puccini.

En las óperas más importantes en las que ocurre un suicidio, la proporción de mujeres casi duplica a la de hombres. Dado que la autolisis responde siempre a un estado psicológico de malestar crónico insoportable, se explica que los libretistas y compositores de óperas de todas las épocas, casi todos varones, hayan creado o adaptado muchos más personajes femeninos que masculinos desgraciados o desesperados.

Como veremos en los casos particulares, los métodos preferidos para el suicidio operístico son el veneno, el arma blanca y el fuego, seguidos por el ahogamiento, la precipitación y el ahorcamiento.

El «suicidador» de heroínas

A Giacomo Antonio Domenico Michele Secondo Maria Puccini (Lucca, 1858 – Bruselas, 1924) le pusieron tantos nombres como generaciones de músicos había regalado la familia al Duomo de su ciudad natal. Como su padre, su abuelo y su bisabuelo, el adolescente Giacomo estaba predestinado a tocar el órgano de la catedral, pero pronto dio síntomas de descarrío como aporrear el piano en tascucias y robar cañerías de plomo para comprar tabaco, hasta que el 11 de mayo de 1876 su vida se encauzó. Representaban la *Aida* de Verdi en Pisa y Puccini recorrió a pie los veinte kilómetros que lo separaban de la revelación de su destino: componer óperas. Tras la prometedora *Le Villi* y el fiasco de *Edgar*, el apoteósico estreno de *Manon Lescaut* lo entronizó como nuevo rey de la ópera italiana, es decir, de la Ópera, cuando contaba los 35 años que vivió Mozart.

Como la de su colega Chaikovski, la música de Puccini sigue debatiéndose entre el indiscutible éxito popular y el desdén esnob de presuntos intelectuales musicales que rebajan los «sensibleros» melodramas puccinianos por excitar conscientemente los instintos menos refinados del oyente. Pero ahí están *La Bohème*, *Tosca* y *Madama Butterfly* entre las diez óperas más representadas año tras año en todo el mundo, y ahí siguen generación tras generación millones de espectadores dispuestos a llorar una vez más con la muerte de Mimí, a romperse las manos tras otro *Vissi d'arte*, a embelesarse de nuevo con el *Oh mio babbino caro* o a enronquecer de tanto bravo al *Nessun dorma*, a sabiendas de que el mago de las emociones Puccini se la está jugando una vez más con sus viejos trucos.

Las heroínas puccinianas (Manon, Mimí, Cio-Cio San, Floria Tosca, Suor Angelica, Liú) son «mujercitas que solo saben amar y sufrir», casi siempre hasta la muerte y mayormente suicidándose. Solo tras el escándalo del suicidio real de la criada Doria Manfredi, injustamente acusada por Elvira[5] —quien había dejado a su marido por Puccini— de mantener relaciones íntimas con el músico, el «poderoso cazador de aves silvestres, libretos operísticos y mujeres atractivas» compuso una ópera-western (*La fanciulla del West*) cuya protagonista Minnie no sólo no se mata sino que ni se muere.

Pero, pasado el mal trago, Puccini volvió a las andadas *suicidando* a la fiel esclava Liú tras dejarle cantar la bellísima aria *Tu che di gel sei cinta* («Tú, que estás rodeada de hielo») Sería su último suicidio porque el maestro, fumador empedernido, falleció sin acabar *Turandot* víctima de un cáncer de laringe.

Además del homicidio y el suicidio son menos frecuentes otras causas de muerte como las naturales (vejez, enfermedad), las catástrofes naturales, las emociones intensas, el «desfallecimiento» y las que calificamos de misteriosas o sobrenaturales (desaparición, condenación, ascenso al cielo, etc).

---

5 El informe de la autopsia declaró virgen a la muchacha y Elvira eludió la cárcel indemnizando a la familia.

La agonía en la ópera

Aunque no todas, la gran mayoría de las muertes de personajes operísticos —hablamos de protagonistas principales— pertenecen a una de estas dos clases: fulminante o interminable.

Como es obvio, la muerte será más inmediata cuanto más violenta y cotundente lo sea el mecanismo que la produce: Ana Bolena, Jokanaán o Roberto Devereux, por ejemplo, no pueden permanecer vivos ni un instante tras su decapitación, lo que priva a estos personajes de la posibilidad de seguir cantando ni en *pianissimo*. Pero algunos personajes perecen nada más recibir su merecido, incluso con la cabeza en su sitio, casi sin decir ni palabra, como Melot tras caer fulminado por la espada de Kurwenal o Pelleas por la de su hermanastro Golaud. Otros tienen tiempo de lanzar algún alarido antes de expirar, como Clitemnestra a manos de su hijo Orestes, e incluso de articular alguna frase, como Atila cuando descubre que su asesina es su prometida, o varias, como el barón Scarpia después que Tosca le hinque el cuchillo de la cena en su pecho inflamado de lujuria. Y otros, en fin, han de seguir cantando todavía un buen rato —y con qué bríos— aunque estén desangrándose, como Werther y Tristán, éste último durante un largo tercer acto entero.

El «podio» de la muerte en el escenario

Resulta significativo que las tres óperas más representadas en todo el mundo finalicen con la muerte de sus protagonistas femeninas, dos de la misma enfermedad infecciosa (tuberculosis pulmonar) y la tercera asesinada por un amante despechado. Si existiera una competición por el número de veces que fallecen todos los años sobre los escenarios, el podio estaría ocupado del siguiente modo inalterable:

1º. Violeta (*La traviata*, de Verdi)
2º. Mimí (*La bohème*, de Puccini)
3º. Carmen (*Carmen*, de Bizet)

En los tres casos, el óbito de la protagonista se produce al final del último acto como clímax dramático sobre un acorde de toda la orquesta en modo menor tras el cual ya no cabe más acción que la bajada del telón. Parafraseando las últimas palabras de Tonio[6] en *Payasos*, con la muerte de la protagonista, *la tragedia è finita!*

---

6 En el libreto es Canio quien pronuncia *La comedia é finita!*, aunque generalmente es Tonio quien lo hace en las representaciones, reforzando así la importancia del personaje.

LA MUERTE LLAMA DOS VECES

Eurídice

En la mitología griega, la ninfa Eurídice es la esposa de Orfeo, el cantante hijo de Apolo que calmaba a los animales y sosegaba a los humanos con su lira. Huyendo de otro pretendiente, Eurídice pisa una serpiente venenosa cuya mordedura le produce la muerte. Hondamente apenado, Orfeo desciende al inframundo y con su emotivo canto logra que Hades devuelva a su amada a la vida, a condición de que camine delante de ella y no le dirija la mirada hasta que la luz del sol cubra su cuerpo. Pero el impaciente Orfeo no soporta la espera, se vuelve para mirar a su amada y ésta desaparece para siempre.

Escena de *Orfeo y Eurídice*, de Ch. W. Gluck.

Un final triste que el compositor Cristoph Willibald Gluck, con ayuda del libretista Raniero de Calzabigi —compañero de correrías, como da Ponte, del polifacético libertino Giacomo Casanova— se encargó de rectificar en su versión operística del mito. Otros compositores, como Jacopo Peri (*Euridice*, 1600), Giulio Caccini (*L'Euridice*, 1602) y Claudio Monteverdi (*Orfeo*, 1607) habían tratado el mito en los albores de un período barroco operístico que justamente se considera finiquitado por la versión de Gluck.

Orfeo y Eurídice fue una ópera revolucionaria con la que Gluck inició una profunda reforma del género al abandonar las viejas convenciones de la ópera seria (recitativo secco[7], aria da capo[8], etc.) y los excesos vocales de los divos y castrati barrocos, que enlentecían y encorsetaban la acción, a favor de un estilo más ágil y dotado de mayor fuerza dramática. También impuso la obertura y otorgó protagonismo al coro.

En la ópera de Gluck, cuando Eurídice muere por segunda vez debido a la impaciencia de Orfeo, éste decide suicidarse para reunirse con ella pero Cupido, *deus ex machina*[9], les consigue una segunda oportunidad y Eurídice regresa por segunda vez del reino de los muertos para quedarse definitivamente en el de los vivos con su Orfeo. Una convención de la ópera seria, el *lieto fine* (final feliz) que, para satisfacción del público, Gluck no logró sacudirse. Esta Eurídice clásica es el único personaje de ópera que no sólo está muerta cuando se alza el telón y viva cuando cae sino que por el medio muere otra vez y resucita dos.

Pero hay una versión actualizada del personaje en la que muere de una vez por todas. Se trata de la ópera de cámara *Las desgracias de Orfeo*, de Darius Milhaud, estrenada en 1926, en la que intervienen Orfeo (barítono), Eurídice (soprano) y tres coros: de artesanos, de gitanos y de fieras. En el libreto, de Armand Lunel, Orfeo es un boticario que se enamora de la gitana Eurídice. Los amantes huyen al bosque, donde confraternizan con un oso, un lobo, un jabalí y un zorro, pero ante la impotencia del boticario Eurídice muere de una extraña enfermedad y Orfeo acaba asesinado por los gitanos.

Alcestes

Aunque Beethoven subtituló su ópera *Fidelio* «El amor conyugal», si hay otra que merece tal sobrenombre es la conmovedora historia de Alcestes y Admeto que de nuevo Calzabigi extrajo y modificó del *Alcestis* de Eurípides para elaborar el libreto de *Alceste*, de Cristoph Willibald Gluck. En esta obra, fundamental en la reforma del género operístico que emprendió el compositor, éste y su libretista repiten el tema del rescate de la muerte a las puertas del inframundo, ya tratado en su anterior colaboración, Orfeo y Eurídice.

---

7 «Recitado monologado dentro de la ópera en la que el intérprete ejecuta una monodia con pocas inflexiones y con un escueto acompañamiento instrumental»

8 (*Da capo*: desde el principio). Aria estructurada en tres secciones; la segunda en un tiempo más lento y la tercera es una repetición de la primera.

9 Con esta expresión latina (que significa «dios desde la máquina») se denominaba al recurso de introducir inesperadamente en el escenario con ayuda de una polea a una deidad que proporcionaba un giro inesperado a la trama.

Como prólogo a su obra, Gluck escribió:

Me he esforzado por restringir la música a su verdadero oficio de servir a la poesía por medio de la expresión y siguiendo las situaciones de la historia, sin interrumpir la acción ni ahogarla con una inútil superfluidad de adornos... No quería arrestar a un actor en el mayor calor del diálogo para esperar a un *ritornello* (repetición) tedioso, ni retenerlo en medio de una palabra en una vocal favorable a su voz.... He buscado abolir todos los abusos contra los que el sentido común y la razón han gritado en vano...

Una primera versión de *Alceste* se estrenó en Viena cantada en italiano, pero años más tarde Gluck presentó la definitiva en París cantada en francés. En la versión italiana el *deus ex machina* que acaba librando de la muerte a los protagonistas es Apolo, pero en la francesa lo consigue un amigo de la familia tan influyente como Hércules.

Admeto, rey de Tesalia, está gravemente enfermo, y el oráculo vaticina que morirá salvo que alguien lo haga por él. Nadie está por la labor y será su amada esposa Alcestes quien ofrezca su vida («Morir por lo que amamos es un esfuerzo demasiado suave»). Los dioses del infierno (las «Divinités du Styx» de la célebre aria) aceptan el trato y Alcestes se dispone a ingresar en él pero Admeto, súbitamente recuperado, se entera y corre a impedirlo. A las puertas del reino de la Muerte, los esposos pugnan por sacrificarse el uno por el otro hasta que Hércules les monta una bronca a los dioses infernales y logra que Apolo los devuelva a los dos a una vida de felicidad… hasta que algún día, ya sin remedio posible, la muerte los separe para siempre.

ÓPERAS SIN MUERTE

Naturalmente, no todas las óperas acaban con la muerte de algún personaje, aunque constituyen la minoría del repertorio (un 30% de las *top 100*).

En la temporada 2018/19 sólo en cinco de las veinte más representadas no hay muertes:

- *La flauta mágica* (Mozart)

- *El barbero de Sevilla* (Rossini)

- *Las bodas de Fígaro* (Mozart)

- *Così fan tutte* (Mozart)

- *El elixir de amor* (Donizetti)

Otros grandes títulos de óperas de todos los tiempos en las que no fallece nadie son:

– *Armida*, de Jean-Baptiste Lully

– *Rinaldo*, de Georg Friedrich Händel

– *La serva padrona*, de Giovanni Battista Pergolesi

– *Fidelio*, de Ludwig van Beethoven

– *La vestal*, de Gasparo Spontini

– *La italiana en Argel* y *La cenicienta*, de Gioacchino Rossini

– *Los puritanos*, de Vincenzo Bellini

– *Don Pasquale* y *La hija del regimiento* de Gaetano Donizetti

– *Falstaff*, de Giuseppe Verdi.

– *Mignon*, de Ambroise Thomas

– *La novia vendida*, de Bedrich Smetana

– *Los maestros cantores de Núremberg*, de Richard Wagner

– *El príncipe Igor*, de Alexander Borodin

– *Sadko*, de Nicolai Rimski-Korsakov

– *Iolanta*, de Piotr Ilich Chaikovski

– *La chica del Oeste*, de Giacomo Puccini

– *Las excursiones del señor Broucek*, de Leos Janacek

– *El caballero de la rosa*, *Ariadna en Naxos* y *La mujer sin sombra*, de Richard Strauss

– *Palestrina*, de Hans Pfitzner

– *El amor de las tres naranjas*, de Sergéi Prokofiev

– *Matías el pintor*, de Paul Hindemith

– *El sueño de una noche de verano*, de Benjamin Britten

– *La nariz*, de Dimitri Shostakovich

La mitad de estás óperas son cómicas (bufas) o comedias, lo que significa que hay pocas grandes óperas serias en el repertorio que finalicen sin personajes fallecidos, es decir, que escasean los dramas sin muerte, como si ésta fuese un desenlace difícilmente evitable

La Muerte como personaje

Existe una ópera sin muerte cuya protagonista, paradójicamente, es la mismísima Muerte. Formando parte de su campaña contra el «arte degenerado», el diabólico régimen nazi calificó de «música degenerada» (*Entartete Musik*) a la que compusieron músicos que fueron perseguidos por su origen judío o sus simpatías por el marxismo, o por las nuevas corrientes musicales como el jazz.

Algunos, como Erich W. Korngold (*La ciudad muerta*), Arnold Schönberg (*Moisés y Aarón*), Berthold Goldschmidt (*El cornudo formidable*) o Ernst Krenek (*Jonny empieza a tocar*) salvaron la vida escapando de Alemania. Walter Braunfels (*Los pájaros*) fue prohibido pero conservó la vida; Franz Schreker (*Los estigmatizados*) murió antes de que lo mataran pero Hans Krása y Viktor Ullmann, no tuvieron esa suerte. Ambos fueron internados primero en el campo de concentración de Theresienstadt (hoy Terezín, en la República Checa), donde compusieron sendas óperas. Krása logró estrenar en aquel lugar su ópera para niños *Brundibár*, pero a Ullmann le prohibieron representar *El emperador de la Atlántida* porque olía a caricatura del mismísimo Hitler. Ambos morirían en el campo de exterminio de Auschwitz en octubre de 1944, con un día de diferencia.

En *El emperador de la Atlántida*, subtitulada «La abdicación de la Muerte», el personaje principal es la Muerte, que se declara en huelga cuando el Emperador Overall («Por encima de todo») ordena una guerra en la que todos deben matarse hasta no quedar supervivientes. Ofendida por lo que considera una usurpación de competencias, la Muerte —papel encomendado, cómo no, a un bajo— deja de «arrancar las hierbas marchitas» y el resultado de su huelga de brazos caídos es que los soldados no mueren ni siquiera después de ahorcarlos o fusilarlos. Incluso surge una tierna historia de amor entre un soldado y una doncella enemigos. Pero los sufrientes no encuentran el consuelo liberador de la defunción y el Emperador acaba claudicando ofreciéndose a la Muerte como su primera víctima si empuña de nuevo la guadaña para que «salve a millones de la agonía de la vida». ¿Hubiese compuesto Ullmann una obra parecida fuera de un campo de exterminio nazi?

El emperador de la Atlántida se estrenó en Ámsterdam en 1975.

La muerte burlada

En algunas de estas óperas, sin embargo, la amenaza de muerte se cierne sobre algunos personajes que finalmente se libran de ella gracias al triunfo final de Eros sobre Tánatos.

Este final feliz es característico de las óperas barrocas y clásicas, ya que en el galante siglo XVIII y hasta el advenimiento del Romanticismo en el

XIX la muerte como desenlace trágico no estaba bien vista, aunque hubiese merodeado por el escenario. Así sucede en títulos como *Tamerlán*, *Agripina* y *Radamisto* de Händel, en *Alcestes* e *Ifigenia en Áulida* de Gluck, *Castor y Pólux* de Rameau, *Idomeneo* y *La clemencia de Tito* de Mozart, *Orlando Paladino* de Haydn, *Fidelio* de Beethoven y *La vestal* de Spontini. Detengámonos en algunos casos.

Radamisto

El rey de Armenia Tirídates, casado con Polixena, pretende a Zenobia, esposa de Radamisto, rey de Tracia y hermano de Polixena. El cuadrilátero se complica con Tigranes, general de Tirídates que desea a Polixena. Para conseguir a Zenobia, Tirídates ataca a Tracia, captura a Radamisto y a su padre Farasmane y los condena a muerte, pero Tigranes desobedece la orden. Zenobia se arroja al río y Radamisto cree que ha muerto, pero Tigranes la rescata. Más tarde, Polixena se interpone entre su marido y su hermano para evitar que se maten y Radamisto propaga la falsa noticia de su fallecimiento. Después de tanta amenaza de muerte sobre el escenario durante las tres horas que dura la representación, resulta que al final no perece nadie y los matrimonios de los reyes de Tracia y Armenia acaban arreglándose felizmente.

Agripina

Pocas óperas pueden presumir de libreto escrito por un cardenal que fue embajador del Papa ante el Sacro Imperio y virrey de Nápoles. Tal fue el caso de *Agrippina*, con música de Georg Friedrich Händel y un texto de Vincenzo Grimani, repleto de falsedades históricas que, al parecer, reflejaba las maquinaciones del propio príncipe de la Iglesia y de su jefe, el papa Clemente XI. Sin embargo, el libreto, «repleto de intriga, cinismo y humor negro» está considerado como el mejor de cuantos Haendel musicó.

Agripina es la esposa del emperador Claudio y madre de Nerón, fruto de un matrimonio anterior. Se difunde la falsa noticia de que Claudio se ha ahogado en el mar y Agripina se apresura a coronar a su hijo, pero resulta que el emperador fue salvado por el militar Otón, a quien en agradecimiento Claudio nombra sucesor. Para más lío, tanto Otón como Claudio aman a la misma mujer, Popea. Agripina se las apaña para que Popea rechace a Otón despertando a la vez los celos de Claudio, que acaba nombrando sucesor a Nerón. Al final Otón renuncia por amor a Popea y Claudio bendice a la pareja.

Pero la historia real no fue tan amable: Nerón ordenó asesinar a su madre —la cual envenenó a su esposo Claudio con un plato de setas— porque se oponía a su unión con Popea, que era la esposa de Otón. Nerón acabó suicidándose con la ayuda de su asistente Epafrodito, el cual, por no haber impedido el suicidio, sería ejecutado por orden del emperador Domiciano, que fue asesinado en un complot palaciego… Demasiada muerte real silenciada en la ficción de esta ópera.

La clemencia de Tito

Buena muestra de la ingente cantidad de óperas olvidadas que existen son las ¡cuarenta y cuatro! compuestas con el título de *La clemencia de Tito* en menos de un siglo (1734-1832) por músicos como Niccolò Jommelli, autor de unas sesenta óperas tan olvidadas como el propio compositor. Pero se dice que de la cantidad sale la calidad y para corroborarlo está la versión de Wolfgang Amadeus Mozart del *dramma per musica* de Pietro Metastasio que posiblemente haya inspirado más libretos en la historia de la ópera.

El lío argumental de esta *opera seria* mozartiana es muy enrevesado. A pesar de que el emperador Tito Vespasiano depuso a su antecesor Vitelio, la hija de éste (Vitelia) está enamorada de él. Pero resulta que Tito pretende a Servilia, hermana de su amigo Sexto, la cual mantiene una relación con Annio, amigo también de Sexto, el cual, para complicar más las cosas, está colado por Vitelia. Loca de celos, Vitelia insta a Sexto a asesinar al emperador, al que dan por muerto cuando arde el Capitolio. El Senado condena a Sexto a morir devorado por las fieras y Vitelia sucumbe a los remordimientos confesando su participación en la conjura, pero en un gesto tan magnánimo como inverosímil, el emperador supera su consternación y los perdona a todos.

Fidelio

Los llamados «compositores de una sola ópera» en realidad crearon más de una e incluso muchas en algunos casos, pero actualmente solo se les recuerda por el único título que ha logrado mantenerse en el repertorio. Son los casos de Leoncavallo (*Payasos*), Mascagni (*Cavalleria rusticana*), Flotow (*Martha*), Thomas (*Mignon*), Humperdinck (*Hansel y Gretel*), Charpentier (*Louise*), Ponchielli (*La Gioconda*) o Weber (*El cazador furtivo*). Pero, en el caso de Beethoven, el calificativo es exacto, pues en verdad solo compuso una ópera, *Fidelio o el amor conyugal* (que siempre ansió, pero nunca pudo disfrutar).

Beethoven, que nunca mantuvo una relación estable con una mujer a pesar de haberla perseguido toda su vida, compuso su ópera imbuido de los ideales de justicia y libertad frente a la tiranía, tan afines a su personalidad. Florestán es lo que hoy llamaríamos un preso político, víctima del rencor de un vengativo gobernante despótico que planea matarlo en la tenebrosa mazmorra de la prisión sevillana donde languidece. Pero su valerosa mujer, Leonora, se disfraza de hombre y con el nombre de Fidelio (fiel) se las apaña para entrar al servicio del penal, ganarse la confianza del carcelero —y el amor equívoco de su hija— y liberar a Florestán amenazando con una pistola al malvado Pizarro cuando se dispone a ejecutarlo. Es la hermosa historia de un condenado a muerte y liberado por la fuerza del amor de una esposa capaz de todo. La debilidad argumental reside en lo inverosímil que resulta no solo que una mujer se haga pasar por hombre en estrecha convivencia con una familia, sino que Marcelina, la hija del carcelero Rocco, se enamore de él/ella. Menuda cara se le pone cuando se descubre el pastel. ¿Seguirá insistiendo Jaquino en cortejarla después del chasco? Hay óperas en las que nos gustaría saber qué fue de los personajes tras la caída del telón. Pero si a Beethoven le costó Dios y ayuda crear su ópera, para rato iba a embarcarse en un Fidelio 2.

La Vestal

De las veintitantas óperas que compuso Gaspare Spontini sólo queda el recuerdo de *La Vestale* y ello gracias a que fue «resucitada» por Maria Callas en la inauguración de la temporada de la Scala de Milán en 1954.

La ópera cuenta la historia de Julia, enamorada del general romano Licinio, quien a su triunfal regreso de una campaña se la encuentra convertida en una sacerdotisa sometida al voto de castidad. Licinio no se resigna y entra en el templo dispuesto a raptar a Julia, la cual se resiste, pero no impide que se apague el fuego sagrado y la vestal, que se niega a denunciar al intruso, es condenada a ser enterrada viva. La confesión de Licinio no la salva, pero en cambio un rayo prende el velo de Julia depositado sobre el altar, con lo que la llama sagrada se reaviva, prueba de que la diosa Vesta la ha perdonado, y la feliz pareja puede unirse en matrimonio.

El final feliz sin muerte de protagonista gracias al recurso del *deus ex machina* no es exclusivo de la ópera barroca o clásica. Como veremos a continuación, en pleno siglo xx, Giacomo Puccini estrenó su única ópera —si exceptuamos la semi-opereta *La rondine*— en la que no muere nadie aunque el protagonista está a punto de ser linchado (no obstante hay que decir que Puccini hizo tres versiones de esta «prima pobre» de sus óperas y en una de ellas Magda se suicida, aunque no se representa nunca).

La chica del Oeste

El filme mudo *The Great Train Robbery*, de Edwin S. Porter (1903), está considerado como la primera «película del oeste» de la historia del cine. En diez minutos, sus doce planos fijos narran el asalto a un tren por una banda de facinerosos que acaban muertos a tiros por sus perseguidores mientras se reparten el botín. Sin embargo, el primer wéstern como es debido, con su cantina —y su cantinera—, sus buscadores de oro, su sheriff, su partida de póker con trampa y consiguiente pelea incluidas, su bandido, sus indios y su horca de linchar, no fue un filme sino una ópera, *La fanciulla del West* de

Puccini. Estrenada en el Metropolitan Opera de Nueva York en 1910 bajo la batuta de Arturo Toscanini y con Enrico Caruso en el papel de Dick Johnson, alias Ramerrez, tuvo mejor acogida en Estados Unidos que en Europa.

Escena de *La fanciulla del West*, de Giacomo Puccini.

Minnie, «la chica del Oeste», regenta el bar «La Polka» donde los afectados por la fiebre del oro californiano se reponen bebiendo y jugando. Todos quieren a su Minnie pero sobre todo el sheriff Jack Rance, quien anda tras el bandido Ramerrez (pronunciado en inglés suena parecido a «Ramírez»), identificado por la orquesta con un leit motiv de aroma español. Éste se presenta con el seudónimo de Dick Johnson y el antiguo conocimiento que existía entre él y Minnie se convierte en mutuo amor, para rabia del sheriff. Aunque se descubre que Johnson es Ramerrez, Minnie lo acoge en su cabaña cuando lo hieren de un disparo. Rance lo descubre y exige su entrega, pero ella le propone jugárselo al póker: si ella gana, Johnson se queda. Minnie gana con trampas pero al final Ramerrez es apresado y conducido al patíbulo. Con la soga ya al cuello acepta su destino y suplica a los mineros que no se lo cuenten a Minnie para «que ella me crea libre». Como en las películas, justo antes de la ejecución aparece *deus ex machina* Minnie empuñando un pistolón, dispuesta a impedir el linchamiento. Los mineros aprecian tanto a su chica de la cantina que no son capaces de amargarle la vida matando al hombre al que ama, y lo perdonan aunque ello signifique perderla, porque Minnie y Ramerrez/Johnson se van de California en pos de una nueva vida.

(Dick Johnson no es el único personaje que salva el pellejo cuando ya está con la soga al cuello: el ladrón Macheath, alias Mackie el Navaja, goza de la misma buena suerte cuando le llega el indulto en el último momento de *La ópera de los tres peniques*, con música de Kurt Weill y letra de Bertolt Brecht.)

Parejas de amantes que mueren

Antes de adentrarnos en los casos particulares, finalizaremos esta visión general de la muerte en la ópera mencionando varios ejemplos de célebres parejas de enamorados —lícita o ilícitamente— en los que perecen ambos, y cómo:

- Norma y Polión (*Norma*), inmolándose en la hoguera.
- *Romeo y Julieta*, envenenándose él y apuñalándose ella.
- Toni y Elisabeth (*Elegía para jóvenes amantes*), sepultados por un alud.
- Wally y Hagenbach (*La Wally*), arrojándose ella al vacío cuando él muere sepultado por otra avalancha de nieve.
- *Pelleas y Melisenda*, él asesinado por su hermanastro y ella de parto.
- Chenier y Magdalena (*Andrea Chénier*), guillotinados.
- *Tosca* y Cavaradossi, él fusilado y ella precipitándose.
- *Aida* y Radamés, enterrados vivos (ella voluntariamente).
- Sigfrido y Brunilda (*El ocaso de los dioses*): el héroe asesinado y la valquiria inmolándose en la hoguera.
- Nedda y Silvio (*Payasos*), asesinados por el marido de ella.
- Paolo y Francesca (*Francesca de Rímini*), asesinados por el hermano de aquél y marido de ésta.
- *Tristán e Isolda*, él por herida de arma blanca y ella de amor.

Peter Seiffert (Tristán) y Anja Kampe (Isolda) en el acto primero de *Tristán e Isolda*, de Richard Wagner.

IV. PERSONAJES OPERÍSTICOS QUE MUEREN

Muerte por arma blanca

SIGFRIDO *(a Mime)*
¡Y tú, charlatán repugnante,
prueba mi espada!
(con un rápido golpe lo mata)

(Acto II de Sigfrido, de R. Wagner)

Personaje	Ópera	Muerte
Atila	Atila	Homicidio
Casandra	Los Troyanos	Suicidio colectivo
Cio-Cio San	Madama Butterfly	Suicidio
Condesa Geschwitz	Lulú	Asesinato
Dálibor	Dálibor	Suicidio
Dido	Los Troyanos	Suicidio
Duncan	Macbeth	Asesinato
Edgardo	Lucía de Lammermoor	Suicidio
El Pintor	Lulú	Suicidio
Ernani	Ernani	Suicidio
Esposa	La vida con un idiota	Asesinato
Gessler	Guillermo Tell	Homicidio
Gioconda	La Gioconda	Suicidio

Julieta	Romeo y Julieta	Suicidio
Liú	Turandot	Suicidio
Lucrecia	La violación de Lucrecia	Suicidio
Lulú	Lulú	Asesinato
Mime	Sigfrido	Homicidio
Mitrídates	Mitrídates rey de Ponto	Suicidio
Otelo	Otelo	Suicidio
Saúl	Saúl y David	Suicidio
Siegmund	La Valquiria	Lucha
Sigfrido	Sigfrido	Asesinato
Telramund	Lohengrin	Lucha
Tristán	Tristán e Isolda	Lucha
Zurga	Los pescadores de perlas	Asesinato

La modalidad de homicidio o suicidio más socorrida en un escenario es con un arma blanca. Las reducidas dimensiones de un puñal o una daga permiten tenerlo a mano sin que se vea o esconderlo inadvertido entre el ropaje. En ocasiones el arma es incluso un utensilio tan cotidiano y accesible como el cuchillo de mesa con el que Tosca mata a Scarpia.

En los tratados clásicos de Medicina Forense se describe el arma blanca como cualquier instrumento mecánico que manejado manualmente sea capaz de causar lesiones perforando, cortando, dislacerando o contundiendo por medio de un filo, una punta o ambos la vez. Si el instrumento fue diseñado con tal fin, como un puñal o un cuchillo, se denomina típico, y atípico en caso contrario, como las tijeras con las que Yo decapita a su Esposa en *La vida con un idiota* o la navaja de afeitar con la que el Pintor se degüella por *Lulú*. Si el arma blanca se construyó para utilizarla en el combate cuerpo a cuerpo (una espada, por ejemplo) se califica de convencional, y si fue con otros fines (cortar viandas o podar, por ejemplo), no convencional.

El origen del calificativo «blanca» parece residir en la brillantez de las hojas metálicas, realzada por el cromado que se aplicaba antiguamente y que las hacía brillar a la luz de la luna, la preferida por los asesinos. Atendiendo a las características de las heridas que ocasionan, se distinguen varias clases de armas blancas:

• Cortantes: logran su objetivo a través de una afilada hoja triangular que produce un tajo en la parte del cuerpo donde se aplica. Es el caso de la mencionada navaja de afeitar con la que se suicida el segundo marido de *Lulú*.

• Punzantes o perforantes: su elemento lesivo principal es la afilada punta que produce heridas pequeñas aunque potencialmente profundas, como la de la lanza que Hagen clava en la espalda de *Sigfrido* o la de la famosa segunda flecha con la que *Guillermo Tell* acaba con el tirano Gessler.

- Corto-punzantes: mezcla de ambos mecanismos de acción, son las más utilizadas en homicidios y, en el caso de la ópera, más frecuentemente en suicidios como las dagas o espadas de *Dido*, *Otelo* o *Saúl*.

- Inciso-contusas: son las producidas por el filo de un arma pesada que actúa de arriba abajo, típicas de decapitaciones, por medio de sable (Jokanaán en *Salomé*), hacha (*María Estuardo*) o guillotina (*Andrea Chénier*).

La gravedad clínica de una herida por arma blanca depende de varios factores, sobre todo la parte del cuerpo afectada, el tipo de arma y la extensión y profundidad del corte. Una perforación que interese al corazón o los grandes vasos torácicos o cervicales puede ocasionar la muerte en segundos —con alguna excepción, como pronto veremos—, mientras que las heridas en al abdomen o las extremidades en general ofrecen mejor pronóstico, sobre todo si se actúa con rapidez para detener la hemorragia, reponer la sangre perdida y reparar quirúrgicamente los tejidos desgarrados.

A continuación, se comentan 26 casos de muerte por arma blanca en la ópera, de los cuales 14 son suicidios, 6 asesinatos, 3 caídos luchando y 3 homicidios justicieros o en defensa propia.

Personajes suicidados con arma blanca

Casandra y mujeres troyanas (*Los Troyanos*)

En la mitología griega, Casandra era hija de los reyes de Troya, Príamo y Hécuba. Fue consagrada al dios Apolo, quien le otorgó el don de la profecía a cambio de favores sexuales, pero cuando ella se negó a satisfacerlos el dios la condenó a sufrir la incredulidad de los demás ante sus visiones. El terrible castigo se ejecuta cuando Casandra advierte a los troyanos del peligro que encierra el célebre caballo, aparentemente abandonado por los griegos ante las murallas de la ciudad en su retirada, pero nadie la cree y la tragedia de Troya se consuma.

Berlioz, bautizado Héctor en honor al héroe troyano, heredó de su padre la fascinación por la *Eneida* de Virgilio, sobre la cual compuso su monumental *Les Troyens* en formato *grand opéra*. El primer acto finaliza con la suicida introducción triunfal del caballo en la ciudad. En el segundo, las mujeres troyanas ruegan protección a la diosa Cibeles en el templo mientras la ciudad es pasto de la destrucción. Casandra las anima a quitarse la vida antes de caer en manos de los griegos. Una parte del grupo se resiste a morir, pero la otra lo prefiere a la deshonra y cuando los griegos entran a saquear el templo asisten horrorizados a un espantoso suicidio colectivo. La primera en matarse es ella:

(a los soldados griegos)
Despreciamos vuestra cobarde amenaza,
¡monstruos ebrios de sangre, inmundos y rapaces!
¿Nunca apagaréis, canallas, vuestra sed de oro?
(Se apuñala y tiende el puñal a Polixena.)
¡Toma! ¡El dolor no es nada!
*(Polixena se apuñala a su vez. Casandra apenas
se sostiene durante el resto de escena.)*

y sus seguidoras se matan como pueden: «Algunas se lanzan al vacío por la balconada, otras se ahorcan y otras se apuñalan», indica la tremenda acotación de Berlioz, autor también del libreto. Una auténtica masacre por suicidio colectivo con arma blanca.

Cio-cio San *(Madama Butterfly)*

El sepukku, más conocido como harakiri («tajo en el vientre») es el suicidio ritual japonés por desentrañamiento, atroz modo de morir que también aplicaba a sus víctimas Jack el Destripador. Los japoneses lo ejecutaban como reparación voluntaria de una deshonra o como cumplimiento de una condena. Para ello se arrodillaban y, previos lingotazos de sake para darse ánimos, se hundían en el abdomen el *tantō*, un cuchillo envuelto en papel de arroz, practicándose un corte en forma de "T" invertida que desde el flanco izquierdo llega al derecho, luego retrocede hasta la zona umbilical y finalmente asciende hasta la punta del esternón. Salvo que el corte alcance la aorta u otro gran vaso sanguíneo, el resultado es una desagradable evisceración segida de una terrible agonía que podía durar días. Para humanizar la barbarie, el oficiante podía contar con la colaboración de un asistente (*kaishaku*) que a una señal suya lo decapitaba en un santiamén.

Si se trataba de un varón, el seppuku era una ceremonia casi religiosa que demostraba sus elevados niveles de valor y dignidad. Lo de las mujeres que se clavaban el cuchillo, en cambio, era simplemente un suicidio (*jigai*), desprovisto del aura noble que envolvía al sacrificio masculino. Además, no podían clavarse el *tantō* en el abdomen, como los varones, sino un cuchillo más pequeño y fino (*kaiken*) con el que se degollaban seccionándose la carótida.

La geisha Cio-cio San, alias Madama Butterfly, sufre la deshonra de ser abandonada embarazada por un oficial americano con el que cree haberse casado, el cual al cabo de unos años regresa con su «verdadera esposa americana» para hacerse cargo del niño.

Resignada a entregarlo, Madama Butterfly pone en las manos de su hijito un muñeco y una banderita yanqui, luego le venda los ojos y tras cantar su conmovedora despedida del pequeño («¡Adiós, amor!, ¡Adiós, pequeño amor!») se rebana el cuello detrás de un biombo, así que no sabemos si utiliza un kaiken o, más probablemente, el *tantō* que ya había utilizado su padre por orden del Mikado y que, como sabemos desde el primer acto, guardaba con celo, por si acaso. En el estuche lacado que lo contenía figuraba una inscripción: «Con honor muere quien no puede conservar la vida con honor».

Dálibor *(Dálibor)*

Hubo dos coincidencias en la vida y obra del renano Ludwig van Beethoven y el bohemio Bedrich Smetana. La primera, que ambos sufrieron el peor padecimiento físico que puede cebarse en un compositor, la sordera. La segunda se refiere a sus respectivas óperas *Fidelio* y *Dálibor*.

Como hemos visto, Beethoven sólo compuso una ópera, cuyo proceso creativo y cuya puesta en escena le acarrearon más quebraderos de cabeza que ninguna otra de sus obras: «Te aseguro, querido Treitschke, que esta ópera me conseguirá la corona del martirio», escribió el titán a uno de sus libretistas. Fueron necesarias varias revisiones y versiones para las que compuso nada menos que cuatro oberturas conocidas como *Leonora* 1, 2, 3 y 4. En el capítulo de las óperas sin muerte comentamos que esta valerosa mujer se introduce en el penal donde su esposo, un preso político, languidece en una oscura mazmorra aguardando la muerte, y consigue liberarlo.

De las ocho óperas que compuso Smetana sólo una cómica, *La novia vendida*, goza de reconocimiento internacional. Cuando estrenó *Dálibor*, el autor de la colección de poemas sinfónicos *Ma vlást* (Mi patria) fue acusado de wagnerianismo, a lo que replicó que él era «smetanista».

Praga, finales del siglo xv. El rey Ladislao II condena al guerrero Dálibor a cadena perpetua por haber vengado la cruel muerte de un amigo del alma matando al Burgrave de Ploškovice, cuya hermana Milada, conmovida por la aceptación de su suerte, se apiada de Dálibor y planea su liberación entrando al servicio del carcelero. Ambos acaban enamorándose y cuando Dálibor es condenado a muerte, sus partidarios asaltan la prisión. En la lucha Milada cae herida y muere. Deseoso de reunirse de nuevo con ella y con su amigo del alma en el más allá, Dálibor exclama «¡Qué dulce será mi fin!» y se abalanza desarmado sobre Budivoj, el capitán de la guardia, para que lo atraviese con su espada y así reunirse con Milada. Un suicidio disfrazado de combate cuerpo a cuerpo.

Smetana falleció a los 60 años en un manicomio, posiblemente víctima de neurosífilis. La tarde de su entierro el Teatro Nacional de Praga había programado de antemano una ópera suya que no se suspendió, aunque el escenario se cubrió de negro por completo. La obra representada fue, por supuesto, *La novia vendida*.

Dido (*Los Troyanos*)

Los dos amores literarios de Héctor Berlioz fueron Publio Virgilio Marón y William Shakespeare. Frutos de la admiración por el inglés son la sinfonía dramática *Romeo y Julieta* y la ópera *Beatriz y Benedicto*, basada en *Mucho ruido y pocas nueces*. Y a su devoción por el romano debemos su gran ópera *Los Troyanos*, basada en su epopeya *Eneida*. Deseoso de atribuir un origen divino a Roma, su primer emperador, Augusto, encargó a Virgilio un poema propagandístico que narrara la posverdad de la fundación de Roma por los supervivientes de Troya, destruida por los griegos al introducir un caballo repleto de guerreros a pesar de las advertencias de la vidente Casandra. Estos, a través de su líder Eneas, reciben de Júpiter la misión de fundar una nueva Troya en la península itálica. En la travesía por el Mediterráneo, una tormenta les obliga a atracar en Cartago, cuya reina viuda Dido les acoge con generosidad. El flechazo entre Dido y Eneas —también viudo— es inevitable y el héroe troyano se convierte en rey consorte de los cartagineses. Pero Júpiter le recuerda a Eneas su misión y éste acaba partiendo hacia la futura Roma. Dido maldice a los romanos y se inmola.

Berlioz nunca pudo ver representada completa su *opus magnum* operístico. Sus compatriotas la consideraron irrepresentable y demasiado larga y la trocearon en dos partes: *La toma de Troya* y *Los troyanos en Cartago*, que tampoco se daban completas. Hubo que esperar al centenario de su muerte (1969) para la primera representación completa de la obra, que no tuvo lugar en Francia sino en el Covent Garden de Londres.

La primera parte (actos I y II) finaliza con un suicidio colectivo del que ya nos hemos ocupado en otro capítulo y la segunda (actos III al V) con la inmolación de Dido. Despechada por la marcha de su amado héroe, ordena preparar una enorme pira coronada por su lecho junto al que colocan un busto y las armas de Eneas. Antes de prenderle fuego, Dido toma la espada y se hiere mortalmente. Sus últimas palabras son para anunciar al futuro enemigo eterno de Roma, el héroe cartaginés Aníbal.

Edgardo (*Lucía de Lammermoor*)

El 7 de septiembre de 1896 un jardinero alemán de 22 años recibió una cuchillada en el pecho que le produjo una herida en el miocardio. Lo trasladaron a un hospital de Frankfurt, donde tras aplicarle hielo lo desahuciaron. Pero dos días después el moribundo continuaba vivo y cuando el doctor Ludwig Rehn regresó de un viaje y se lo encontró, decidió intentar lo que entonces se consideraba impensable: suturar una herida del corazón. Tras abrir el tórax a través del cuarto espacio intercostal izquierdo y drenar un gran hematoma almacenado en la cavidad pleural, encontró la herida en el ventrículo derecho, que suturó con tres puntos de seda. Había nacido la cirugía cardíaca. El jardinero sobrevivió.

«Un libreto de ópera es bueno si carece de sentido», dicen que dijo el mismo Bellini que le hizo el siguiente encargo a su libretista, Felice Romani: «Dadme buenos versos y os daré buena música». De acuerdo con la primera afirmación, libretos tan absurdos como el de *El trovador* de Verdi o *Lucía de Lammermoor* de Donizetti, ambos de Salvatore Cammarano, son buenísimos. El trabajo de estos libretistas consistía en tomar un asunto histórico o literario y convertirlo en una sucesión de lugares comunes estereotipados, en los que personajes tan de cartón piedra como los decorados lucían sus habilidades vocales, sostenidas por bellas melodías, aunque sin relación con el estado psicológico de los protagonistas.

Un buen ejemplo es el celebérrimo sexteto de Lucía de Lammermoor que comienza con las palabras «Chi mi frena in tal momento». Un bellísimo concertante en el que el chico (Edgardo), la chica (Lucía), el hermano de ésta y enemigo de aquél (Enrico), el novio oficial de ella (Arturo), el capellán del castillo (Raimondo) y la dama de compañía de Lucía (Alisa) manifiestan sentimientos tan diferentes como amor, odio, furia o compasión pero entrelazados por la misma sublime armonía.

El embrollo acaba resolviéndose con la muerte de la mitad del sexteto: en un rapto de locura, Lucía mata a Arturo la noche de su boda y a continuación ella también fallece, no se sabe bien de qué, y finalmente Edgardo, siguiendo una acotación insólita en un libreto, se clava un puñal «en el corazón». Sin conocimientos anatómicos no es fácil acertarle al músculo cardíaco. Hay que palparse el hemitórax izquierdo, contar los espacios entre las costillas empezando por arriba y hundir la hoja en el cuarto. En este caso, sí resulta verosímil que, aun atinándole al ventrículo izquierdo, Edgardo sea capaz de cantar su última intervención, ya que incluso con el corazón herido —por arma blanca, además de por la muerte de su amada— se puede permanecer hemodinámicamente estable horas e incluso, como aquel jardinero con suerte, días enteros.

Ernani *(Ernani)*

Además de uno de los escritores en lengua francesa más notables del siglo XIX, Victor Hugo (1802-1885) fue también el padre literario de un centenar de óperas, aunque en la actualidad apenas tres siguen en cartel: *Lucrezia Borgia* (de Donizetti), *Ernani* y *Rigoletto* (ambas de Verdi).

Ernani es un ejemplo de éxito teatral adaptado como libreto de una ópera. Francesco Maria Piave tomó el drama romántico Hernani, le quitó la H de Hugo —lo que no bastó para contener el enfado del dramaturgo por la adaptación— y lo convirtió en Ernani, un dramón en cuatro actos al que un joven Verdi demostró su extraordinaria calidad dotándolo de una música arrolladora que llevó a la consumación el *bel canto* de sus ilustres predecesores Rossini, Bellini y Donizetti.

Los reyes españoles Carlos I y su hijo Felipe II han ocupado en sendas óperas verdianas el vértice «B» de nuestro triángulo operístico TBS: *Ernani y Don Carlo*. En la primera, los otros dos son el rival del poderoso Carlos, un noble proscrito (Ernani) y Elvira, sobrina del noble Rui Gómez de Silva, que también la pretende convirtiendo el triángulo en cuadrado. En la segunda, el triángulo lo completan la esposa del emperador, Isabel, y su hijo Carlos, enamorado de su madrastra.

La trama de esta ópera no puede ser más enrevesada y su absurdo desenlace da sentido al subtítulo de la obra: *El honor castellano*. Cuando Silva le perdona la vida a Ernani éste la pone en sus manos entregándole un cuerno —de tocar, se entiende— con la promesa de matarse si el conde lo hiciera sonar tres veces. Una vez proclamado emperador, Carlos se muestra magnánimo y no solo perdona también a Ernani sino que bendice su unión con Elvira. En plena ceremonia nupcial, el resentido Silva sale al jardín y hace sonar por tres veces el cuerno. Y Ernani, en lugar de hacer oídos sordos, cumple su palabra literalmente a rajatabla, sacando un puñal y clavándoselo en el pecho. Antes de la boda, Silva había ofrecido a Ernani el puñal y un veneno para que escogiera cómo suicidarse. La duda ofende: un verdadero caballero castellano nunca salvaguardaría su honor sumiéndose a solas en el plácido sueño de la muerte pudiendo hundirse un cuchillo en el pecho delante de todos.

Gioconda *(La Gioconda)*

Además de la modelo de enigmática sonrisa retratada por Leonardo da Vinci, Gioconda es también la protagonista de una ópera con música de Amilcare Ponchielli y libreto de Tobia Gorrio, seudónimo tras el que Arrigo Boito se escondió después del fracaso inicial de su *Mefistófeles*.

Estrenada en la Scala de Milán en 1876, recordemos que, más que un triángulo, en *La Gioconda* encontramos un pentágono amoroso: Enzo es un noble proscrito, amante de la cantante Gioconda, pero en realidad pretende a Laura, esposa del inquisidor Alvise, cuyo espía Barnaba desea a Gioconda. La acción se desarrolla en Venecia durante el siglo XVII.

Gioconda rechaza a Barnaba y éste se venga, primero acusando de brujería a su madre, la Ciega y, cuando Laura inter-

Iréne Theorin en *La Gioconda*, de Amilcare Ponchielli.

cede por la vieja y la salva, contándole a su jefe que Laura le engaña con Enzo. Alvise obliga a su mujer a beber un veneno que Gioconda sustituye por un somnífero. Para salvar a Enzo, Gioconda le promete a Barnaba que la hará suya pero antes, a diferencia de Tosca, es aquella la que se apuñala en el pecho. Al menos Gioconda ya no puede oír al malvado Barnaba cuando le susurra al oído que ha estrangulado a la Ciega.

Ponchielli es uno de esos «compositores de una ópera», pues aunque creó una docena, sólo es conocido por La Gioconda, aunque la página más popular de esta notable ópera a caballo entre el verdismo y el verismo no es vocal sino instrumental: la celebérrima *Danza de las horas*, un ballet-miniatura con el que el inquisidor agasaja a los invitados a su fiesta en Ca' d'Oro mientras en la cámara continua pretende obligar a suicidarse a su infiel esposa.

Sin embargo, la ópera incluye un número vocal rescatado de la compleja trama por divas como la Callas y la Tebaldi, el «aria del suicidio»:

(Gioconda sola. Mira un puñal, lo deja;
después toma un frasco de veneno)
¡Suicidio...!
En este momento de desesperación
sólo tú me quedas,
y tientas mi corazón.
Última voz de mi destino,
última cruz de mi camino.

Finalmente, como Ernani, Gioconda se decide por el puñal. Más teatral.

Julieta (*Romeo y Julieta*)

William Shakespeare es, de lejos, el escritor cuyas obras han originado más libretos de ópera. *The New Grove Dictionary of Opera* (1992), editado por Stanley Sadie en cuatro tomos, es como la biblia del género operístico que debería presidir la biblioteca de todo buen aficionado que además sepa el suficiente inglés. Según esta obra enciclopédica, nada menos que 339 óperas han basado su texto en dramas de Shakespeare. Veintitrés de las treinta y seis obras atribuidas a Shakespeare han originado libretos operísticos, con un claro predominio de las comedias (217 óperas) sobre las tragedias (115). Pero en el repertorio actual *solo* han sobrevivido: *Las alegres comadres de Windsor* de Otto Nicolai; el *Otelo* de Verdi; los *Macbeth* de Verdi y de Bloch; *Beatriz y Benedicto* de Berlioz; *Hamlet* de Ambroise Thomas; *Falstaff* de Verdi; *El sueño de una noche de verano* de Britten y tres basadas en el drama de Romeo y Julieta: *Capuletos y Montescos* de Bellini, *Romeo y Julieta* de Charles Gounod y, en versión libérrima, *West Side Story* de Leonard Bernstein.

El éxito dramático de las obras de Shakespeare reside en que sus protagonistas son arquetipos poseídos por las pasiones más primitivas y auténticas del ser humano: el ansia de poder, la ambición, los celos, la codicia, el odio, la venganza y, desde luego, el amor. El de Julieta y Romeo es un amor auténtico, absoluto y puro, no contaminado por pasiones negativas, y también milagroso y prohibido, porque surge entre los miembros de dos familias que se odian a muerte. Lo de Romeo y Julieta podría haber sido el triunfo del amor sobre el odio, de Eros sobre Tánatos, pero la amarga conclusión del drama es que la muerte, única salida viable para los amantes, acaba triunfando sobre el amor.

El trágico desenlace de Romeo y Julieta se debe a un fatal equívoco: Romeo cree que Julieta ha muerto y apura un frasco de veneno para reunirse con ella en el más allá. Pero Julieta sólo estaba drogada y, cuando al despertar descubre que su amado sí ha muerto, le arranca la daga del cinto y se la clava. La verdad es que el recurso dramático del dormido que parece muerto es poco verosímil. No es posible que cuando Romeo abraza desesperado el presunto cadáver de su novia no se dé cuenta de que continúa viva. Cuando desciende a la tumba donde Fray Lorenzo —el culpable de todo— lo ha depositado, el cuerpo de Julieta lleva muchas horas aletargado. Al cabo de ese tiempo, un cadáver está rígido, frío y, desee luego, no respira. Pero nada de esto advierte Romeo cuando estrecha el cuerpo de Julieta contra el suyo. Se comprende que no le tomara el pulso radial ni le practicara las pruebas del hilo o del vaso[10], casera pero infalible. Pero un simple beso en la frente hubiera bastado para desechar el diagnóstico fatal. No hay en el mundo nada más espantosamente frío que la frente de un ser amado muerto.

Liú (*Turandot*)

La verdadera heroína de *Turandot* no es la «princesa de hielo» que da nombre a la obra póstuma de Puccini sino Liú, la esclava secretamente enamorada de Calaf. Liú es el ejemplo perfecto de esas «mujercitas que solo saben amar y sufrir» que protagonizan las óperas del maestro de Lucca.

Calaf es hijo de Timur, rey tártaro que desde su derrota arrastra su miseria y su ceguera guiado y atendido por la fiel Liú. Tal lealtad se debe a que un día, en palacio, Calaf le sonrió. Pero el príncipe ha puesto sus ojos en la andrófoba y cruel hija del emperador de China, Turandot, que venga la ofensa a una antepasada decapitando a los pretendientes que no acierten sus tres enigmas. Para su desesperación, Calaf los acierta, pero le da la oportunidad de cobrarse su cabeza si averigua su nombre antes del amanecer. Los soldados detienen a Timur como sospechoso de saber el

---

10 Incluso la respiración más imperceptible a simple vista puede lograr que un hilo suspendido a unos milímetros de la nariz oscile y que el agua de un vaso colocado sobre el pecho se mueva. Viejos trucos forenses.

nombre del «príncipe desconocido» y Liú se declara única conocedora del secreto. La sanguinaria Turandot ordena que la torturen hasta arrancárselo, pero Liú le arrebata un puñal a un soldado, se lo clava y muere. Es una acción súbita, inesperada, inevitable. La muerte es tan rápida que después de clavarse el puñal Liú ya no pronuncia ni una palabra más mientras el populacho, que un minuto antes llamaba al verdugo, dedica ahora una tierna despedida a la desdichada esclava:

> Liú, bondad, Liú, dulzura,
> ¡duerme! ¡Olvida! ¡Liù! ¡Poesía!

Es difícil encontrar una foto o una filmación del músico sin el eterno cigarrillo en la mano o los labios. Puccini murió de un cáncer de laringe relacionado con el hábito de fumar, dejando inconclusa su última obra maestra. El compositor Franco Alfano la acabó como pudo y Arturo Toscanini dirigió su estreno año y medio después de morir el maestro. Nada más suicidarse Liú, Toscanini detuvo la representación, se volvió al público, dijo «Aquí terminó el maestro» y abandonó el podio dando por finalizada la función. Aquella velada memorable, la muerte verdadera de Giacomo Puccini debió de emocionar a los acongojados espectadores de la Scala mucho más que las ficticias de sus heroínas.

Escena de la muerte de Liú en una representación de *Turandot*, de Giacomo Puccini.

Lucrecia *(La violación de Lucrecia)*

El episodio de la violación y suicidio de Lucrecia es un tema recurrente en la literatura de todos los tiempos. La historia surgió en el siglo I de la pluma de Tito Livio, luego pasó a Ovidio y a Virgilio, en el XV la dramatizó en alemán el *meistersinger* (maestro cantor) Hans Sachs, en el XVI Shakespeare en inglés, en el XVII Pierre du Ryer en francés, y en el XVIII Nicolás Fernández de Moratín en español, hasta que en el XX Ronald Duncan escribió el libreto para *The rape of Lucretia* de Benjamin Britten.

La historia es atroz. En el siglo V a.C. los etruscos dominan Roma, convertida en «un burdel» bajo el tiránico mando de Tarquino «el Soberbio». Su hijo Sexto Tarquino y otros militares luchan contra los griegos y cierta noche, sobrados de alcohol, deciden abandonar el campamento para sorprender a sus esposas. A todas las encuentran con amantes salvo a Lucrecia, la virtuosa mujer de Colatino. Atraído por su honestidad, Tarquino se cuela otra noche en su alcoba con el fin de seducirla, pero la fiel Lucrecia lo rechaza. Tarquino la amenaza con matarla y abandonar junto a su cadáver el de un esclavo desnudo degollado para que parezca un adulterio y así consigue violarla. Cuando Lucrecia le cuenta lo sucedido a Colatino la exculpa por haber sido forzada, pero Lucrecia no puede soportar la vergüenza. Ajena a la comprensión de su esposo, extrae un puñal de su ropaje, se hiere y antes de expirar exclama:

> Ahora ya seré para siempre casta,
> sólo la muerte podrá violarme.
> ¡Mira cómo mi sangre desbocada
> lava por completo mi vergüenza!

La violación de Lucrecia es una muestra de la resurrección en el siglo XX de la «ópera de cámara», sobre cuya definición no existe consenso, aunque se acepta que es una ópera de formato breve y exiguo en voces e instrumentos. Con este criterio, la obra que más se ajusta al modelo es sin duda la ópera más breve del repertorio (dura unos diez minutos): *Una mano de bridge*, de Samuel Barber. Dos matrimonios (barítono-soprano y tenor-contralto) juegan una partida de cartas y, en cuatro apartes, cada uno canta una *arietta* que expresa sus deseos, temores y fantasías. Por pocos intérpretes, instrumentos o minutos, *La voz humana* de Francis Poulenc (un personaje, cuarenta minutos), *El teléfono* de Gian Carlo Menotti (dos personajes, 25 minutos) o *Savitri* de Gustav Holst (3 personajes, doce instrumentos) son otras óperas de cámara del siglo XX.

Aunque dura casi dos horas, *La violación de Lucrecia* está considerada de cámara por su orquesta reducida a trece intérpretes. Los «coros» masculino y femenino se limitan a un tenor y una soprano. Todo en esta ópera es reducido salvo la inmensa vergüenza de una mujer violada que se quita la vida para mostrar que después de esa terrible experiencia no puede seguir viviendo.

Mitrídates *(Mitrídates, rey de Ponto)*

En todas las óperas de Wolfgang Amadeus Mozart sólo mueren tres personajes, dos si se considera que pasar de la superficie terráquea a las profundidades del averno, como Don Giovanni, no es morir sino transitar a peor vida. Uno de ellos da nombre a la primera ópera seria que compuso el genio a los catorce años, *Mitrídates, rey de Ponto*, estrenada con gran éxito en Milán en 1770.

Las guerras mitridáticas no son tan conocidas como las púnicas, pero fueron igualmente tres las disputadas entre el rey Mitrídates VI Eupator y Roma. La ópera *Mitridate, Re di Ponto* comienza cuando al rey se le da por muerto en combate, quedando sus hijos Sifare y Farnace a cargo de su prometida Aspasia, de la que se enamoran ambos, aunque ella sólo de Sifare. Un día reaparece Mitrídates vivo y con Ismene, hija del rey de los partos, que ofrece a Farnace como esposa, pero cuando le cuentan que éste pretende a su Aspasia jura vengarse de su hijo y ofrece Ismene a Sifares mientras pide a su novia acelerar la boda. Para más lío, Farnace se une a los romanos contra su padre, que acaba condenando a muerte a sus hijos, a uno por traidor y al otro por robarle su chica, y de paso también a ésta, que intenta envenenarse.

El embrollo se resuelve con el suicidio del rey a lo Saúl, clavándose su espada cuando se ve perdido en el campo de batalla, tras perdonarlos a todos. Al final Sifare se hace con Aspasia, Farnace se conforma con Ismene y la obra concluye con una soflama antiimperialista que recuerda a la maldición que Dido lanza a la futura Roma desde su pira cuando Eneas la abandona:

> Siempre guerra y nunca paz
> tendrá de nosotros el genio altivo
> que pretende al mundo entero
> privar de su libertad.

Pero existe otra versión operística de esta historia, la de *Mitrídates Eupátor*, de Alessandro Scarlatti, estrenada más de sesenta años antes que la de Mozart, cuya trama argumental guarda un extraordinario paralelismo con la *Electra* de Richard Strauss. El libreto, del libretista y arquitecto Gerolamo Frigimelica, difiere bastante del de Cigna-Santi: Farnace y Stratonica (Egisto y Clitemnestra) matan al esposo de ésta y rey de Ponto, Mitrídates V (Agamenón) pero su hijo Mitrídates (Orestes) huye y al tiempo regresa de incógnito para matar a su madre y su amante y ocupar el trono que legítimamente le correspondía.

El personaje histórico, Mitrídates VI el Grande fue uno de los grandes enemigos de Roma. Se casó con su hermana Laodicea y logró elaborar un antídoto que le protegería del envenenamiento, pero que al final se volvió contra él: antes de ser capturado por los romanos trató de envenenarse, pero el antídoto funcionó y, al igual que en la versión de Mozart, tuvo que matarlo un soldado con su espada. La muerte siempre tiene un plan B.

Otelo (*Otelo*)

Hay dos Otelos operísticos, el de Rossini y el de Verdi, pero sólo éste continúa activo, y mucho, en los teatros de ópera de todo el mundo.

Trece días después del estreno en la Scala de *Nabucco*, la ópera que consagró a Giuseppe Verdi, Arrigo Boito venía al mundo en Padua. En 1863 el maestro de Busetto ya había estrenado veinticuatro óperas y además del rey de la ópera italiana era un ídolo del *Risorgimento* y diputado del primer Parlamento de la Italia unificada. Aquel año, un joven contestatario *desgreñado*[11] llamado Boito se atrevió a ofender al maestro indiscutible del modo ya explicado en el capítulo dedicado a los libretistas.

Sin embargo, veinte años más tarde las relaciones entre el autor de la triunfal *Aida* y el irregular *Mefistófeles* no sólo se recompusieron, sino que Boito le escribió a Verdi unos de los mejores libretos no sólo de sus óperas sino de todo el repertorio, basados en obras de Shakespeare: «La tragedia de Otelo, el moro de Venecia» (*Otello*), y «Las alegres comadres de Windsor» y «El rey Enrique IV» (*Falstaff*).

El trabajo de Boito en Otelo fue un prodigio de inteligencia y concentración dramática: eliminó personajes secundarios, suprimió un acto completo, redujo el número de escenas y a pesar de dejar el texto original en la cuarta parte la obra, lejos de perder fuerza dramática, la incrementa. La fusión entre libreto y música es perfecta.

Yago es uno de los mayores villanos de la historia operística, si no el mayor de todos. Envidioso, artero, resentido y xenófobo, en su odio africano hacia su jefe no repara en maldades para acabar con él manejando con demoníaca habilidad su punto más débil: los celos.

El resultado de tanta intriga, tanta calumnia y tanta alevosía no podía ser otro que la muerte, acaecida de forma diferente en los dos Otelos. En el verdiano, el moro estrangula a su inocente Desdémona —quien a pesar de tener destrozada la garganta aún es capaz de pronunciar unas frases— y cuando descubre su inocencia se apuñala. En el rossiniano, en cambio, Otelo se mata con la misma daga con la que acaba de apuñalar a Desdémona. En este drama, por tanto, el uxoricidio es premeditado, pero no el suicidio.

---

11 Así llamaron a la generación de intelectuales, literatos y músicos vanguardistas y contestatarios de la Scapigliatura, que abogaban por la renovación de la ópera italiana bajo la influencia extranjera, fundamentalmente de la Alemania de Wagner.

A propósito del trágico final de este matrimonio interracial, el excelente libreto de Boito admite un reproche: no es verosímil que, después de haber sido estrangulada, Desdémona aún sea capaz de entonar su última intervención. Ni que Otelo, tras hincarse la daga, se despida de su esposa y del mundo con estas tiernas palabras:

> Antes de matarte… esposa mía… te besé.
> Ahora, antes de morir… en la sombra donde yazgo…
> otro beso… otro beso…
> ¡ah!… un último beso….

En Rossini, a ninguno de los dos les quedan ganas de cantar después de matarse. Ni de besarse siquiera.

Personajes matados por arma blanca

Lulú (*Lulú*)

Alban Berg escribió el libreto de *Lulu* extrayéndolo de dos obras del polémico dramaturgo Franz Wedekind, *El espíritu de la tierra* y *La caja de Pandora*, en las que abordó la sexualidad femenina como no se conocía a finales del siglo XIX. Berg murió sin terminar la ópera, que Friedrich Cerha completó y cuya versión definitiva se estrenó en 1979, más de cuarenta años después de la incompleta. Se trata de una ópera inmensa y compleja escrita en lenguaje dodecafónico y protagonizada por más de treinta personajes.

Lulú es uno de los personajes más mortíferos que pueden encontrarse en una ópera. Prostituida en la infancia, deseada por todos los hombres que la conocen —y por alguna mujer—, Lulú acaba su vida como prostituta cuando un cliente conocido como Jack el Destripador (barítono) la acuchilla en un sórdido burdel londinense. Esta es la relación de víctimas mortales de haberse cruzado sus vidas con la de Lulú, por orden de defunción:

- El Inspector de Sanidad: el primer esposo de Lulú cae fulminado por un infarto agudo de miocardio cuando la sorprende haciendo el amor con el Pintor para el que posa.

- El Pintor: su segundo marido, se degüella con una navaja de afeitar cuando descubre que su matrimonio con Lulú es la tapadera de su relación con el Doctor Schön, editor de un periódico.

- El Dr. Schön: Lulú mata accidentalmente a su tercer marido cuando se dispara la pistola que él, enloquecido por los celos, le entrega para que se suicide. Lulú es condenada a veinte años de prisión.

- La Condesa Geschwitz: la amante lesbiana de Lulú perece junto a ella a manos de un psicópata asesino en serie, cuyas palabras antes de caer el telón resumen la atmósfera de degradación moral que respiran todos los personajes de esta ópera capital del siglo más mortífero de la historia de la humanidad:

> ¡Ha sido un buen trabajo!
> *(lavándose las manos en una palangana que está debajo de la ventana)*
> Pero no soy un tipo con suerte… *(busca una toalla alrededor)*
> ¡Nunca encuentro una toalla cuando la necesito!

Saúl *(Saúl y David)*

La Biblia ha sido una fuente inagotable de inspiración para los artistas del mundo cristiano. Las pinturas, esculturas y obras literarias de tema tanto paleo como neotestamentario son incontables. Con respecto a la música, numerosos compositores de los últimos cuatro siglos se han interesado también por estos temas, originando todo un género musical, el oratorio religioso. Al igual que la ópera, en este tipo de obra musical dramática hay una partitura, un texto o libreto, unos personajes y una historia, pero sin escenificación, es decir, sin decorados, vestuario y actuación teatral de los intérpretes. Puede afirmarse por tanto que un oratorio es como una ópera interpretada en concierto.

Los oratorios más notables se compusieron durante el período barroco. Schütz, Scarlatti, J.S. Bach y sobre todo Händel —cuando la crisis económica obligó a abaratar los costes de representación de óperas— cultivaron el oratorio con profusión. Más tarde, grandes maestros como, Mozart, Mendelssohn, Berlioz, Gounod, Liszt, Elgar, Honneger o Penderecki continuaron una tradición del oratorio que continúa en el siglo XXI con los *evangelios* de Abel Azrie y John Adams. Sin embargo, las óperas de tema bíblico son raras, en buena parte por la censura que lo prohibía.

Sólo la *Salomé* de Richard Strauss se basa en un episodio del Nuevo Testamento. Resulta cuando menos curioso que de un personaje de la categoría de Jesucristo nadie haya osado componer una ópera, aunque Wagner llegó a escribir el esbozo en prosa de una extensa obra en cinco actos que se iba a titular *Jesús de Nazaret* y que ojalá hubiera compuesto.

Sobre episodios del Antiguo Testamento hoy solo subsisten en los teatros cinco títulos: *Nabucco* (Verdi), *Sansón y Dalila* (Saint-Säens), *Moisés en Egipto* (Rossini), *Moisés y Aarón* (Schönberg) y *Saúl y David*, del músico danés Carl Nielsen.

La historia del primer rey de Israel y de su sucesor es bien conocida por el libro de Samuel. De este texto bíblico, el libretista Einar Christiansen extrajo el libreto de la ópera *Saúl y David*, compuesta por Nielsen y estrenada en 1902. Se trata de una historia de celos triangular pero atípica: en esta ocasión, el barítono-bajo (Saúl) está celoso del novio de la soprano (su hija Michal), el tenor (David), por los éxitos del joven pastor y excelente arpista contra el enemigo filisteo. Cuando Saúl cae en desgracia ante Yahvé, por desobedecer su orden de exterminar a los amalecitas, el rey trata de rehabilitarse luchando contra los filisteos, pero es alcanzado por varias flechas. Antes que dejarse apresar, el rey ordena a su escudero que lo remate, pero se niega y Saúl se quita la poca vida que le queda apoyando la empuñadura de su espada en el suelo y dejándose caer sobre la punta. Otro ejemplo de suicidio «asistido» como los de Dálibor y Mitrídates (y como veremos más adelante, de Juanillo).

Atila *(Attila)*

A muchos wagnerianos les sorprenderá descubrir que la primera mención al dios Wotan y su Valhalla en un libreto de ópera no aparezca en el acto segundo de *Lohengrin*, cuando la pérfida Ortrud invoca sus divinidades paganas, sino ¡en una ópera de Verdi! Aunque el tengrianismo (o tengrismo) era la religión animista de pueblos nómadas euroasiáticos como los hunos, Temistocle Solera llenó el libreto de Attila de alusiones al dios protagonista del Anillo del Nibelungo.

La historia describe al huno Atila (395-453) como el poderoso caudillo de un vasto imperio que quiso rematar al moribundo Imperio romano de Occidente. Tras saquear ciudades como Aquilea, la leyenda pretende que, cuando avanzaba a conquistar Roma, una comitiva presidida por el papa León I le paró los pies en la orilla del río Po. En esta ópera juvenil de Verdi, Odabella, hija del señor de Aquilea asesinado por los bárbaros, jura vengarlo matando personalmente a su jefe. Al igual que Dalila con Sansón, como estrategia para acercarse lo suficiente al «azote de Dios», lo enamora primero ante el espanto de su prometido Foresto. Atila queda tan prendado de su futura ejecutora que le regala su espada cuando ella se la pide sin preguntarle, ni desde luego imaginar, para qué la querría. El ánimo de venganza de Odabella es tan fuerte que en un banquete le impide a Foresto envenenar a Atila: lo matará ella y nadie más.

En la escena final, en plenos preparativos nupciales, Odabella, Foresto y el general romano Aecio se conjuran para asesinar a Atila, pero es ella quien, tras revelarle el motivo, le clava primero su propia espada y, mientras los otros rematan la faena, el huno se lo reprocha a lo Julio César con un «¿Tú también, Odabella?».

Al no morir en el campo de batalla, Atila no podrá ingresar en el Valhalla como miembro del ejército de élite de Odín/Wotan. Todo un oprobio para el mayor de los guerreros.

Duncan (*Macbeth*)

La siguiente ópera de Verdi tras *Atila*, *Macbeth*, fue la primera que compuso sobre un libreto basado en una obra teatral de Shakespeare, en este caso un tremendo dramón que profundiza en el fondo más oscuro de la naturaleza humana; una historia de ambición criminal sin límites por el cumplimiento de un destino.

El origen de la trama, sin embargo, no puede ser más simple, ni más inverosímil: unas brujas vaticinan al general Macbeth que será rey, aunque sin sucesión, pero hay un inconveniente: ya hay un rey, Duncan, que además goza de buena salud. Para que la profecía se cumpla, a Macbeth no le queda otra que matar a su señor, con la colaboración de lady Macbeth. Aprovechando la estancia del rey en su castillo, la pareja de asesinos perpetra su crimen con alevosía y nocturnidad. Es el inicio de una escalada criminal para eliminar obstáculos al trono: luego matan a Banco y después a la esposa e hijos del descubridor del crimen, Macduff. El final de la tragedia es bien conocido: el bosque de Birnam cobra vida y Macduff, «no nacido de mujer», completa el cumplimiento de las predicciones de las brujas ejecutando a Macbeth.

Desde el punto de vista que más nos interesa, la muerte en la ópera, Macbeth presenta varias particularidades: (1) es un magnicidio (2) perpetrado por un matrimonio en el que (3) la víctima es un personaje al que no vemos, ya que lo matan mientras duerme en una estancia contigua al escenario.

La moraleja del drama, proclamada por la malvada lady Macbeth, es tan tremenda como su plena validez en la actualidad:

> ¡El camino que conduce hasta el poder
> está lleno de crímenes, y pobre del que avanza
> con pie dudoso y retrocede!

Macbeth es una de las muchas óperas que fueron objeto de revisión y un ejemplo de que no siempre mejoran. La versión original (Florencia, 1847) supuso un gran éxito pero para el estreno en el Teatro Lírico de París, Verdi añadió más música, el ballet que le exigían (como a Wagner con Tannhäuser) y un apoteósico coro final. El resultado fue «un fiasco» y la ópera desapareció de los teatros hasta bien entrado el siglo xx.

Anna Netrebko y Zeljko Lucic en *Macbeth*, de Verdi.

Esposa *(La vida con un idiota)*

En la extensa producción musical del compositor germanosoviético Alfred Schnittke («Soy un compositor alemán de Rusia», afirmó), autor de abundante música incidental para el cine y la televisión, hubo poco espacio para la ópera, pues tan sólo compuso cuatro entre sus más de trescientas composiciones, entre las que destaca *Life with an idiot*.

Con libreto de Viktor Erofeyev, Schnittke creó una sátira del régimen soviético que a sus compatriotas no les pareció tan absurda como a los espectadores de su estreno mundial en Ámsterdam, tres años después de la caída del Muro de Berlín, bajo la baturta de Mtsislav Rostropóvich. El famoso violoncelista había ayudado a Schnittke a finalizar la obra tras sufrir éste un accidente cerebral vascular.

Denunciado por sus compañeros de trabajo ante el Partido, Yo es condenado a acoger a un «idiota» en la casa donde vive con su Esposa. Entre los internados en un manicomio, Yo escoge a Vova —apodo de Vladimiro Lenin, al que pretende caricaturizar—. Al principio la cosa funciona, pero un día Vova se torna violento, se pasea desnudo, ensucia las paredes con sus heces y rompe cosas, entre ellas los libros de Proust tan apreciados por la Esposa. El matrimonio se refugia en la habitación de huéspedes, pero la mujer acaba enamorándose del idiota y echando a Yo de su cama. La Esposa se queda embarazada, aborta y entonces el idiota se lía con Yo tras vencer éste sus reparos.

El extraño triángulo se desarma del modo más dramático, cuando la Esposa le dice al idiota que si vuelve con ella concebirá otro hijo suyo y cuando éste percibe la desafección de Yo decapita a la Esposa con unas tijeras de podar, fabricadas en la República Democrática Alemana, y huye. Yo acaba ocupando el lugar del idiota en el manicomio, donde escucha «el canto de cisne de mi revolución».

El clamoroso éxito de esta ópera, a pesar de su argumento absurdo y grotesco y de su duro lenguaje musical —aunque incluye un agradable tango— hacen pensar en la coyuntura favorable que le brindó a la obra la caída del régimen que la obra satiriza. Schnittke murió en 1998 a los 63 años.

Sigfrido *(El ocaso de los dioses)*

La lanza es un símbolo fundamental en la mitología operística de Richard Wagner. Símbolo de poder, político en *El Anillo* y espiritual en *Parsifal*, la lanza es de las pocas cosas escritas en el libreto que, por «rompedor» que sea, un director de escena no le puede quitar a Wotan de las manos, porque en ella reside su poderío y están grabadas las runas que lo mantienen rehén de sus propios pactos. Claro que, llegado el caso, también le sirve al dios como el arma blanca punzante que es.

Así, en virtud de un acuerdo conyugal aceptado a regañadientes, en el primer acto de *La Valquiria* él y Hunding lancean al alimón a su amado hijo Siegmund. En el tercero de *Siegfried*, el hijo del velsungo se venga haciendo pedazos la lanza de su abuelo con la espada que éste a su vez le rompió a su padre cuando lo mató. Y en el tercero de *El Ocaso de los Dioses*, el maligno Hagen, el hijo engendrado sin amor por el Nibelungo, asesina vilmente al héroe para arrebatarle el omnímodo poder del anillo.

Para desencadenar dos de sus grandes tragedias, *El Ocaso* y *Tristán*, Wagner echó mano de un recurso tan artificioso como la ingestión de un filtro o bebida con poderes mágicos que trastorna la mente de quien lo toma. En el caso de *Tristán e Isolda* es el filtro del amor que los enloquece hasta la muerte. En *El Ocaso de los Dioses*, el cóctel de bienvenida que Hagen le ofrece a Sigfrido es un filtro del olvido, tan efectivo que no duda en conquistar a su Brunilda para entregársela a Gunther a cambio de casarse con su hermana Gutrune. Despechada, la valquiria le revela a Hagen el secreto de la vulnerabilidad de Sigfrido: ella misma protegió el cuerpo del amado con su magia, pero como nunca le daba la espalda al enemigo, no consideró necesario blindar su región dorsal.

Con esta información privilegiada, Hagen organiza una cacería en la que proporciona a Sigfrido un antídoto al filtro del olvido tan eficaz que al instante canta su amor por Brunilda. Hagen lo distrae con el vuelo de los cuervos espías de Wotan y al girarse expone su espalda a la lanza de Hagen cuya punta lo atraviesa y lo mata… o eso parece. Porque, cuando acompañado por la marcha fúnebre más impresionante que se ha compuesto, el cadáver del héroe llega al palacio de los guibichungos y Hagen intenta arrancarle el anillo del dedo, Sigfrido eleva el brazo a lo saludo romano —y más tarde, fascista—, para espanto de los presentes. ¿Qué quiso decir Wagner con este absurdo gesto que ningún difunto puede realizar? ¿Acaso Sigfrido no estaba muerto, sino en un estado cataléptico similar al de los pacientes aparentemente anestesiados pero que se enteran de todo, y extrajo fuerzas de donde no se sabe para evitar que le arrebataran el anillo? En ese caso, ¿fue arrojado a la pira funeraria vivo? En caso afirmativo, ¿aquello fue la venganza de Wotan por haberlo humillado en el tercer acto de *Sigfrido*?

Zurga *(Los pescadores de perlas)*

A Georges Bizet le gustaba ambientar sus óperas en escenarios tan exóticos como El Cairo (*Djamileh*), Ceilán (*Los pescadores de perlas*) o, para la Europa de entonces, Sevilla (*Carmen*). El éxito arrollador de esta última apenas ha dejado espacio en los escenarios para sus otras tres óperas (La cuarta es *La bella muchacha de Perth*, basada en la novela de Walter Scott), pero *Les pêcheurs de perles* aún se mantiene en el repertorio, aunque a años luz de representaciones respecto a su hermana mayor.

El reparto de esta obra da por las justas para armar el triángulo amoroso: aparte del tenor (Nadir), el barítono (Zurga) y la soprano (Leila) sólo canta otro personaje, el sumo sacerdote Nourabad (bajo) que completa el cuarteto vocal. El argumento es simple: dos pescadores muy amigos, que en su día anduvieron enamoriscados de la misma chica, la redescubren convertida en sacerdotisa de Brahma sujeta al voto de castidad. Pero Nadir consigue llevársela al huerto y cuando los descubren se disponen a matarlos por sacrílegos, pero Zurga reconoce a la chica que una vez le salvó la vida y facilita la huida a la pareja a costa de la suya propia. Como Sigfrido, el jefe de los pescadores perece apuñalado por la espalda, en este caso por un hindú enfurecido.

Solo por escuchar el bellísimo dúo del tenor y el barítono del primer acto («Al fondo del templo santo») vale la pena asistir a una representación de esta ópera de juventud que vio la luz gracias a una subvención ministerial de 100.000 francos al Teatro Lírico de París para representar una ópera compuesta por algún *Prix de Rome*, que Bizet ganó con 19 años.

Bizet, que menos Georges se llamaba de todo (Alejandro, César y Leopoldo eran sus nombres de pila) murió tan joven como Mozart. Su temprana desaparición es una de las grandes incógnitas sobre lo que un músico de su talento hubiera sido capaz de producir si hubiera vivido treinta años más. Con permiso de Rossini.

Los tres personajes muertos en combate singular que analizaremos a continuación pertenecen a sendos dramas musicales wagnerianos:

Sigmundo *(La valquiria)*

El primer acto de *Die Walküre* se ocupa de la trágica historia de los Velsungos. El dios jefe Wotan quiere recuperar el tesoro del Nibelungo en posesión del gigante-dragón Fafner pero como los pactos que lo atan se lo impiden ha de intentarlo a través de terceros que ejecuten indirectamente su voluntad. Para ello fecunda a una mortal, pero sus planes comienzan a torcerse cuando la mujer alumbra no una sino dos criaturas, los gemelos Siegmund y Sieglinde, que son dramáticamente separados en la infancia.

Cuando se alza el telón Siegmund irrumpe agotado en la cabaña del brutal Hunding y de su esposa-esclava casada a la fuerza. La mujer reconforta al fugitivo y al primer cruce de miradas se enamoran sin saber todavía que son hermanos. Cuando Hunding descubre que ha dado cobijo a su enemigo le permite pasar la noche, pero lo reta a duelo al día siguiente.

Horrorizada por el doble crimen, adulterio e incesto, cometido por los gemelos, Fricka, la severa esposa de Wotan y diosa protectora del matrimonio, le exige que sea Siegmund quien caiga, pero el dios se resiste porque ello significaría el fracaso de sus planes. Mas al fin cede y ordena a Brunilda, su hija-valquiria preferida, que baje y le traiga a Siegmund al Walhalla.

Ante el amor de los novios-hermanos, Brunilda se conmueve y decide apoyar a Siegmund pero, cuando éste y Hunding luchan, Wotan le ayuda a acabar con el velsungo rompiendo su espada con la lanza. Desarmado, Siegmund recibe la lanzada mortal de Hunding: es el triunfo de Fricka. Brunilda y Sieglinde huyen de la furia del dios de dioses y cuando la desdichada quiere morir Brunilda le anuncia que en su seno ya florece la semilla de los velsungos. Nueve meses después Sieglinde morirá pariendo a Siegfried, el mayor de los héroes wagnerianos, que en la siguiente entrega de la serie, *Sigfrido*, se encargará de ajustarle las cuentas a su abuelo haciendo añicos su lanza con Notung, la espada refundida de su padre.

Telramund (*Lohengrin*)

En la cristiandad de la Edad Media se institucionalizó un método de administrar justicia cuyo juez era nada menos que el mismísimo Dios. Cuando dos partes se disputaban la razón o una acusaba a la otra de algún cargo sin pruebas, podían acordar someterse al llamado «juicio de Dios», otorgando la verdad al que saliera airoso del lance. Esta supersticiosa modalidad de justicia divina se impartía, bien sometiendo a los dos contrincantes a la misma prueba, o bien enfrentándose en un combate, los propios interesados o terceros designados por ellos. Las «pruebas» consistían en torturas tan irracionales como asir con la mano hierros candentes o introducirla en agua hirviendo: el que más aguantaba, ganaba. Para su desgracia, Telramund perdió.

Lohengrin de Richard Wagner es la cumbre de la ópera romántica alemana. Antes de adentrarse en el tenebroso mundo de *El Anillo*, Wagner nos legó una obra donde confluyen el mundo real del Ducado de Brabante en el siglo x y el fantástico del Santo Grial custodiado en la fortaleza de Monsalvat. La última obra del Meister, *Parsifal*, es una *precuela* de *Lohengrin*, ya que éste, como revelará al final de la obra, es hijo de aquél.

El Duque de Brabante ha muerto y su hijo menor Gottfried ha desaparecido. Instigado por su malvada esposa Ortrud, Federico de Telramund acusa a Elsa de haber matado a su hermano para heredar el Ducado pero ella se declara inocente. Para resolver el pleito, el emperador Enrique I el Pajarero decide celebrar un juicio de Dios entre Telramund y el caballero con el que Elsa ha soñado que acudía en su ayuda, y que llega navegando por el Escalda a bordo de una barquilla tirada por un cisne. El caballero pone la condición de que Elsa nunca debe preguntarle cuáles son su nombre y su linaje y ella acepta entusiasmada. Los dos hombres cruzan sus espadas y el caballero desarma a Telramund pero le perdona la vida. El misterioso vencedor se convertirá en esposo de Elsa y Protector de Brabante, tras rechazar la corona ducal.

Tras la célebre marcha nupcial que abre el tercer acto, los recién casados se confiesan su amor, mas el veneno de la duda inoculado por Ortrud obra su efecto y Elsa acaba formulando las preguntas prohibidas. En ese momento, el recalcitrante Telramund irrumpe en la alcoba para atacar al caballero y éste lo mata con su espada. La sentencia divina, dictada en dos tiempos, resulta inapelable.

Antes de marcharse por donde vino, el caballero revela su nombre y su linaje y deshace el maleficio con el que Ortrud convirtió al pequeño Gottfried en el cisne. Elsa pierde a su esposo pero recupera a su hermano, el nuevo Duque de Brabante. Por algo el caballero rechazó el título. Era muy listo el Grial.

Tristán *(Tristán e Isolda)*

Lo habitual en la ópera es que el herido por arma blanca fallezca de inmediato o, como muy tarde, tras entonar su aria de despedida, pero hay una ilustre excepción en el caso de Tristán, herido en el segundo acto pero que no fallece hasta el final del tercero tras una interminable agonía que incluye una especie de escena de locura donde Wagner llevó al límite la armonía tradicional abriendo las puertas de la «música del porvenir».

Wagner compuso su obra maestra más indiscutible bajo los febriles efectos de un amor prohibido, el de Mathilde Wesendonck, esposa de su mecenas, al que no consiguió robársela como sí consiguió a la mujer de su vida —Cósima Liszt— arrebatándosela a su fiel Hans von Bülow, todo ello en vida de su legítima esposa, Minna Planer. Wagner sublimaría sus tendencias adúlteras en el drama musical *Tristan und Isolde*, en el que, según confesó a su amigo y futuro suegro Franz Liszt por carta:

> Yo, que nunca he disfrutado de la verdadera felicidad del amor, erigiré un monumento al más encantador de todos los sueños en el que, desde el principio hasta el final, el amor, por una vez, encontrará una total realización.

En lucha contra Irlanda, el caballero Tristán, sobrino del rey Marke de Cornualles, mató a Morold, prometido de Isolda, y cuando ésta estuvo a punto de rematar a Tristán sus miradas se encontraron y no solo lo perdonó, sino que le curó las heridas. De vuelta a su patria, Tristán recomienda a su viejo tío que se case con Isolda y éste le encarga traérsela. A bordo del barco, Isolda no le perdona su ingratitud y ordena a su criada Brangania que le prepare el filtro de la muerte que acabaría con los dos. Pero, en lugar de eso, Brangania le ofrece el filtro del amor que, como los mejores fármacos, obra en la pareja un efecto inmediato, intenso y duradero.

Tristán e Isolda se encuentran por las noches hasta que Marke, alertado por Melot, los sorprende en pleno éxtasis amoroso. En la lucha que se desata Melot hiere con su espada a Tristán. Kurwenal, el fiel escudero de Tristán, lo traslada a su casa, el castillo de Kareol. Sólo Isolda podrá sanar la herida que mantiene a Tristán debatiéndose entre la postración semicomatosa y la extrema agitación del delirio.

El acto tercero contiene la agonía más larga de la historia de la ópera. Es frecuente que, después de hacerlos caer fatalmente heridos por mano propia o ajena, los libretistas concedan a los moribundos unas sentidas palabras e incluso frases de despedida antes de exhalar la última nota. Pero, en la segunda mitad del tercer acto, Wagner obliga a Tristán a cantar en su lecho de muerte más que a otros muchos roles de tenor en toda su ópera. De tan larga, la agonía resulta especialmente angustiosa. Por eso, cuando Tristán finalmente muere, tras haber situado la armonía tradicional de la música occidental al borde de la disolución, la dulce «muerte de amor» (*Liebestod*) de Isolda sobre su cadáver actúa sobre el acongojado espectador como un bálsamo emocional.

Clorinda (*El combate de Tancredo y Clorinda*)

En otros capítulos nos ocupamos de duelos singulares operísticos como los que enfrentan a Oneguin y Lenski en *Eugenio Oneguin*, Turiddu y Alfio en *Cavalleria rusticana*, Siegmund y Hunding en *La valquiria*, Fernando y Paquiro en *Goyescas* y a Guido Bardi y Simón en *Una tragedia florentina*. En todos se enfrentan dos varones, con una excepción: el combate entre Tancredo y Clorinda.

La ópera nació a finales del siglo XVI como un divertimento palaciego. La primera composición merecedora de tal nombre, *Dafne*, de Jacopo Peri, se estrenó en 1598 en el Palazzo Corsi de Florencia ante un reducido auditorio. Ninguno de ellos pudo imaginar que cuatro siglos después aquel invento musical congregaría a miles de espectadores en un anfiteatro romano situado doscientos kilómetros al norte de esa ciudad.

La partitura de aquella *Dafne* desapareció y aunque la más antigua que se conserva de una ópera también es de Peri (*Euridice*, 1600), corresponde a la «favola in música» *Orfeo* de Claudio Monteverdi (1607) el honor de ser la ópera más antigua que todavía se representa.

Además de otras meritorias óperas que han perdurado, como *El regreso de Ulises a la patria* y *La coronación de Popea*, Monteverdi compuso madrigales y otras obras de difícil catalogación, como *Il combatimento di Tancredi e Clorinda*, una especie de escena dramática extraída del poema épico *La Jesusalén liberada* de Torquato Tasso sobre la Primera Cruzada.

En la escena, de unos diecisiete minutos de duración, intervienen un tenor narrador y los dos protagonistas de la historia, el cruzado Tancredo y la doncella sarracena Clorinda, tan valerosa que «no había caballero más temido que ella en las batallas». Aunque ambos eran amantes, el destino quiso que se enfrentaran cuerpo a cuerpo sin reconocerse bajo las armaduras. Cierta noche Clorinda saboteó las máquinas de guerra cristianas y al regresar a la ciudad fue interceptada por Tancredo. Ambos luchan toda la noche y al despuntar el alba:

> Él empuja la punta del hierro en el bello seno,
> que allí se hunde y su sangre ávido bebe;
> y la malla, que con oro suave los pechos cubría,
> tierna y ligera, se inunda en un caliente río.

Clorinda le perdona y le pide que la bautice antes de morir. Tancredo corre a un arroyo que murmura, llena de agua su casco y cuando descubre la cabeza de su enemigo se encuentra con el rostro sonriente de su amada. Mientras la bautiza, Clorinda exclama: «¡Se abre el Cielo, me voy en paz!»

Sin embargo, no todos los duelos operísticos se resuelven con la muerte de uno de los participantes. Como el que tiene lugar en la ópera *Pepita Jiménez*, de Isaac Albéniz, basada en la novela de Juan Valera, donde se enfrentan los dos pretendientes de la joven viuda: el joven seminarista Don Luis de Vargas con el viejo Conde Genazahar, al que solamente hiere.

Finalizamos este capítulo con dos homicidios sin responsabilidad penal, por sendas circunstancias atenuantes: tiranicidio y defensa propia.

Gessler (*Guillermo Tell*)

Uno de los mayores misterios de la historia de la lírica es la prematura «jubilación» de Gioacchino Rossini a los 37 años después de componer otras tantas óperas. Se han aventurado varias teorías al respecto, pero *el cisne de Pésaro* nunca ofreció una explicación de su retirada de los escenarios tras el estreno parisino de su ópera seria *Guillaume Tell* para dedicarse durante los siguientes cuarenta años a cocinar pasta y cometer sus *pecados de vejez* musicales.

Guillermo Tell es un personaje legendario, carente de legitimidad documental que acredite su existencia. A pesar de ello, la imagen del ballestero atravesando la manzana mandada colocar por un sádico tirano sobre la cabeza de su hijo es uno de los iconos de la cultura popular europea, fielmente reproducida por Rossini en el escenario. La historia es bien conocida: en el siglo XIV, los cantones suizos sometidos por los Habsburgo se levantan en una lucha de independencia que en el terreno personal enfrenta a dos personajes: el despótico gobernador Gessler y el rebelde Guillermo Tell, que se niega a reverenciar el sombrero del tirano expuesto en la plaza de Altdorf, capital del cantón de Uri. Gessler apresa a Tell y le obliga a disparar su ballesta[12] sobre la cabeza de su único hijo Jemmy o los matará a ambos. La humillación de Guillermo ya no basta y tras guardarse otra flecha entre la ropa, dispara y acierta. La segunda flecha era para Gessler si erraba el tiro y hería a su hijo, aunque al final acaba atravesándole con ella de todos modos, y muerto el perro se acabó la opresión. La ópera finaliza con un solemne canto a la libertad que quizá compartió el propio compositor al liberarse de la tarea de componer más óperas en adelante.

---

12 En la Edad Media la ballesta se consideraba una arma a distancia tan eficaz que el segundo concilio de Letrán (1139) prohibió utilizarla entre cristianos (contra musulmanes, *nihil obstat*).

Guillermo Tell inauguró la temporada 1893-94 del Gran Teatro del Liceo de Barcelona. En el segundo acto, a las once de la noche, el anarquista Santiago Salvador arrojó a la platea dos bombas Orsini desde el paraíso del teatro. Sólo estalló una —la segunda cayó en el regazo de una mujer reventada por la primera— pero mató a veinte personas e hirió a muchas más, casi todas en las filas 13 y 14. Aquella fatídica noche la muerte en la ópera fue espantosamente real. En el juicio, Salvador no pudo definir mejor la brutal esencia del terrorismo: «No me propuse matar a unas personas determinadas. Me era indiferente matar a unos o a otros. Mi deseo consistía en sembrar el terror y el espanto».

Justo un año después, el anarquista fue ejecutado a garrote vil ante una muchedumbre recogida en un silencio mortal.

El tenor Juan Diego Flórez como Arnold Melchtal en *Guillermo Tell*, de Gioachino Rossini.

Mime *(Sigfrido)*

La mortalidad en *El Anillo (Der Ring des Nibelungen)* wagneriano es muy elevada, ya que perecen la mitad de los treinta y cuatro personajes que intervienen en el prólogo y las tres jornadas del ciclo. Los mecanismos de producción de casi todas estas muertes son dos: el fuego y el arma blanca. Con respecto al primero, el semidiós Loge es el encargado de prender la pira funeraria de Brunilda, que se elevará hasta alcanzar el Walhalla donde los dioses reunidos aguardan su fin. Pero la catástrofe final sucede fuera de la vista del espectador, al contrario que las muertes por arma blanca u otras causas como el traumatismo craneal (Fafner) o la maldición fulminante (Hunding).

Hay dos armas que desempeñan un papel fundamental en la Tetralogía, la lanza y la espada, provistas de sendos potentes motivos conductores (*leitmotive*)[13] que no dejan de sonar a lo largo del extenso drama. La lanza de Wotan es un símbolo de su poder —limitado por los pactos— pero también, como sabemos, el arma con la que en *La Valquiria* hace pedazos a Notung, la espada que él mismo había proporcionado a su hijo Siegmund, al que acabará matando a medias con Hunding.

En *El oro del Rin* encontramos a Mime esclavizado por su hermano Alberich, el Nibelungo, para el que ha fabricado el Tarnhelm o yelmo mágico que permite adoptar otros aspectos, hacerse invisible y desplazarse con gran rapidez. En *Sigfrido* vemos cómo el enano logró escapar del Nibelheim (el «país de la niebla» o inframundo de los nibelungos), rescatar al recién nacido del cadáver de su madre y criarlo con el falso afecto de un padre imposible para hacerse con el tesoro de Fafner una vez que el chico sin miedo mate al dragón. El contacto con la sangre del monstruo le permite entender la advertencia del pájaro del bosque: Mime se dispone a envenenarlo para hacerse con el anillo. Pero el muchacho se adelanta y lo ensarta con la espada reconstruida de su padre. Fafner y Mime son las dos únicas víctimas mortales de Notung.

MUERTE POR ARMA DE FUEGO

WERTHER
¿Por qué temer ante la muerte...
ante nuestra muerte?
¡Se levanta el telón y...
(*Misterioso*)
...pasamos a la otra orilla!
Eso es a lo que llamamos morir.

(*Acto II de Werther, de J. Massenet*)

Personaje	Ópera	Muerte
Andréi	Mazepa	Asesinato
Doctor Schön	Lulú	Homicidio
Herman	La dama de picas	Suicidio
Juanillo	El gato montés	Suicidio
María	El dictador	Homicidio
Toby	La médium	Homicidio
Werther	Werther	Suicidio

13 Los motivos-guía o conductores son frases musicales de extensión variable que Wagner asoció en sus dramas musicales a personajes, objetos o emociones. Más que etiquetas identificativas, Wagner los consideró «momentos melódicos de sentimiento».

El arma de fuego corta, que conocemos con el nombre genérico de «pistola»[14], no surgió hasta el siglo xvi. Se comprende, por tanto, que no se eche mano de este tipo de arma en ninguna ópera ambientada de ese siglo hacia atrás. Pero sorprende la rareza de su empleo como recurso mortífero en todas las demás. A diferencia de los numerosos personajes de ópera fallecidos por arma blanca, son contados los que reciben un disparo, como Werther, o una salva, como Mario Cavaradossi (estudiado en el capítulo de las ejecuciones). Podemos especular con varias razones. En primer lugar, por corta que sea, un arma de fuego no es tan ligera, fácil de manejar y escamoteable entre el ropaje como un puñal (aunque la valiente Leonora lo consigue para rescatar a su Florestán en *Fidelio*). Por otro lado, un homicidio por disparo resulta demasiado violento y sangriento pero ruidoso, sobre todo. La detonación de un arma de fuego en un escenario puede sobresaltar incluso a los espectadores que aún permanezcan despiertos.

En la reducida casuística siguiente, la mayoría de los personajes mueren por homicidio.

Andréi (*Mazepa*)

Antes de la alemana de Hitler y la francesa de Napoleón, hubo otra invasión fracasada contra Rusia, la sueca de Carlos XII, apoyada por el estado cosaco de Ucrania que gobernaba el *Hetman* Iván Mazepa. La batalla de Poltava (1709) acabó con la victoria del zar Pedro I y marcó el declive de Suecia como gran potencia europea. Chaikovski compuso en este marco histórico su ópera *Mazepa* con un libreto basado en el poema *Poltava* de Pushkin, aunque tomándose las libertades que exigía pintar en el lienzo una historia de amor.

El noble ucraniano Kochubéi y su compadre Mazepa (barítono) eran muy amigos hasta que el Hetman le pide la mano de su hija María (soprano), de la que está enamorada el joven Andréi (tenor). Un triángulo TBS de libro. Kochubéi reacciona fatal ante lo que considera un rijoso viejo verde, pero desconoce que su hija lo ama y Mazepa acaba llevándosela tras disparar al aire la pistola que siempre lleva al cinto. Como venganza, Kochubéi denuncia a través de Andréi al zar el apoyo de Mazepa y sus cosacos a lo suecos pero la maniobra le sale mal y el Hetman encarcela, tortura y ejecuta —decapitación con hacha— al padre de su amada.

El zar Pedro gana la decisiva batalla de Poltava y Mazepa regresa a Ucrania derrotado. Andréi lo reconoce y se dispone a matarlo con su sable pero Mazepa dispara su pistola y lo deja malherido. En la última escena la desdichada María pierde la razón imaginando que el agonizante Andréi es un niño pequeño, al que mece:

---

14 Una de las teorías etimológicas de «pistola» se refiere a una daga que, por sus fáciles ocultación y manejo con una sola mano acabaría prestando su nombre al arma de fuego.

¡Duerme, mi bello niño,
duerme, querido, duerme mi niño!
¡Do-do, niño do, do-do, niño do!
La luna clara brilla con resplandor
y te observa en tu cuna
¡Do-do, niño do, do-do, niño do!

Hasta que la inconsciencia producida por el shock hemorrágico lo sume en el dulce sueño de la muerte.

El personaje histórico Mazepa fue héroe para unos y villano para otros. Igualmente, el operístico puede parecer un corruptor de menores cruelmente vengativo o un viejo enamorado —y correspondido— que aplica con rigor la justicia a los traidores y mata a su rival en legítima defensa.

Doctor Schönn *(Lulú)*

En otro capítulo nos ocupamos de la muy letal ópera *Lulú*, de Alban Berg, donde se suceden muertes violentas para todos los gustos: suicidio por degüello con navaja de afeitar (el Pintor), infarto agudo de miocardio (el Inspector de Sanidad), asesinatos por arma blanca (la Condesa Geschwitz y la propia Lulú, a manos de Jack el destripador) y un homicidio involuntario al disparársele a Lulú la pistola que su celoso tercer marido, el doctor Schönn, le entrega para que se quite la vida. La escena es de una violencia brutal:

(levantándose se abalanza sobre Lulú)
¡Arrodíllate, asesina! ¡De rodillas!
(la empuja y le levanta la mano)
¡Arrodíllate...
(Lulú cae sobre sus rodillas)
... y no trates de levantarte!
(retuerce la mano de Lulú hasta que ella misma
se apunta con el revolver)
¡Pide a Dios que te dé fuerza!...
(El Estudiante sale ruidosamente desde debajo
de la mesa empujando la silla a un costado.
Schön rápidamente se vuelve hacia el Estudiante,
dando la espalda a Lulú que dispara cinco tiros
al Dr. Schön)

Los celos del doctor Schönn, editor jefe de un periódico, estaban justificados: además de sus anteriores maridos (el Inspector y el Pintor), se enamoran de Lulú el proxeneta Schigolch, un colegial de instituto, un atleta, el Príncipe, la Condesa Geschwitz y el compositor Alwa, hijo de Schönn. Toda una serie de amantes para acabar en manos de un asesino en serie (Jack the Ripper, el destripador).

Herman *(La dama de picas)*

Tanto para acabar con vidas ajenas como con la propia, el arma de fuego siempre fue cosa de hombres. En la vida real, como en el mundo literario y por extensión el operístico, desde Lucrezia Borgia a Katerina Izmailova, las mujeres han preferido métodos menos violentos o ruidosos y más limpios, como el veneno. Herman, el protagonista masculino de la versión de *Pikovaya dama* de los Chaikovski (Modest, el hermano de Piotr, fue el autor del libreto), lo tuvo aún más fácil porque además de varón era militar y llevaba su pistola reglamentaria encima.

En el cuento de Pushkin, Lizaveta Ivánovna es la pupila de la vieja condesa conocedora del secreto de las tres cartas (tres, siete, as) que siempre ganan, y Guermann un oficial deseoso de enriquecerse con el juego de naipes que consigue hacerse con el secreto. En la ópera, Herman corteja a Lisa para introducirse en la casa y arrancarle el secreto a la vieja. Como no lo consigue rogándoselo de rodillas, la amenaza con una pistola descargada y la condesa muere de la impresión. Pero la madrugada siguiente al funeral el espectro de la condesa se aparece a Herman para revelarle las tres cartas a condición de que sólo juegue una carta cada día y se case con Lisa.

Olvidando la segunda condición, Herman corre a la mesa de juego donde gana fortunas dos noches seguidas apostando al tres y al siete. Pero la tercera en lugar del as le toca en suerte la carta de la dama (reina) de picas en la que cree ver el rostro de la condesa guiñándole un ojo y lo pierde todo.

Al final de su relato Pushkin encierra a Guermann en un manicomio donde no cesa de repetir «tres, siete, as, tres, siete, dama…» y Lizaveta se casa con el hijo rico del antiguo administrador de la condesa. Modest Chaikovski, en cambio, suicida a Lisa arrojándola a un canal y a Herman disparándose en el pecho en la misma timba, a la que esta vez acude con la pistola cargada. En realidad el libreto indica que se apuñala, pero en muchas producciones se recurre al disparo, que es más varonil y muy militar.

Para completar el triángulo, Modest se sacó de la manga al príncipe Yeletski, naturalmente barítono, un buen partido para Lisa que ella rechaza irresponsablemente por el psicópata Herman, y que se venga aceptando la apuesta en la que éste pierde todo el dinero y hasta la vida. La invención del personaje se justifica por la hermosa aria *Ya vas lyublyu, lyublyu bezmerno* («Te amo con locura») con la que se declara a Lisa en el segundo acto.

Escena final de *La dama de picas*, de Piotr Ilich Chaikovski.

Juanillo *(El Gato Montés)*

Asistir a una representación de la ópera en tres actos *El Gato Montés*, con libreto y música del valenciano Manuel Penella, es como comerse una *Carmen* de Bizet cruda: al torero lo mata un morlaco en la plaza, al bandolero uno de los suyos de un escopetazo y a la gitana a la que ambos aman, la pena.

Pocos españoles desconocen el celebérrimo pasodoble que contiene esta ópera, habitual en los repertorios de las bandas de música que amenizan los festejos taurinos y en los programas de recitales de zarzuela y otras músicas españolas. Pero menos aún sabrán que *El Gato Montés* no es solo el título de un pasodoble sino de toda una «ópera popular española», como Penella insistió en considerar a su partitura, la cual, a pesar de sus valores musicales, no se representa ni en España. Los antecedentes de la acción: Juanillo (el barítono) mató a otro pretendiente de Soleá (la soprano), fue encarcelado, se fugó para volver a verla y se echó al monte como bandolero, conocido como «el Gato Montés». Soleá se ha echado un novio torero, Rafael Ruiz «el Macareno» (el tenor), pero sigue enamorada de Juanillo, al que lleva «clavaíto en el arma tóa la vía». Cuando éste aparece para llevársela, el conflicto triangular estalla. Juanillo amenaza a Rafael con matarlo si no lo hace uno de los seis toros a los que se ha de enfrentar en Sevilla. Una gitana predice que el torero morirá en la plaza pero el Macareno no se achanta. La buenaventura se cumple y Soleá muere de pena. El Gato se lleva el cuerpo de la muchacha a su madriguera para tenerla siquiera muerta y cuando los guardias suben a detenerlo ordena a su compinche Pezuño que le dispare en el corazón y muere abrazando el cadáver de Soleá. A diferencia de *Carmen*, *El Gato Montés* no es una españolada. Es España.

Lenski *(Eugenio Oneguin)*

Aunque en la Rusia del primer tercio del siglo XIX los duelos estaban prohibidos, seguían celebrándose con cierta tolerancia de la justicia, siempre que se ajustaran a las normas. El escenario o «campo de honor» era un lugar apartado y el momento, la salida del sol. Tanto los duelistas como sus asistentes o «padrinos» debían ser de alto nivel social y el motivo no podía ser otro que obtener la «satisfacción» por una ofensa, y exponerse a perder la vida era suficiente. Si uno de los dos llegaba más de quince minutos tarde se declaraba ganador al puntual. El ofendido podía ofrecer al ofensor la posibilidad de disculparse y, si lo hacía, ahí se acababa todo. Si no, cada uno podía disparar un tiro y no era necesario matar, ni siquiera herir al oponente.

Piotr Illich Chaikovski compuso las «siete escenas líricas» de *Yevgueni Oneguin* basándose en la novela en verso homónima de Alexander Pushkin. Oneguin y el joven poeta Lenski son grandes amigos. Lenski sale con Olga y la hermana de ésta, Tatiana, ha sido rechazada por Oneguin. En el baile del cumpleaños de Tatiana, Oneguin coquetea con Olga para fastidiar a Lenski y éste lo reta a duelo.

En la segunda escena del segundo acto, Lenski aguarda en el campo de honor la llegada de Oneguin, que se ha quedado dormido. Según las normas, si quisiera podía darse por satisfecho y resultar ganador sin exponerse, pero no quiere y lo espera durante una hora, aunque aprovecha el retraso para cantar su aplaudida aria *Kuda, kuda*. Cuando Oneguin aparece, Lenski tampoco ejerce su prerrogativa de ofrecerle disculparse para evitar el enfrentamiento. Parece que desea o matar a su amigo o dejarse matar por él. Los padrinos abren el estuche que contiene el juego de pistolas y cada duelista empuña la suya. Espalda contra espalda, avanzan quince pasos, se giran, y Oneguin dispara primero. Podía haberle alcanzado en una pierna con la misma validez, pero apunta al pecho de su amigo, que muere al instante.

Pushkin describe así la reacción de Oneguin ante el cadáver de Lenski:

> Si tu pistola ha matado a un amigo porque te miró, porque te contestó con impertinencia o por cualquier tontería así, por haberte ofendido cuando bebía o hasta por haberse provocado orgullosamente a duelo en un arranque de despecho, dime: ¿Qué sentimiento se hubiera apoderado de tu alma al verle inmóvil en el suelo, ante ti, con la muerte en el rostro que se entumece, sordo y mudo a tus llamadas desesperadas?

Alexander Pushkin murió con treinta y siete años en un duelo, al parecer con la pistola saboteada. Su oponente fue Georges-Charles d'Anthès, un barón francés cuya relación homosexual con el embajador de Holanda no le impidió flirtear con la bella y coqueta esposa de Pushkin, Natalia. Por una vez, la vida imita a la literatura y no al revés.

Escena del duelo en una producción de *Eugenio Oneguin*, de Piotr Ilich Chaikovski.

María *(El Dictador)*

En otro momento nos hemos ocupado de los compositores «degenerados» a los patológicos ojos del régimen nazi y de la ópera de cámara que uno de ellos, Víktor Ullmann, compuso con el título de *El emperador de Atlantis*. Dada su corta duración, algunos teatros la emparejan en programa doble con otra ópera breve y de propósito antibelicista, *El dictador*, de otro «degenerado» dodecafonista como Ernst Krenek, aunque con mejor destino que Ullmann, quien falleció en el campo de exterminio de Auschwitz-Birkenau en 1944 (Krenek murió en Palm Strings, California, en 1991). Estrenada en el período de entreguerras (1928) *El dictador* parece inspirada en el *Duce* Benito Mussolini (Adolf Hitler todavía no había conquistado el poder).

El escenario consiste en una terraza compartida por un hotel y un sanatorio con vistas al lago de Ginebra. En el primero descansan el Dictador y su esposa Charlotte y en el segundo convalece un oficial cegado por el gas en una guerra anterior, acompañado de María, su mujer. A pesar de la oposición de Charlotte, el Dictador decide declarar otra guerra y María planea matarlo para vengar la desgracia de su marido. Pero el Dictador atrae irresistiblemente a María y cuando Charlotte aparece tras un biombo empuñando una pistola dispuesta a matarlo María se interpone y resulta alcanzada fatalmente por el disparo. Al escuchar la detonación, el oficial acude creyendo que María ha matado al Dictador, pero tropieza con el cadáver de su esposa.

Toby (*La médium*)

La médium de Gian Carlo Menotti es una ópera en formato reducido (dos actos de media hora cada uno) que suele ofrecerse en otro programa doble junto con *El teléfono*, del mismo compositor. Fue estrenada en 1946 y es una buena muestra de la vitalidad del género operístico en el siglo xx, capaz de conmover con su música y sus efectos teatrales a espectadores acostumbrados al repertorio más conservador.

Madame Flora (Baba) es una falsa vidente que estafa a pobres padres haciéndoles creer que pueden comunicarse con sus hijos muertos. Para ello cuenta con la ayuda de su hija adolescente Mónica, que hace de fantasma, y de un gitanito mudo llamado Toby al que recogió en la calle, encargado de la tramoya, por el que la chica siente un tierno afecto. En plena sesión con unos clientes, la médium siente una mano helada apretándole la garganta y a partir de entonces el tinglado de la farsa se desmorona. Madame Flora despide a los clientes confesándoles el engaño, que ellos se niegan a aceptar, acusa a Toby de haber sido él quien la asustó, lo echa de casa y se da a la bebida. Mientras Baba duerme la mona, Toby intenta colarse en la habitación de Mónica, pero despierta a la médium y el pobrecillo se esconde tras un teatrillo de marionetas. Creyendo que se trata de un fantasma, Baba dispara su pistola varias veces contra el telón y cuando descubre el cuerpo ensangrentado de Toby trata de arrancarle la respuesta a la duda que la atormenta: si fue él. Pero

> *(Se arrodilla a su lado y, como una araña*
> *deforme, mira inquisitivamente en los ojos*
> *del muchacho, que ya no ven. El telón cae lentamente)*

Werther (*Werther*)

Jules Massenet madrugaba a componer óperas, casi cincuenta, aunque incluso a los aficionados sólo les suenen unos pocos títulos: *El Cid*, *Don Quijote*, *Thaïs*, *Cendrillon* y sobre todas ellas dos, *Manon* y *Werther*. Para el gran público consumidor de «música clásica», sin embargo, Massenet siempre será el compositor del celebérrimo intermezzo sinfónico con violín solista que intercaló entre las escenas del segundo acto de *Thaïs*, conocido como «Meditación».

La funesta manía de tantos personajes literarios por enamorarse de la mujer de otro ha proporcionado libretos a óperas tan notables como *Werther* de Jules Massenet.

Cuando un hombre tan de orden como fue Johann Wolfgang Goethe escribió la novela epistolar *Los sufrimientos del joven Werther* (1774) el Romanticismo ni había empezado a clarear. La obra, sin embargo, está considerada como el interruptor que lo puso en marcha. Cuando se publicó, muchos jóvenes siguieron la moda Werther vistiendo como el personaje y decenas de ellos se suicidaron como él, originando lo que en sociología hoy se conoce como «efecto Werther».

Sin embargo, Goethe fue un burgués acomodado, un abogado de mundo con veleidades científicas que llegó a ministro de la corte de Weimar, y en esta novela mezcló una experiencia personal con otra ajena, pero próxima. Él también se enamoró de una mujer prometida a otro abogado, que también se llamaba Carlota (para él Lotte, de Charlotte), cuyo novio le prestó a un tercer colega las pistolas con las que se quitó la vida por otro amor no correspondido. En la novela, Werther se enamora de Charlotte, prometida de Albert, y el rechazo de la chica provoca su suicidio en Nochebuena con una de las pistolas que le pide prestadas a Albert para emprender un largo viaje, seguramente un estuche de duelo, que el prometido de Carlota le hace llegar gustoso.

Jonas Kaufmann y Sophie Koch en *Werther*, de Jules Massenet.

Sin duda Werther no se disparó en un órgano vital, ya que su agonía dura un acto entero, el cuarto. Su vida se va apagando poco a poco como consecuencia de la hemorragia que no cesa de brotar por la herida. Carlota llega a tiempo para despedirse de él, pero no intenta ninguna medida de auxilio, ni siquiera los tan socorridos de improvisar un apósito con cualquier trapo o darle a beber agua, y se limita a contemplar horrorizada su muerte mientras un coro de niños canta la Navidad. El joven Werther salió vencedor de un duelo contra sí mismo, algo para lo que su alter ego real, el reconocido genio de la literatura universal Johann Wolfgang Goethe, quizá nunca hubiera tenido el valor necesario. En muchos casos, la literatura es el mejor psiquiatra del escritor.

MUERTE POR ASFIXIA

OFELIA
¡Ahí está!
¡Creo que la puedo oír!
¡Blanca Willis! ¡Ninfa de las aguas!
¡Oh, ocúltame entre tus cañas!
*(Se inclina al borde del agua, asiéndose con
una mano a una rama de sauce mientras que
con la otra aparta las cañas)*
Duda de la luz,
duda del sol,
¡pero jamás de mi amor! ¡Jamás!
¡Ah!... ¡Ah!...
*(se sumerge y vemos como su vestido blanco
es arrastrado por la corriente)*

(Acto IV de Hamlet, de L.A. Thomas)

Personaje	Ópera	Tipo de asfixia	Muerte
Antígona	Antígona	Ahorcamiento	Suicidio
Billy	Billy Budd	Ahorcamiento	Ejecución
Crown	Porgy and Bess	Estrangulamiento	Homicidio
Desdémona	Otelo	Estrangulamiento	Uxoricidio
El ejército del faraón	Moisés en Egipto	Ahogamiento	Masacre
Ella	La voz humana	Estrangulamiento	Suicidio
General	Venimos al río	Ahogamiento	Asesinato
Ginebra	Rey Arturo	Estrangulamiento	Suicidio
Guido Bardi	Una tragedia florentina	Estrangulamiento	Asesinato
Hagen	El Ocaso de los dioses	Ahogamiento	Homicidio
Halka	Halka	Ahogamiento	Suicidio
Jim Mahoney	Ascenso y caída de la ciudad de Mahagonny	Ahorcamiento	Ejecución
Katerina	Lady Macbeth de Mtsensk	Ahogamiento	Suicidio
Katia	Katia Kabanova	Ahogamiento	Suicidio
Lisa	La dama de picas	Ahogamieno	Suicidio
Margared	El rey de Ys	Ahogamiento	Suicidio
Ofelia	Hamlet	Ahogamiento	Suicidio
Peter Grimes	Peter Grimes	Ahogaminto	Suicidio
Wozzeck	Wozzeck	Ahogamiento	Suicidio
Yocasta	Edipo rey	Ahorcamiento	Suicidio

Como casi todos los mamíferos, el ser humano necesita dioxígeno para vivir. Dado que este gas está presente en la atmósfera ocupando el 21% del aire que respiramos, para seguir existiendo sólo tenemos que aspirarlo, lo que hacemos de un modo incesante y automático, incluso dormidos, y el complejo organismo que funciona bajo nuestra piel se encarga de transportar el oxígeno hasta la última célula. Por tanto, el cese de la entrada de aire en el cuerpo humano provoca su muerte por asfixia en pocos minutos, y esto puede producirse mediante varios mecanismos:

- Por obstrucción de la vía aérea por donde el oxígeno ingresa en los pulmones. Ejemplos:

  - Atragantamiento por objetos ingeridos accidentalmente o por restos de alimento.

  - Estrangulamiento u opresión externa del cuello, valiéndose de objetos como cuerdas, pañuelos o cables («a lazo») o directamente con las manos, si bien la muerte puede producirse no por falta de oxígeno sino por inhibición vagal.

  - Si la compresión del cuello se realiza por colgadura, el mecanismo se denomina ahorcamiento (que puede producir la muerte por mecanismos diferentes de la asfixia, como la rotura con dislocación de las vértebras cervicales).

- Por reducción o desaparición del oxígeno en el aire que se respira, como sucede al introducir la cabeza en una bolsa de plástico, o en atmósferas enrarecidas por humo u otras sustancias tóxicas.

- Por invasión pulmonar de un líquido que impide la difusión del oxígeno, como en la sumersión en agua que ocasiona ahogamiento.

En la ópera, la mayoría de las muertes por asfixia se deben a suicidios.

Muerte por ahogamiento

El gas de la vida está presente tanto en el aire como en el agua, pero los distintos métodos de oxigenación de la sangre de los seres terrestres (a través de la respiración pulmonar) y de los acuáticos (por branquias) son incompatibles, de modo que un pez fuera del agua está condenado a una muerte segura por desecación de sus branquias igual que un humano sumergido en ella lo está por encharcamiento de sus pulmones.

Personas entrenadas pueden aguantar bajo el agua hasta más de un cuarto de hora sin aporte de oxígeno, pero la mayoría no soportaríamos ni dos minutos sin respirar. La falta de oxígeno obliga a realizar una inspiración que inevitablemente provoca la inundación del aparato respiratorio. Supervivientes rescatados a tiempo relatan unos primeros instantes de pánico angustioso seguidos de una sensación de paz producida por la anoxia cerebral. El siguiente paso es la parada cardíaca y la muerte. Por eso el rostro de los ahogados nunca aparece desfigurado por el terror sino como sumido en un apacible sueño.

En la representación operística resulta relativamente fácil y convincente simular una muerte por sumersión, casi siempre como acto de suicidio: basta con que el cantante-actor en cuestión se deje caer desde el fondo del escenario sobre los colchones que amortiguarán su caída al presunto río o lago que el espectador no ve pero puede imaginar. Una forma de morir limpia, silenciosa y que libra al respetable de contemplar el cadáver y al intérprete de tener que hacerse el muerto, con lo que cuesta disimular la respiración desbocada después de una despedida vocal que acostumbra a ser intensa.

El ejército del Faraón *(Moisés en Egipto)*

El ahogamiento en una ópera más espectacular de todos es el que acontece en *Moisés en Egipto*, de Gioacchino Rossini, donde nada menos que un ejército entero perece bajo las aguas.

Al director y productor cinematográfico Cecil B. De Mille le interesó tanto la «historia» bíblica de Moisés que la filmó dos veces, en 1923 y en 1956. La escena cumbre de ambas versiones de *Los diez mandamientos* es la milagrosa separación de las aguas del Mar Rojo para permitir la huida del pueblo hebreo, perseguido por las tropas del faraón Ramsés II tras arrepentirse de haberlos dejado marchar. Ya en la primera película, muda y en blanco y negro, el efecto visual fue impactante, pero en la segunda, sonora, rodada en Technicolor y proyectada en formato panorámico, la apertura del pasillo por el que cruzaron mil extras entre dos gigantescas cascadas de agua invertidas, permanece imborrable en la retina de cualquier espectador de aquella época. De sus siete nominaciones a los premios Oscar, la película sólo obtuvo la de esos impresionantes efectos especiales.

Gioacchino Rossini no tuvo la misma suerte la noche del estreno de su medio ópera medio oratorio *Mosé in Egitto*, el 5 de marzo de 1818. Con los medios escénicos de la época resultaba imposible representar la separación de las aguas que, tras permitir el paso del pueblo judío por el lecho marino, regresan a su ser engullendo al ejército egipcio que los persigue. Lejos de mostrarse comprensivo, el público del San Carlo napolitano reaccionó con un abucheo monumental al que «el cisne de Pésaro» no estaba acostumbrado. Para su estreno en París nueve años después, Rossini adaptó su *Mosè* al formato de la *grand opéra* dándole un nuevo título en francés, *Moïse et Pharaon*.

Cuando el faraón se arrepiente de haber liberado a los hebreos e inicia su persecución, Moisés y los suyos entonan la oración *Dal tuo stellato soglio*, una música tan sencillamente sublime, o sublimemente sencilla, que al

Dios de los judíos al que va dirigida no le queda más remedio que obrar el prodigio de la separación de las aguas que los salva, al precio de masacrar a todo un ejército ahogándolo al volver a juntarlas. En la ópera de Rossini, el faraón también perece, pero DeMille, de ascendencia judía por parte de madre, lo salva dejando al actor ruso de nacimiento Yul Brynner ser testigo del prodigio desde la orilla para acabar reconociendo que, en verdad, «su dios —el de los hebreos— es Dios».

Una representación de *Moisés en Egipto* se beneficiaría hoy de los avances tecnológicos que hubiesen impresionado en vez de divertido a los espectadores de su estreno. El problema es que esta ópera hoy apenas se representa y sólo su *Preghiera* se ha salvado del naufragio.

El General *(Venimos al río)*

El número de personajes que intervienen en una ópera puede oscilar entre el único de *La espera* (Erwartung) de Arnold Schönberg y los ¡111! de *We come to the River* del también alemán Hans Werner Henze. Antibelicista, comprometido con la ideología marxista (dedicó obras a personajes como Ho Chi Minh, Víctor Jara y Ernesto Ché Guevara), Henze siempre buscó su propio camino «sin escuchar las músicas de los demás» durante decenios. A mediados de los cincuenta, Henze renegó del dodecafonismo como lenguaje musical dominante, abandonó una Alemania en la que vivía incómodo su homosexualidad, y se instaló en Italia.

Entre su enorme producción musical se encuentran once óperas, una de las cuales, *We come to the river*, estrenada en 1976 en el Covent Garden de Londres, aborda los horrores de la guerra. Al igual que *Los soldados* de Zimmermann, *Venimos (o llegamos) al río* es una obra de difícil representación, no solo por el elevado número de personajes (aunque los encarnan *solo* 50 cantantes con papeles duplicados) sino por la complejidad del montaje escénico, que requiere tres escenarios y cada uno con su propia orquesta.

El protagonista es un General —como el resto de militares, sin nombre propio pero barítono— de un país imaginario sometido a la cruel dictadura del Emperador, papel confiado a una mezzosoprano. Aquel participa activamente en la represión, pero cuando un médico le diagnostica una lesión ocular que lo conducirá a la ceguera, paradójicamente comienza a ver las terribles consecuencias de sus acciones. Convertido en contestatario del régimen imperial, lo encierran en un manicomio donde los locos creen estar construyendo un barco en el que escapar. Allí lo dejan ciego y finalmente lo matan asfixiándolo bajo unas sábanas que simulan la corriente del río en cuya orilla opuesta pensaban alcanzar la libertad. Por una vez, el empleo de una tela ondulante para simular una superficie acuática no es un recurso escenográfico barato sino la exigencia del libreto.

Hagen *(El ocaso de los dioses)*

El Anillo del Nibelungo es el mayor logro operístico de la historia del género. Sus quince horas de duración obligaron al autor de la música y el texto, Richard Wagner, a despiezarlo en un prólogo, *El Oro del Rin (Das Rheingold)*, y tres jornadas: *La Valquiria (Die Walküre)*, *Sigfrido (Siegfried)* y *El Ocaso de los Dioses (Götterdämmerung)*. El tal nibelungo es Alberich, un elfo anfibio que, despechado por el rechazo sexual de las tres ondinas que custodian el oro en las profundidades del Rin, lo roba y forja el anillo que proporciona el poder pero acarrea la muerte a su poseedor, al precio de renunciar al amor. A lo largo de la Tetralogía, el anillo cambia de la mano de Alberich a la de Wotan, de éste pasa al gigante/dragón Fafner, luego a Sigfrido y finalmente a la ex valquiria Brunilda, sin que Alberich consiga recuperarlo a pesar de intentarlo una y otra vez. Su última esperanza reside en Hagen, el hijo que le dio la gibichunga Crimilda por dinero, ya que no por amor.

Dominado por el odio y el resentimiento, Hagen logra asesinar al invencible Sigfrido pero cuando va a arrancarle el anillo el cadáver alza su brazo amenazante y es Brunilda quien se lo arrebata. En la escena final del Ocaso de los Dioses, el Rin se desborda junto a la pira funeraria de Brunilda, quien devuelve el anillo a las ondinas. Desesperado, Hagen intenta arrebatárselo pero las hijas del Rin lo arrastran al fondo y, como él no es anfibio como su padre sino solo terrestre, perece ahogado.

Cerrando el gigantesco bucle argumental, el Anillo finaliza como comenzó, con las ondinas custodiando el oro en el fondo del río, pero ya no en estado inocente y puro, metáfora del orden natural, sino adulterado y maleado por la ambición de elfos, gigantes, héroes, humanos y dioses, pero también teñido con su sangre.

Tal y como la concibió Wagner, la escena final de *El Ocaso de los Dioses* es un reto escenográfico de primer nivel: una hoguera gigantesca en tierra que debe alcanzar las alturas donde los gigantes construyeron el Walhala y un río desbordándose al mismo tiempo. Pero en estos tiempos en los que los directores imponen disparatadas puestas en escena despreciando las acotaciones del libreto, no supone ningún impedimento

Halka *(Halka)*

Tal y como hoy la conocemos, Polonia sólo tiene cien años de existencia. Su situación geopolítica, una gran llanura situada entre dos naciones imperialistas como Prusia y Rusia, una paloma entre dos halcones, provocó su borrado del mapa como nación durante el siglo XIX. Como en otros países del Este de Europa, hubo músicos que desempeñaron un papel importante en el surgimiento del nacionalismo polaco. Algunos, como Chopin, no compusieron óperas, pero sí otros como Stanislaw Moniuszko, cuyas obras

La casa encantada y *Halka* ocupan un lugar preeminente entre las «óperas nacionales» de Polonia, aunque recibió su formación musical en Berlín.

Al igual que *Una vida por el zar*, del ruso Glinka, *La novia vendida* del checo Smetana o *Bánk Bán* del húngaro Erkel en sus respectivos países, *Halka* se representa mucho en Polonia pero raramente fuera, debido en buena parte a la dificultad de encontrar cantantes en esos idiomas. Estrenada con buena acogida en Vilnius (Lituania) en versión concierto y con dos actos, la ópera alcanzaría el éxito clamoroso diez años después al presentarse en Varsovia ampliada a cuatro actos.

La trama de Halka es bastante convencional: un chico de clase alta (Janusz) seduce a una chica humilde (Halka) y la abandona para casarse con otra de su clase (Sofía). Otro campesino, enamorado de Halka (Jontek) completa el cuadrilátero amoroso. Como Salud en *La vida breve*, Halka se presenta en la fiesta del compromiso matrimonial de Janusz, su «halcón», que se la quita de encima con falsas promesas. Pero la boda se consuma y a Halka, que ha perdido al bebé que tuvo de Janusz, se le pasa por la cabeza pegarle fuego a la iglesia. Mas, como la Gilda de *Rigoletto*, acaba perdonando a su seductor, al que le desea felicidad con Sofía, y después de cantar una bella aria en forma de plegaria, se arroja al río, presumiblemente el Vístula, del que Jontek rescata su cadáver mientras el coro lamenta su triste destino.

Moniuszko murió de un infarto agudo de miocardio a los 53 años. El «padre de la ópera polaca» dejó, de momento, diez hijos huérfanos. Con ocasión del bicentenario de su nacimiento (1819) se ha lanzado una lujosa grabación discográfica en estudio de Halka cantada en italiano que pretende recuperar esta ópera para el aficionado no polaco.

Katerina Izmailova (*Lady Macbeth de Mtsensk*)

Entre las adaptaciones musicales del drama *The Tragedy of Macbeth* de Shakespeare destacan dos óperas estrenadas con casi un siglo de intervalo: *Macbeth* de Giuseppe Verdi (1847) y *Lady Macbeth del distrito de Mtsensk* de Dimitri Shostakovich (1934). La primera se basa fielmente en la obra teatral pero la segunda, ambientada en la Rusia rural del siglo xix, sólo tiene en común con ella que la protagonista femenina, lady Macbeth, es una asesina, aunque con una diferencia sustancial: la de Verdi mata por ambición y la de Shostakovich por amor, aunque sea adúltero.

Existe un gran parecido entre las tramas de Lady Macbeth y la *Katia Kabanova* de Janacek de la que hablaremos después. En ambas, la protagonista (Katerina Izmailova y Katia) malvive infelizmente casada (con Zinovi y Tichon, respectivamente) en una aburrida aldea rusa, soportando el odio que les profesan sus padres políticos: la suegra Kabanicha en la ópera de Janaceck y el suegro Boris en la de Shostakovich. El resultado es el sexo extramarital en ausencia del esposo, que desencadenará la tragedia, en el caso de Lady Macbeth con un obrero especializado en liarse con la mujer del amo.

Boris culpa a su nuera de la esterilidad de la pareja y está dispuesto a remediarla personalmente, pero Katerina lo envenena antes con las setas que tanto le gustaban, sin despertar sospechas. Cuando Zinovi regresa y descubre la infidelidad, Katerina y su amante Sergéi lo matan y esconden el cadáver en una bodega donde un borracho acaba descubriéndolo. Ambos son deportados a Siberia y en el camino Sergéi abandona a Katerina por otra amante, que acaba empujada por su rival a un río helado donde perecen ambas, poco importa si por ahogamiento o por hipotermia.

La ópera obtuvo un gran éxito. En 1935 fue representada más de cien veces en Moscú, hasta que al «padrecito» Stalin se le ocurrió conocerla como siempre hacía, medio oculto en su palco del Bolshoi, que abandonó precipitadamente. Dos días después el diario *Pravda* condenó la obra calificándola de «caos en lugar de música», lo que pudo significar la deportación e incluso el asesinato del compositor, aunque logró salvar el pellejo calificando su posterior Quinta Sinfonía como «la respuesta de un artista soviético a una crítica justa». Las escenas de sexo explícito de esta ópera no sólo repugnaron a Stalin: un año después de la censura soviética un diario neoyorquino calificó la música de fondo de las escenas de sexo como «pornofonía» .

Lady Macbeth de Mtsensk desapareció de los escenarios durante casi treinta años para resucitar en 1962 en una versión modificada y titulada *Katerina Izmailova* que se reestrenó con éxito en Moscú, aunque en la actualidad se representa la versión original. Después de ésta, Shostakovich nunca terminó otra ópera.

Katia (*Katia Kabanova*)

El compositor checo Leos Janaceck tenía 67 años cuando estrenó su séptima ópera, *Katia Kabanová*, en plena obsesión por Kamila Stösslová, una mujer de treinta años y casada, por la que se sintió obsesivamente atraído poco después de mantener una relación con una cantante que provocó un intento de suicidio de su mujer y la ruptura del matrimonio.

La historia de Katia es la de una mujer sensible y dotada de conciencia moral pero casada sin amor que acaba cayendo en brazos de otro hombre que sí la desea. En este caso, el triángulo no lo forman la protagonista femenina (una soprano) y los dos masculinos (tenores ambos), pues el personaje que se interpone entre Katia y su marido Tikhon Kabanov no es el pretendiente Boris sino Marfa, la madre viuda de Tikhon. Encarnada por una mezzo soprano o contralto con carácter, la suegra de Katia es uno de los personajes femeninos más detestables de todo el repertorio. Autoritaria, posesiva y celosa de su nuera, Marfa ejerce un dominio despótico sobre la voluntad de su hijo, un calzonazos incapaz de impedir las continuas vejaciones que la vieja inflige a su esposa. Es tan mala con Katia que cuesta creer que pueda existir una suegra así de maligna y perversa. Por su parte, el enamorado de Katia, Boris Grigorievich, es tal para cual, pues ha de soportar el continuo maltrato de su tío dado que es el albacea del que depende la herencia de sus padres muertos. Dos seres hartos de opresión que se consuelan en el amor libre que el propio Janacek persiguió.

La ópera está basada en una novela del escritor ruso Alexander Ostrovski titulada *La tempestad*, que transcurre en un pueblo a orillas del Volga. La violenta tempestad que se desencadena en el acto tercero es una metáfora de la que estalla en la conciencia de Katia, la cual, abrumada por el remordimiento, confiesa en público su infidelidad. El tío de Boris lo castiga al más puro estilo ruso, deportándolo a Siberia, y Katia, desesperada, se arroja al Volga (¿moriría ahogada o congelada?). Tichon y varios personajes secundarios tratan de auxiliarla, pero su madre se lo impide sujetándolo del brazo con fuerza. Cuando traen el cadáver a la orilla Tichon culpa de lo sucedido a su madre pero, sin inmutarse, la malísima Marfa agradece a los presentes su ayuda y cae el telón.

Escena de *Katia Kabanová*, de Leoš Janáček.

Lisa *(La dama de picas)*

Aunque no está demostrado, todo apunta a que Chaikosvski se suicidó. En otoño de 1893 un «tribunal de honor» constituido por antiguos compañeros de la Escuela de Jurisprudencia de San Petersburgo habría obligado al músico a quitarse la vida ante la inminente denuncia pública de la relación homosexual que mantenía con su sobrino Vladimir «Bob» Davydov. El 28 de octubre, Chaikovski dirigió el estreno de su sinfonía en si menor, la Sexta o *Patética*, que convirtió en su propio réquiem alterando el orden de los últimos movimientos para finalizar con el desgarrador *Adagio lamentoso*. Nueve días después murió, oficialmente por una razón tan absurda e increíble como beber agua sin hervir en plena epidemia de cólera. Dieciséis años antes había intentado librarse del desastroso matrimonio que contrajo para guardar las apariencias, arrojándose al Moscova, pero el caudal era tan bajo que sólo consiguió pillar un buen resfriado. Sin embargo, la protagonista de su ópera *La dama de picas*, Lisa, sí logra en el tercer acto su objetivo de morir ahogada.

En *Pikovaya dama*, la pareja de protagonistas se suicidan por su cuenta, en momentos distintos y de diferente manera, aunque en el relato originario de Pushkin ninguno de los dos se quita la vida. El ludópata Herman, del que ya nos hemos ocupado, se suicida cuando se da cuenta de que la Condesa se la ha jugado con la tercera carta. Lisa, la nieta de la vieja «Venus de Moscú» conocedora del secreto de las tres cartas que nunca fallan, se arroja al Canal de Invierno del río Neva cuando comprende que el oficial por el que ha desechado un mejor partido (el príncipe Yeletski) es un enfermo mental que sólo la quería como medio de acceder al dormitorio de la condesa para arrancarle el secreto como fuera.

El libreto de *La dama de picas* es de Modest Chaikovski, hermano del compositor, pero está basado en un relato de Pushkin que, por fuerza, debió de atraer la atención de Piotr Ilych, pues en él hay mucho suicidio y uno de ellos por el ahogamiento en aguas heladas de un río ruso que él pretendió cuando se dio cuenta de lo inútil que resultaba «tratar de ser algo distinto de lo que soy» casándose con una alumna, Antonina Miliukova, que se le había declarado por carta.

Dos años después del fracaso, Chaikovski estrenó la ópera *Eugenio Oneguin*, también basada en una obra de Pushkin. Su escena central es la de la carta en la que Tatiana declara su amor por el engreído Oneguin, cuyo paternalista rechazo de la muchacha («Creedme, os lo aseguro, el matrimonio sería un martirio») pudo haberle servido de advertencia al músico. Demasiado tarde.

Margared *(El rey de Ys)*

En la mitología bretona, Ys era una fabulosa ciudad costera de Bretaña, edificada por debajo del nivel del océano, del que la protegía una compuerta cuya llave estaba en posesión del rey. Por medio de su hija, el diablo consiguió la llave, abrió la compuerta y la ciudad quedó sumergida bajo las aguas. Basándose en esta leyenda, dos franceses llamados Édouard, Blau (libreto) y Lalo (música) crearon la ópera *Le roi d'Ys*, estrenada con éxito en 1888 bajo perversas acusaciones de wagnerianismo hacia el compositor de la *Symphonie espagnole*, su obra más apreciada.

En su versión del mito, el rey de Ys, que carece de nombre propio, tiene dos hijas: Rozenn (s) y la primogénita y heredera del reino, Margared (ms), ambas enamoradas del mismo caballero, Mylio (t), un atípico triángulo. Por razones de estrategia política, el rey ofrece la mano de Margared al príncipe enemigo Karnac, pero cuando se aproxima su boda aparece Mylio y la operación se va al traste. Margared se niega a casarse y Karnac reacciona declarando una guerra que pierde. Convertido en héroe, Mylio, que ama y es amado por Rozenn, se convierte en el futuro señor de Ys. Rabiosa de odio y celos, Margared confía a Karnac el punto débil de Ys, la compuerta que la protege de la inundación, y ambos deciden ejecutar su terrible venganza: abrirla para hundir la ciudad bajo las aguas. Pero el santo patrono de Ys, San Corentín, se les aparece para que desistan de su diabólico plan. Al final el amor paternal y fraternal puede más y Margared vuelve con los suyos, pero Karnac abre la compuerta y la ciudad empieza a desaparecer bajo las aguas. El pueblo se refugia en lo alto de una colina y entonces Margared revela su visión de que el mar sólo detendrá su ascenso cuando se cobre su presa. Trepa a lo alto de una roca y tras pedir el perdón de su pecado y la salvación de los inocentes, se arroja al mar y al punto las aguas se calman bajo la luminosa aparición de San Corentín.

En otras versiones de la leyenda, tras lanzarse al mar la hija del rey se convierte en sirena.

Ofelia *(Hamlet)*

The Tragedy of Hamlet, Prince of Denmark, de William Shakespeare, es el prototipo de obra dramática en la que, como suele decirse, muere hasta el apuntador. Ya antes de levantarse el telón, el rey Claudio de Dinamarca había asesinado a su hermano Hamlet y se había casado con su cuñada Gertrudis. El hijo de ésta y del difunto rey, el príncipe Hamlet, sale con Ofelia, hija del chambelán real Polonio y hermana de Laertes. Un día el fantasma de Hamlet padre se aparece a su hijo, se lo cuenta todo y le pide que lo vengue pero perdonando a su madre, y se desencadena la masacre: Hamlet mata por error a Polonio y a la segunda a Claudio; Laertes y Hamlet se matan en duelo con la misma espada envenenada y Ofelia, enloquecida, se ahoga en un lago. Gertrudis, en fin, muere al beber por error el veneno destinado a su hijo si fallaban con la espada.

Ophelia, óleo de John Everett Millais (1852).

Aunque compuso más de veinte óperas, el francés Ambroise Thomas sólo es conocido por dos: la «opéra comique» *Mignon* y sobre todo por la *grand opéra Hamlet*, con sus preceptivos cinco actos —como la obra de Shakespeare— y ballet, basada en la celebérrima tragedia del «Ser o no ser». El cúmulo de acontecimientos infaustos que se suceden en la trama justifican el trastorno mental que acaba afectando a la pobre Ofelia y que dio pie a una tardía «escena de locura», pretexto favorito, como veremos más adelante, para el lucimiento vocal de sopranos coloratura en la ópera belcantista.

El ahogamiento de Ofelia se produce en circunstancias nada claras: no sabemos si cae al agua mientras recoge flores o si en su acceso de locura por el rechazo de su amado se deja caer. Las acotaciones del libreto:

(Se inclina al borde del agua, asiéndose con una mano a una rama de sauce mientras que con la otra aparta las cañas... se sumerge y vemos cómo su vestido blanco es arrastrado por la corriente)

no sacan de la duda. Pero algo tan vulgar como una muerte accidental no encaja en la tragedia romántica y el suicidio, con el atenuante de enajenación mental transitoria, parece una salida más teatral. Así lo entendió el pintor prerrafaelita John Everett Millais en su célebre óleo *Ofelia*, que representa a la muchacha flotando junto a una orilla de exuberante vegetación, con los ojos y la boca entreabiertos y los brazos en la relajante Sukhasana o «postura fácil» del yoga. La ahogada más hermosa del mundo, que hubiera escrito García Márquez.

Peter Grimes *(Peter Grimes)*

El matemático inglés Alan Turing (1912-1952) fue el precursor de la ciencia informática y un genio de la criptografía cuyos desciframientos de códigos secretos nazis se cree que acortaron en varios años la duración de la guerra. Su país se lo pagó condenándolo en 1950 por «indecencia grave y perversión sexual» (la homosexualidad era un delito) y escogiendo la castración química como alternativa a la cárcel. Dos años después murió envenenado por cianuro y nunca se sabrá si lo asesinaron o se suicidó.

Mientras Turing resolvía claves cifradas del enemigo, el compositor Benjamin Britten y el tenor Peter Pears, pareja sentimental de por vida, huían a Estados Unidos escapando de la intolerancia sexual británica, de donde regresaron para el estreno triunfal de la mejor ópera inglesa desde Purcell, *Peter Grimes*, con Pears en el papel titular. A pesar de la homosexualidad manifiesta de Britten y de su no tan notoria efebofilia, no solo no se atrevieron a hacerle lo de Turing sino que Isabel II lo nombró Companion of Honour nada más ascender al trono en 1953.

Peter Grimes es un pescador que vive al margen de la comunidad del Borough, una aldea costera identificada como el Aldeburgh donde Britten vivió y falleció. Grimes libra en el juicio por la muerte no aclarada de su aprendiz pero le prohíben hacerse con otro. La hostilidad del pueblo hacia el huraño Grimes va en aumento y cuando su nuevo aprendiz muere por una caída accidental Grimes enloquece. A través del coro, el Borough lanza su terrible amenaza de linchamiento y comienza la caza de Grimes:

> Quien se aparta de los demás,
> es víctima de su orgullo.
> Al que nos desprecia,
> lo destruiremos.

Como única salida a la insostenible situación de Grimes, sus dos únicos amigos, un viejo lobo de mar y la maestra viuda, le recomiendan desaparecer para siempre del Borough del único modo posible. Grimes se hace a la mar y se hunde con su barca, aunque su auténtico final es la muerte social por linchamiento moral.

Aunque la moraleja oficial de *Peter Grimes* es la opresión social hacia el diferente en general, Britten pudo componer su ópera como denuncia de la homofobia legalmente perseguida en Gran Bretaña, o como defensa ante las acusaciones de cobardía por escapar a Estados Unidos en lugar de combatir por su país.

En 1948, «Ben y Peter» redimieron al opresivo Borough creando un festival en Aldeburgh que setenta años después ofrece cada junio una variada programación cultural y artística en la que nunca faltan las óperas de Britten.

Wozzeck *(Wozzeck)*

Para alcanzar el éxito, la ópera *Wozzeck* (errata de Woyceck, título del drama inconcluso de Georg Büchner en el que se basa) necesitó lo que en el cine de hoy se conoce como un tráiler promocional. Ante la indiferencia con que público y crítica recibieron su obra, Alban Berg ofreció tres escenas extraídas de las quince que componen la ópera con las que logró despertar el interés por la ópera completa y su reconocimiento.

Berg, aventajado discípulo del fundador del atonalismo, Arnold Schönberg, compuso su *Wozzeck* siguiendo las reglas del dodecafonismo. Para el oyente acostumbrado a la armonía tradicional, el lenguaje musical atonal resulta duro, cuando no ininteligible y hasta insoportable, pero un entrenamiento adecuado permite no solo «entender» esta música sino disfrutarla apreciando su extraña pero innegable belleza.

Basada en un hecho real, la tragedia de Franz Wozzeck es la de un pobre soldado vejado por su capitán y utilizado como animal de experimentación dietética por un médico que padece alucinaciones. Su única razón para seguir existiendo es el amor de su compañera sentimental, la ex prostituta María, con la que tiene un hijito de tres años. Así que cuando ésta se líe con el muy macho Tambor Mayor, el endeble hilo del que pende su vida se rompe. Cuando en un ataque de celos Wozzeck le levanta la mano a María, ella le asegura que «prefiero un cuchillo a que me peguen», y él toma nota.

Cierta noche la pareja pasea junto a un estanque cuando del horizonte surge una luna roja «como un acero sangriento». El impulso es ya irrefrenable y Wozzeck apuñala a María proclamando el meollo de lo que, como veremos en su capítulo, hoy se ha dado en llamar «crimen machista»:

Si yo no, María ¡Tampoco ningún otro!

En la taberna, donde un piano desafinado toca una polka rápida que bailan varias rameras, una de ellas descubre sangre en las manos de Wozzeck. Enajenado, regresa al estanque para buscar el cuchillo y de paso limpiarse la sangre. El capitán y el médico oyen cómo alguien se está ahogando pero, en lugar de acudir a auxiliarlo, se alejan porque «no es agradable».

En el texto de Büchner, durante el levantamiento del cadáver de María, el conserje del juzgado suelta el siguiente comentario:

Un buen asesinato, un asesinato auténtico, un hermoso asesinato, tan hermoso que no se puede pedir más, hace tiempo que no hemos tenido algo semejante.

Todo en *Wozzeck* es brutal.

Muerte por ahorcamiento

El cuello es un segmento anatómico de importancia vital. Por su interior transcurren las arterias que irrigan el encéfalo, los nervios que conectan éste con el resto del cuerpo y los conductos por los que respiramos y nos alimentamos. Un ser humano podrá sobrevivir tras la amputación de sus cuatro extremidades e incluso de la mitad inferior del tronco, pero no si se interrumpen las comunicaciones cervicales. Por ello, entre los métodos más utilizados por el hombre para provocar la muerte están la decapitación y el estrangulamiento, que puede ser manual, mediante un artilugio mecánico (como el garrote vil) o por medio de una cuerda, o ahorcamiento.

Suspender un cuerpo humano vivo del cuello puede matarlo de dos maneras: cruelmente lenta, por asfixia, o compasivamente rápida, por dislocación de las vértebras cervicales, dependiendo de factores como la altura de la caída, la ubicación del nudo y el peso de la víctima. El ahorcamiento judicial por pena de muerte es del segundo tipo y el voluntario del primero, ya que por lo general el suicida no dispone de un patíbulo en condiciones y emplea lo que tiene a mano (una sábana, un cinturón) para ahorcarse.

La muerte por ahorcamiento privado ofrece dos ventajas forenses: ser incruenta, por lo que la retirada del cadáver es rápida y limpia, y no arrojar dudas ni sobre el mecanismo de producción de la muerte ni acerca de su motivación, el suicidio. Para asesinar ahorcando se necesita la fuerza de varias personas y entonces se trataría de un linchamiento. O la ilimitada crueldad del barón Scarpia (*Tosca*) cuando ordena colgar de todos modos a su preso político Angelotti aunque se haya suicidado, el libreto no aclara cómo, en la celda donde aguardaba su ejecución.

En la ópera encontramos varios casos de muerte por ahorcamiento, unos por suicidio, otros por ejecución y un linchamiento que no llegará a consumarse. Estas son sus historias.

Antígona *(varias óperas)*

Las secuelas y precuelas de una historia no son un invento del cine. En el siglo v a.C., Sófocles escribió su trilogía tebana como una serie en tres capítulos: *Edipo Rey*, *Edipo en Colono* y *Antígona*, que fue la primera obra que escribió. Igor Stravinski (*Oedipus Rex*) y George Enescu (*Oedipe*) basaron los libretos de sus óperas en la primera, mientras que Tomasso Traetta (*Antigone*) y Karl Orff (*Antigonae*), autor de la popular *Carmina Burana*, en la tercera, que será la que analicemos a continuación.

La *Antígona* de Orff comienza con la lucha fratricida entre los hijos de Edipo al negarse Eteocles a ceder el poder a su hermano Polinices al cabo de un año, como habían pactado. Ambos hermanos mueren en combate y es su tío Creonte, hermano de Yocasta y esposo de Eurídice, quien ocupa el trono de Tebas. Su primera decisión es prohibir el enterramiento de Polinices, dejando su cuerpo a merced de los carroñeros, pero su hermana Antígona, que es la novia de su primo Hemón, hijo de Creonte, desobedece y lo entierra. Cuando se entera, Creonte ordena sepultarla en vida en una cueva a pesar de las súplicas de su hijo, de modo que al fin en este drama aparece el fatídico triángulo, formado por la mezzo Antígona y el tenor Hemón, que se aman, frente al barítono Creonte, empeñado en impedirlo.

El viejo Tiresias reaparece para informar a Creonte de que unos perros, en lugar de comerse los despojos que arrancan al cadáver de Polinices, los depositan en altares, señal de que los dioses desaprueban su veto al entierro de su sobrino. Ante estas presiones decide revocar la orden, pero ya es tarde: para no sufrir una interminable agonía por hambre y sed, Antígona se ha suicidado ahorcándose, aunque resulta difícil imaginar cómo pudo hacerlo en el interior de una oquedad rocosa. Tampoco se explica bien cómo pudieron darse cuenta desde el exterior de una cueva cerrada a cal y canto, pero se dan y cuando Hemón descubre el cadáver de su amada intenta matar a su padre aunque acaba apuñalándose y muriendo abrazado al cuerpo de Antígona. Cuando se lo cuentan a Eurídice se suicida también, y la tragedia finaliza con un Creonte solo, odiado por el pueblo y reprendido por el coro. (A diferencia de la ópera tradicional, donde el coro está formado por personajes que toman parte en la acción como aldeanos, soldados, peregrinos, etc., en la tragedia griega el coro es un recurso del dramaturgo para expresar sus propias ideas y emociones y como referente moral. El coro griego es a la vez espectador, protagonista y narrador omnisciente.)

Billy Budd (*Billy Budd*)

Quizá no sea causal que un compositor homosexual, Benjamin Britten, se interesara por dos novelas como *La muerte en Venecia* de Thomas Mann y *Billy Budd, marinero* de Herman Melville, en las que late una homofilia nunca explícita pero inexcusable. La atracción que el adolescente Tadzio ejerce sobre Aschenbach parece estética y la de Billy Budd sobre Claggart y el capitán Vere moral, pero en ambas subyace la apetencia sensual hacia el joven bueno, inocente y bello.

Billy Budd, estrenada con gran éxito en el Covent Garden en 1951, es una ópera protagonizada solo por hombres, nada menos que dieciséis entre tenores, barítonos y bajos, además de un coro también masculino, que integran la tripulación del navío de guerra «Indómito». El gran éxito narrativo de Melville, *Moby Dick*, también transcurre a bordo de un barco ballenero, sólo para marineros, donde el joven Ismael y el negro caníbal Queequeg retozan gozosos en la misma cama. El homoerotismo está presente en ambas novelas, aunque un psicoanálisis del Maestro de Armas John Claggart, alias «Jemmi *el piernas*» posiblemente dictaminaría homofobia encubridora de una homosexualidad reprimida.

Escena de *Billy Budd*, de Benjamin Britten.

Billy Budd es un expósito que tartamudea al ponerse nervioso. Cuando viajaba en el mercante «Derechos del hombre» lo reclutaron a la fuerza para el «Indómito», donde es bien acogido por su bonhomía por todos, salvo por Claggart. El malvado Maestro de Armas también queda prendado de las cualidades físicas y humanas de Billy nada más subir éste a bordo y preguntarle el Segundo su opinión sobre el muchacho:

> Uno entre un millón, oficial.
> Una belleza. Una joya.
> La joya entre las joyas.

Pero inmediatamente después, desde lo más profundo de su depravado ser, surge el deseo de aniquilarlo colgándolo del palo mayor porque su «odio y envidia son más fuertes que el amor»:

> ¡Oh belleza del alma, del cuerpo... bondad!
> ¡Cómo desearía no haberos visto nunca!

Claggart urde un plan para condenar a Billy mediante acusaciones falsas. Ambos comparecen ante el capitán Vere y cuando Claggart enuncia los graves cargos que le imputa (desobediencia, soborno, traición y amotinamiento), Budd es incapaz de articular palabra y se defiende propinando a Claggart un golpe en la frente que lo derriba y le causa la muerte instantánea. El capitán y la mayoría de los marineros creen que «Billy Boy» no lo merece, pero la ley condena a morir al autor de un homicidio no intencionado, y al amanecer Budd es ahorcado ante la tripulación desde el palo mayor del Indómito.

Jim Mahoney *(Ascenso y caída de la ciudad de Mahagonny)*

El compositor Kurt Weill y el dramaturgo Bertolt Brecht, ambos judíos y de izquierdas, ya habían colaborado con éxito en *La ópera de los tres peniques* (*Dreigroschenoper*, 1928) cuando abordaron un nuevo proyecto que en principio se reducía a una serie de canciones, sin acción escénica, titulada Mahagonny Songspiel. Este germen se convirtió en una ópera en cuatro actos, *Austieg und Fall der Stadt Mahagonny*, que pudo estrenarse en Leipzig en 1930 por los pelos ya que el año siguiente los nazis conquistaron el poder y hubiera sido impensable.

La ópera es una sucesión de veinte escenas anunciadas por sendos letreros proyectados sobre una pantalla, que recuerda a los rótulos explicativos de las películas mudas. Precisa una orquesta sinfónica convencional, aunque la partitura incorpora estilos musicales modernos como el blues, el jazz y el ragtime.

Tres acusados de proxenetismo y quiebra fraudulenta, la viuda Begbick y sus amigos Willy Fatty y Trinity Moses, huyen de la justicia en una furgoneta que se avería en pleno desierto de California y deciden fundar allí mismo una «ciudad-trampa» para atraer a gente con dinero ofreciendo comida, sexo, boxeo y alcohol. Entre los que caen en ella destacan un grupo de prostitutas lideradas por Jenny Smith y una cuadrilla de leñadores que han ganado dinero trabajando duro en Alaska durante siete inviernos. Al principio el negocio marcha y Mahagonny prospera, pero los problemas comienzan cuando suben los precios y se prohíben cosas. La amenaza de la llegada de un tifón a la ciudad provoca el pánico pero al final pasa de largo.

> Pero, ¿para qué sirven los huracanes?
> ¿Para qué queremos los tifones, para qué?
> ¡Al fin y al cabo los horrores que provocan
> puede superarlos el hombre por sí mismo!

El leñador Jim Mahoney, que se ha liado con Jenny, acaba decepcionado por lo que Mahagonny ofrece. Un leñador muere de una comilona y otro de un derechazo en el ring. Jim invita a todos a una ronda de whisky pero se le ha terminado el dinero y ese es el único crimen que no se perdona en aquella ciudad. Tras un juicio en el que Begbick actúa como juez, Moses como fiscal y Fatty como defensor, por cuya asistencia cobran entrada, Jim es condenado a la horca y ejecutado. La obra finaliza con una procesión en la que todos corean que «no puedes salvar a un hombre muerto».

Yocasta *(Edipo y Edipo Rey)*

Aunque Sófocles escribió sus tragedias *Edipo Rey* y *Antígona* sobre la maldición de los labdácidas (descendientes de Lábdaco, rey de Tebas) cuatro siglos antes de Cristo, fue en el XX de nuestra era cuando, como hemos abordado a propósito de Antígona, el mito inspiró varias óperas entre las que destacan *Edipo Rey* de Stravinski (1927), *Edipo* de Enesco (1936) y *Antígona* de Karl Orff (1949).

Casi todos los dramas de la Grecia clásica emanan de fuentes mitológicas y es precisamente la caprichosa intromisión de los dioses en la vida de los humanos lo que suele desencadenar la tragedia. El infortunado destino de los personajes de Sófocles que se convirtieron en protagonistas de estas tres óperas deriva de la prohibición que Apolo impone al rey tebano Layo de tener descendencia. Pero cierta noche de alcohol Layo baja la guardia y su esposa, Yocasta, queda embarazada. El adivino ciego Tiresias le anuncia que ese hijo se cargará a su padre y se casará con su madre y Layo, horrorizado, lo entrega a un pastor en cuanto nace para que lo mate. Pero no lo hace, y el niño Edipo acaba adoptado por los reyes de Corinto hasta que la profecía que le persigue le obliga a abandonarlos, creyendo que son sus padres. En un cruce de caminos se enfrenta con Layo, al que mata sin que ambos se reconozcan. Luego Edipo se enfrenta a Equidna, la esfinge que aterroriza a Tebas, a la que vence respondiendo a su enigma «¿Qué es más grande que el Destino?»: «¡El Hombre»!

Al final el destino se cumple y Edipo se convierte en rey de Tebas casándose con la reina viuda, es decir, con su madre. Pero Creonte, el hermano de Yocasta, conoce por el oráculo de Delfos que el asesino de Layo está en Tebas, y cuando un pastor descubre que fue Edipo, Yocasta se ahorca colgándose de una soga. Ante su cadáver, Edipo «se revienta los ojos con un alfiler de oro» y abandona Tebas dejando el reino en manos de sus hijos Polinices y Eteocles, con el compromiso de turnarse cada año en el trono.

El *Edipo Rey* de Stravinski solo pone en escena a cinco personajes (Edipo, Creonte, Tiresias, Yocasta y el pastor), pero en su *Edipo* a secas, Enesco eleva el elenco a trece, gracias a lo cual sabemos que las Esfinges poseen tesitura de mezzosoprano. Ambas óperas finalizan con la trágica muerte de Yocasta y la autolesión ocular de Edipo, que no comprende cómo puede ser responsable de un doble crimen, parricidio e incesto, anunciado por los dioses antes de que él naciera. El desdichado parte al exilio guiado por una de sus dos hijas, Antígona. La Esfinge le ha ganado la partida: el hombre no puede contra su destino.

Muerte por estrangulamiento

La medicina forense distingue tres modalidades de estrangulamiento: manual, antebraquial y a lazo. La primera se ejerce comprimiendo el cuello con ambas manos, la segunda atrapándolo con el codo flexionado —abordando por detrás a la víctima— y la tercera valiéndose generalmente de una cuerda o un cable.

Su motivación casi siempre es homicida, ya que es imposible que una persona se estrangule a sí misma con las manos, pues al perder la conciencia dejaría de ejercer la presión (salvo, como veremos enseguida, en los casos de la reina Ginebra y de Ella, que se sirven de otros procedimientos).

El estrangulamiento solo es posible cuando la fuerza del agresor supera con creces a la resistencia que puede ofrecer la víctima. Por eso los estrangulados suelen ser mujeres a manos de varones, niños a manos de adultos o varones endebles a manos de otros más fuertes, sobre rodo si, como Porgy, poseen una fuerza superior en sus extremidades superiores.

Crown (*Porgy and Bess*)

El compositor estadounidense de origen judeorruso George Gershwin (nacido Jacob Gershovitz) murió a los 38 años de un tumor cerebral. Dos años antes estrenó su única ópera, *Porgy and Bess*, cuyo libreto procede de la novela *Porgy* (1925), de DuBose Heyward, posteriormente teatralizada por éste y su esposa Dorothy. Es una historia de afroamericanos ambientada en los años treinta en Catfish Row, un barrio degradado de Charleston, Carolina del Sur, donde reinan el alcohol, la droga, el juego y la prostitución. Musicalmente, la obra es un logro de integración del jazz, el *negro spiritual* y otros ritmos de origen africano en la música clásica europea. Fue la única ópera que compuso Gershwin y no se representó hasta 1985, en el Metropolitan Opera House de Nueva York (Met para los amigos).

La historia gira en torno al clásico triángulo amoroso pero vocalmente atípico: Porgy es un papel para barítono-bajo, Bess para soprano y Crown para barítono. La razón de su escasa programación en los teatros europeos reside en que casi todos los personajes son negros.

Porgy es un mendigo lisiado que se desplaza en un *goat cart*, un carrrito tirado por una cabra. Bess es la novia de un estibador pendenciero, llamdo Crown, que se ve obligado a huir del barrio después de matar borracho a un compañero. Porgy acoge a Bess y en la pareja brota el amor. Un día el brutal Crown regresa al suburbio para llevarse a Bess, pero…

> *…se abre la contraventana y*
> *aparece un brazo blandiendo un gran cuchillo.*
> *El brazo desciende hundiendo el cuchillo en la*
> *espalda de Crown. El cuchillo sale lanzado al*

centro del patio. Crown se tambalea mientras
Porgy se asoma a la ventana y aferra con sus
manos la garganta de Crown. Pelean y Porgy
mata a Crown, empujando el cuerpo al patio.

Se trata de uno de los homicidios más complejos del repertorio: herida por arma blanca, asfixia y precipitación. En todo caso, matar a Crown no le servirá de mucho a Porgy porque Bess, convencida por su proveedor de cocaína de que su aquel nunca saldrá de la cárcel, acepta largarse con él a Nueva York. Pero al final sueltan a Porgy por falta de pruebas y, como no se le pone nada por delante, se encamina a la Gran Manzana en su carrito tirado por la cabra.

Eric Owens y Angel Blue como *Porgy y Bess*, de George Gershwin.

Desdémona *(Otelo)*

El estrangulamiento manual más famoso en la ópera es el de la delicada Desdémona a manos del vigoroso «moro de Venecia», un matrimonio interracial pionero en la violencia de género: antes de matarla, Otelo maltrata verbal y físicamente a su esposa, enloquecido por unos celos que su perverso alférez se encarga de despertar y alimentar.

En el capítulo de la «Violencia doméstica en la ópera» veremos cómo esos celos del protagonista del *Otelo* estaban injustificados. El drama se desencadena cuando el malvado Yago, conocedor de la celotipia de su jefe, lo convence de que la inocente Desdémona lo engaña con Casio y esgrime como prueba falsa el pañuelo que ella le habría entregado. En realidad es Yago quien provoca la muerte de Desdémona aunque estrangulándola con las manos de su esposo, un enfermo cuyas sospechas de infidelidad conyugal ha sabido excitar hasta el límite. Yago, de paso, se libra de su odiado Otelo cuando éste hace lo que tantos uxoricidas: suicidarse *después* clavándose su cimitarra.

Sin embargo, el asesinato de Desdémona podría no ser considerado un «crimen pasional», ya que Otelo no lo realiza en un arrebato de enajenación mental, cegado por la ira, sino con premeditación y alevosía. Inmediatamente antes de estrangularla con sus manazas, Otelo tiene el detalle de preguntarle a su pobre esposa si ha rezado, como todas las noches al acostarse, porque no quiere matar su alma. Una prueba de que el moro de Venecia creía en la otra vida, y un detalle de cinismo infinito. La pobre le pide «el tiempo de decir un Avemaría» pero Otelo no se lo concede y la estrangula, pero no del todo al parecer, ya que tras retirarle las garras del cuello aún puede insistir en su declaración de inocencia antes de expirar.

Estas recuperaciones de la conciencia suficiente como para cantar algo antes de morirse del todo, no obstante, tienen su explicación médica. La fuerte compresión del cuello puede interrumpir el riego sanguíneo cerebral produciendo un síncope o pérdida transitoria de conocimiento. El homicida puede pensar que su víctima ha fallecido y, al soltarla, esta puede recuperar la conciencia (lo que le obligará a insistir hasta la muerte).

Ella *(La voz humana)*

En 1930 el polifacético escritor Jean Cocteau impactó al público de París con un monólogo protagonizado por una mujer que recibe una llamada telefónica en su apartamento. Treinta años después, su compatriota Francs Poulenc utilizó el texto teatral como libreto de una «tragedia lírica» titulada, como la obra original, *La voix humaine*, bajo la influencia del fin de la relación con su último gran amante.

Durante unos tres cuartos de hora, Ella (un papel exigente para soprano con buenas dotes de actriz) mantiene a duras penas una conversación telefónica con el que fuera su amante durante cinco años, cuya voz no se escucha, quien la abandona por otra. Luchando contra los embates de su tormenta emocional, —y contra los continuos cortes e interferencias de la línea telefónica parisina— la mujer acaba revelando a su interlocutor que intentó acabar con su vida tomando pastillas, pero que «una no se suicida dos veces», y que no sabría cómo usar un revólver. Hasta el último momento de la conversación, Ella intenta retener el amor de su Chéri (querido), pero cuando éste le comunica que se casa al día siguiente, rodea su cuello con el cable del teléfono y le pide el último favor de no llevar a su rival al mismo hotel donde ellos solían alojarse. A continuación, se tumba en la cama, abraza el teléfono, le pide al otro que cuelgue y tras repetir cinco veces *je t'aime*, aprieta el cable hasta que el aparato cae al suelo. Ella tenía razón, nadie se suicida dos veces. Y para este fin, el fijo ofrecía prácticas ventajas: en la actualidad, para asfixiarse con el teléfono habría que engullir el móvil.

Ginebra (*El rey Arturo*)

En la trayectoria de numerosos compositores se distinguen con claridad tres etapas, pero en la del francés Ernest Chausson se sucedieron dos, con una fecha de separación tan concreta como el miércoles 26 de julio de 1882. Tal día, acompañado por Vicent d'Indy, asistió al estreno de *Parsifal* en el Festspielhaus de Bayreuth junto a compositores de la talla de Liszt, Humperdinck, Chaikovski, Saint-Säens, Rubinstein, Grieg o Richard Strauss. Para Chausson fue una revelación que influyó en sus obras posteriores, no solo en sonoridades sino hasta en temática, como la ópera *Le roi Arthus*. Sobre un libreto propio, basado en la conocida leyenda artúrica, Chausson compuso su Rey Arturo como una versión francesa del *Tristán e Isolda* de su admirado Wagner.

En la ópera de Chausson, los personajes de Lancelot, Ginebra, Arturo y Mordred son superponibles a Tristán, Isolda, Marke y Melot. El rey Arturo envía al caballero de la Mesa Redonda Lancelot en busca de la princesa Ginebra para desposarla pero en el viaje ambos se enamoran. Mordred lo descubre y los denuncia ante Arturo, quien reacciona persiguiendo a Lancelot a muerte. Ginebra debía lucir una larga melena porque, desesperada ante la evolución de los acontecimientos, decide darse muerte agarrotándose el cuello con sus propios cabellos, una insólita modalidad de estrangulamiento a lazo. Lancelot, por su parte, renuncia a enfrentarse a su rey y se deja herir mortalmente por él.

Aunque la sombra wagneriana tendida sobre *El Rey Arturo* es evidente —algunos pasajes suenan tanto a Parsifal y Tristán que parecen recogidos de la papelera donde Wagner los hubiese desechado— Chausson lamentó esa influencia a la que consideraba perniciosa. Frente al legado wagneriano, Chausson se sintió «como una hormiga que se encuentra con una roca enorme y resbaladiza en su camino». Trató de rodearla para encontrar el suyo propio, pero tanto la historia como la música de *Le roi Arthus* demuestran que no lo consiguió, aunque el terrible final de Ginebra matándose por los pelos sea tan diferente de la plácida muerte de amor de Isolda.

Chausson soñó con ver representada su ópera en el Palais Garnier de París pero el estreno tuvo lugar en el Teatro de la Moneda de Bruselas cuatro años después de su muerte y debieron transcurrir ciento veinte años más hasta el estreno parisino en La Bastilla, en 2015.

Guido Bardi *(Una tragedia florentina)*

Alexander von Zemlinsky (el aristocrático «von» se lo puso su padre para darse empaque), maestro y cuñado de Arnold Schönberg, compuso dos óperas sobre sendas obras de Oscar Wilde: un relato, en el caso de *Der Zwerg (El enano)*, y una obra teatral en el de *Eine florentinische Tragödie*. En esta última, la elegante poesía de Wilde y la suntuosa música de Zemlinski embellecen una sórdida historia de fingimiento, infidelidad, cinismo y muerte, ambientada en la Florencia del siglo XVI y protagonizada por tres únicos personajes: el comerciante de telas Simón (barítono), su esposa Blanca (mezzo) y el hijo del Duque, Guido Bardi (tenor). Un triángulo TBS sin aditivos.

Simón encuentra en su casa a Guido en compañía de su esposa. Desde el principio se entabla una farsa donde todos saben lo que está ocurriendo pero ninguno lo verbaliza, al menos en voz alta. Guido y Blanca son amantes pero Simón finge no enterarse hasta que, como quien plantea un juego, lo reta a batirse a espada bajo la luz de una antorcha sostenida por la mujer, quien le pide a su amante que mate a su marido. Pero Simón desarma a su rival y la lucha continúa a puñal cuerpo a cuerpo hasta que, en medio de la oscuridad, finalmente lo estrangula. El desenlace de la ópera no puede ser más desconcertante:

> BLANCA
> *(exaltada)*
> ¿Por qué no me habías dicho que eras tan fuerte?
>
> SIMÓN
> *(con asombro, completamente admirado por la belleza de Blanca)*
> ¿Por qué no me habías dicho que eras tan bella?
> *(Él extiende sus brazos hacia ella. Blanca cae de rodillas ante él. Se besan apasionadamente)*

Como la madre de Zemlinsky era de ascendencia sefardí, los nazis estigmatizaron al músico austríaco con la «H» inicial de *halbjuden*, «medio judío» e incluyeron sus obras en el siniestro catálogo de la «música degenerada». En 1938 Hitler anexionó su Austria natal al III Reich y Zemlinsky salvó el pellejo emigrando a Estados Unidos, donde murió cuatro años después. Su extensa obra permaneció medio siglo en el olvido hasta su rehabilitación a finales del siglo XX.

Muerte por catástrofe

HAGENBACH
¡Ten valor!
Desciende por las rocas y...
(da un terrorífico grito)
¡El alud!
(El resonante rugir del alud es audible.
Wally es arrastrada por el suelo)

(Acto III de La Wally, de A. Catalani)

Personaje	Ópera	Muerte
Assad	La reina de Saba	Tormenta de arena
Elisabeth y Toni	Elegía para jóvenes amantes	Alud
Hagenbach	La Wally	Alud
Huáscar	Las indias galantes	Erupción volcánica

Posiblemente por las dificultades de puesta en escena que entrañaban, son raras las óperas en las que acontece una gran catástrofe natural. Con los recursos audiovisuales actuales no hubiera sido un problema proyectar en el escenario un terremoto, una erupción o un tsunami, pero en el siglo xix pocos se atrevieron a intentarlo. Los tres siguientes personajes operísticos perecen en una tormenta de arena, una erupción volcánica y una avalancha.

Muerte por tormenta de arena

Assad *(La reina de Saba)*

El francés Charles Gounod y el austrohúngaro Karl (Károly) Goldmark compusieron sendas óperas tituladas *La reina de Saba*. Ambas basan sus argumentos en la legendaria visita que la hermosa reina realizó a Salomón, el rey sabio de Israel, aderezada con la relación amorosa inventada por los libretistas, pero ahí acaban las coincidencias y los desenlaces no pueden ser más diferentes. Mientras que en *La reine de Saba* (1862) el enamorado de la reina (aquí llamada Balkis) es el arquitecto Adoniram, que es asesinado por tres antiguos empleados suyos resentidos, a los que despidió por reclamar mejoras laborales, en *Die Königin von Saba* (1875) el amante de la reina de Saba (que carece de nombre) es el embajador Assad.

Assad iba a casarse sin mucho convencimiento con Sulamith y, para empeorar la situación, la víspera de la boda se enamora a primera vista de la reina de Saba recién llegada en visita oficial. Salomón le conmina a casarse con su novia pero la reina se presenta en la ceremonia y Assad la declara su auténtica diosa, blasfemia por la que es condenado a muerte. El poder de la reina consigue la permuta de la pena capital por el destierro al desierto, adonde acude para tratar de llevárselo a Saba. Assad lo rechaza, se muestra arrepentido y mientras ruega por la desdichada Sulamith se levanta una violenta tormenta de arena que acaba con su vida.

Las tormentas de polvo y arena se producen en zonas desérticas como consecuencia de la súbita aparición de violentas rachas de viento que inundan la atmósfera de partículas de polvo cuyo tamaño y cuya densidad determinan el riesgo de consecuencias negativas para la salud de quien las aspire. Cuando la exposición a la nube de arena es prolongada, las partículas invaden los pulmones y la muerte se produce por asfixia.

Desde su estreno hasta principios del siglo xx, *Die Königin von Saba* fue una ópera muy exitosa que mereció una revisión por Gustav Mahler en sus tiempos de director de la Ópera de Viena (1901). Hoy prácticamente no se representa.

Muerte por erupción volcánica

En el año 79 la última erupción del volcán Vesubio sepultó varias ciudades, las más importantes Pompeya y Herculano. La nube piroclástica que descendió por las laderas del volcán acabó con la vida de miles de personas en un tiempo estimado entre uno y dos minutos, por lo que los investigadores aseguran que las víctimas no sufrieron una lenta agonía por asfixia sino una muerte casi instantánea al exponer sus cuerpos a temperaturas de hasta 600°. Los calcos de yeso de los cadáveres atrapados en la ceniza volcánica muestran a los turistas los cuerpos de humanos y animales en la postura automática de «espasmo cadavérico» característica de la muerte instantánea por sorpresa. Veamos a continuación un raro de caso de erupción operística.

Huáscar *(Las indias galantes)*

Además de compositor de dramas musicales, Richard Wagner fue un teórico musical, un auténtico filósofo de la música que expuso sus tesis en una obra capital, *Ópera y drama* (1851). Una de sus teorías más conocidas es lo que él denominó *Gesamtkunstwerk*, la obra de arte total o suma de seis artes (música, danza, poesía, pintura, escultura y arquitectura) al servicio del mayor espectáculo escénico concebido por el hombre, la ópera.

Sin embargo, un siglo antes de ver la luz el ensayo de Wagner, en el París de Luis XV hacía furor un género lírico en el que participaban todas las artes, el *ballet á entrées*, más conocido como ópera-ballet, donde la danza adquiría una importancia equiparable a la de la música. El espectáculo típico consistía en un prólogo seguido de varias escenas o *entrées* (entradas), generalmente ambientadas en lugares exóticos, separadas por intermedios de baile.

La ópera-ballet barroca más conocida es *Les Indes galantes*, de Rameau. El título no se refiere a mujeres indígenas sino a «Indias» o lugares tan exóticos como Turquía, Perú, Persia y Norteamérica. Cada una de ellas posee argumento y personajes propios, pero las cuatro respiran el mismo aire de amor «galante».

En la segunda entrada, ambientada en el Perú colonial español, el oficial Don Carlos (t) y la princesa nativa Fani (s) se aman pero el inca Huáscar (b), enamorada de la chica, hace todo lo posible para impedirlo hasta que, en plena celebración de la Fiesta del Sol, el volcán local entra en erupción y «vomita rocas ígneas que aplastan al criminal Huáscar». Su crimen no fue otro que enamorarse de una de las suyas, la cual, incomprensiblemente, prefirió «a uno de nuestros inhumanos vencedores».

Las crónicas aseguran que los efectos escénicos especiales del estreno de *Las indias galantes* fueron espectaculares, pero cuesta creer que en un teatro barroco del siglo XVIII fueran capaces de representar la caída de rocas ígneas sobre un personaje. Sin duda exigió un derroche de imaginación en los escenógrafos… y en los espectadores.

En la ópera *La muda de Portici*, del compositor Daniel-François Auber con libreto de Eugène Scribe, también se produce una erupción volcánica. Nos ocupamos de ella en el capítulo dedicado a Fenella (muerte por precipitación).

Muerte por sepultamiento

Las avalanchas o aludes son masas de nieve que se deslizan por las laderas de las montañas arrastrándolo todo a su paso. Cuando la nieve alcanza a una persona y la cubre por completo se produce lo que en medicina se conoce como enterramiento o sepultamiento (como tantas otras palabras médicas, no admitida por la Real Academia de la Lengua) cuyas víctimas pueden fallecer por una o varias de estas tres causas:

1. Hipotermia. La velocidad media de enfriamiento del cuerpo bajo la nieve es de 3°C por hora, variando entre 0,6°C y 9°C. La hipotermia más baja que se ha recuperado con éxito fue de 13,7°.

2. Asfixia. La supervivencia sin aire es menor de media hora pero muchas veces se forma una cámara de aire o «cavidad respiratoria» alrededor de la cara que puede permitir prolongar la agonía a los sepultados sin posibilidad de rescate, que finalmente perecen de frío o por lesiones traumáticas.

3. Traumatismo. Los aludes pueden arrastrar árboles, rocas y bloques de hielo que actúan como agentes traumáticos productores de lesiones corporales eventualmente letales. El riesgo es mayor en zonas pobladas que en abiertas.

Nunca se sabrá de cuál de las tres morirían los siguientes personajes.

Toni y Elisabeth *(Elegía para jóvenes amantes)*

El prestigioso crítico musical de *The Daily Telegraph* Robert Henderson calificó la ópera *Elegie für junge Liebende* de Hans Werner Henze como «una amarga denuncia del concepto romántico del artista como héroe que se alimenta despiadadamente de quienes lo rodean para satisfacer sus propios monstruosos e inhumanamente egoístas apetitos».

El artista en cuestión es Gregor Mittenhofer, un afamado poeta que todos los años pasa unos días de invierno en la posada «El águila negra», en los alpes austríacos, rodeado de una pequeña corte formada por su «secretaria», su médico y su joven amante, Elisabeth. En la posada vive la anciana Hilde Mack, que perdió a su marido en una avalancha cuarenta años antes y desde entonces sufre alucinaciones de las que el poeta, un vampiro emocional sin escrúpulos para lograr la inspiración, se sirve para escribir. Pero un día aparece el cadáver del esposo de Hilde, la cual recupera la cordura y abandona el lugar.

Mittenhofer sufre entonces un bloqueo creativo que logrará superar cuando el hijo del médico, su ahijado Toni, llega a la posada y Elisabeth y él se enamoran. Su secretaria Carolina, en realidad una rica aristócrata que financia al poeta, lo descubre, y cuando Mittenhofer se entera urde un plan para librarse de ellos, pero menos como fin que como medio de recuperar la inspiración. Con el pretexto de buscar edelweiss, la flor de las nieves, envía a la pareja a caminar por la ladera del Hammerhorn, una zona con elevado riesgo de avalancha que efectivamente se precipita, sepultando a los jóvenes amantes. Un guarda forestal pregunta en la posada si alguien podría encontrarse paseando por la zona del alud y al negarlo el poeta sentencia a muerte a la pareja. En el epílogo de la ópera Mittenhofer triunfa recitando su Elegía ante un público vienés ignorante de la perversa fuente de inspiración del gran poeta, un asesino en realidad.

De Giuseppe Hagenbach, la otra víctima mortal operística de una avalancha de nieve en una aldea tirolesa, nos ocupamos en el capítulo dedicado a su amada Wally.

Muerte por causas naturales

BORIS
¡Ah, me ahogo, me asfixio! ¡Luz!
(casi desfallecido, los boyardos lo asisten)
¡Id a buscar al zarevich inmediatamente!
¡Ah, qué opresión!
¡Traed el manto real!

(Acto III de Boris Godunov, de M. Mussorgski)

Personaje	Ópera	Muerte
Antonia	Los cuentos de Hofmann	Tuberculosis
Aschenbach	Muerte en Venecia	Cólera
Boris	Boris Godunov	Enfermedad
Buoso Donati	Gianni Schicchi	Vejez
Don Quijote	Don Quijote	Vejez
El enano	El enano	Fallo cardíaco
El inspector de Sanidad	Lulú	Fallo cardíaco
Emilia Marty	El caso Macropoulos	Vejez
Lucía	Lucía de Lammermoor	Psicosis
Manon	Manon Lescaut	Insolación
Melisenda	Pelleas y Melisenda	Parto
Mimí	La Bohème	Tuberculosis
Mireille	Mireille	Insolación
San Francisco	San Francisco de Asís	Vejez
Sieglinde	La Valquiria	Parto
Thais	Thais	Agotamiento
Titurel	Parsifal	Vejez
Violeta Valery	La Traviata	Tuberculosis

Morirse «de viejo»

Cuando alguien muere antes de lo esperable, sobre todo si se trata de una importante personalidad y no digamos de un famoso personaje, produce alivio conocer que el óbito se debió a «causas naturales». Porque morirse de ahogamiento en el mar, despeño montañero o cáncer galopante lo admitimos por inevitable, pero no si el fallecido es víctima de un atentado terrorista, un ajuste de cuentas o una agresión sexual. El mayor factor de riesgo de fallecer por causas naturales es la edad avanzada, una «ley de vida» que no es posible desacatar.

En la ópera no abundan los personajes que mueren de viejo, quizás por el poco dramatismo que ese final aporta a un género principalmente dramático y tantas veces trágico. He aquí una muestra.

Buoso Donati (*Gianni Schicchi*)

Hay una ópera en la que un personaje ya está muerto cuando se alza el telón: Buoso Donati, el protagonista difunto del *Gianni Schicchi* de Puccini.

En su *Divina Commedia*, Dante Alighieri describió un infierno estratificado en nueve Círculos, el Octavo de los cuales consta de diez Fosas. La Séptima es donde cumplen su condena eterna los ladrones, y entre ellos encontró a un tal Buoso Donati. Y en la Décima, la de los estafadores, a un suplantador de personalidad llamado Gianni Schicchi.

El barítono Lucio Gallo como *Gianni Schicchi*, de Giacomo Puccini.

Gianni Schicchi es la última gran ópera cómica italiana. Junto con *Il Tabarro* y *Suor Angelica* conforman una única obra, *Il Trittico*, aunque pueden y suelen interpretarse aisladas o formando programa doble con otras óperas breves o en un acto. En las tres hay muerte, pero de diversa naturaleza: un crimen pasional, un suicidio y un fallecido de muerte natural.

Buoso Donati («el Viejo», abuelo del de la Séptima Fosa) ha legado su herencia a los frailes pero sus deudos no lo aceptan y para arreglarlo echan mano del *babbino caro* de la novia de uno de los sobrinos del difunto, el astuto Gianni Schicchi, quien sustituye al muerto en su lecho y dicta un nuevo testamento en el que se lo deja todo… a su gran amigo Gianni Schicchi.

Cuando logra echar de su nueva casa a los airados familiares de Buoso, Schicchi se dirige al público en estos términos:

> ¡Por esta bromita me arrojaron al Infierno... ¡así sea!
> Pero con permiso del gran padre Dante,
> si esta noche se han divertido, concédanme...
> (Hace un gesto de aplauso)
> ...¡el atenuante!

Con esta joya pucciniana, la diversión está asegurada.

Don Quijote *(Don Quijote)*

El ingenioso hidalgo Don Quixote de la Mancha, como tituló Cervantes en 1605 la primera parte de la mejor y más importante novela de todos los tiempos, ha inspirado innumerables obras artísticas, literarias y musicales durante cuatro siglos, incluyendo unas cincuenta óperas. De todas estas, *Don Quichotte* de Jules Massenet es la más conocida, representada y grabada. Fue la penúltima ópera estrenada en vida del compositor y una de las pocas del repertorio cuyo rol protagonista está confiado a un bajo (que Massenet escribió pensando en la poderosa voz y las dotes de actor del mítico Fiódor Chaliapin).

Henri Cain, uno de los libretistas preferidos de Massenet, no se inspiró directamente en la novela cervantina sino en una obra teatral de Jacques Le Lorrain titulada *El caballero de la larga figura*. En ella, la dama Dulcinea no es la idealización de la campesina encantada Aldonza Lorenzo, sino una muchacha real y muy coqueta de la que Don Quijote se enamora. Para quitarse de encima al viejo chiflado, Dulcinea le pide que demuestre su amor por ella recuperando el collar que le robó el bandido Tenebrún (con tantas aventuras como contienen las dos partes del Quijote, el libretista tuvo que inventarse una). El caso es que el caballero consigue el collar, pero cuando se lo devuelve a su dueña creyendo que lo desposará ese mismo día, todos se burlan de él y en un dúo conmovedor Dulcinea le declara que su destino es «dar el amor a quienes desean poseer mi alma o tomar mi boca» y le ofrece su sincera amistad.

Al final del quinto acto, en un alto en el camino bajo una noche estrellada, Don Quijote, viejo, enfermo y ya cuerdo, se despide de su fiel escudero Sancho concediéndole al fin el gobierno de la única ínsula que puedo conseguir, hermosa y agradable, con olas azules bañando sus playas: la isla de los sueños. Antes de expirar, Don Quijote cree ver a en un estrella a Dulcinea:

¡Es ella!
La luz, el amor, la juventud…
Ella…
…hacia quien voy…
que me hace una señal…
que, que me espera!
(Sus brazos caen. Muere. Se oye un grito:
«¡Mi amo adorado!..», después el sollozo de Sancho,
que besa a su viejo señor)

Emilia Marty *(El caso Makropulos)*

Ningún personaje de ópera alcanza la longevidad, que no la decrepitud física, de Emilia Marty en *Věc Makropulos*, de Leoš Janáček: 327 años, nada menos.

Janáček escribió el libreto basándose en una obra del dramaturgo praguense Karel Čapek, quien popularizó de la palabra robot (*robotnik*, en checo) para definir el trabajo duro de la servidumbre.

La historia arranca con un personaje histórico, el emperador del Sacro Imperio Romano Germánico Rodolfo II, quien se aficionó a la alquimia durante su infancia en el monasterio de El Escorial bajo la tutela de su tío Felipe II. Nombrado emperador, instaló su corte en Praga, donde creó una academia de alquimistas que atrajo a los más notables de la época, y aquí comienza la ficción. En los antecedentes de esta ópera, Rodolfo II encargó al alquimista Hyeronimos Makropulos un elixir que detuviera el proceso de envejecimiento y el químico logró elaborar uno que proporcionaba la anhelada eterna juventud pero «solo» durante 300 años. Rodolfo le obligó a probarla en su hija Elina pero ni el emperador ni el alquimista vivieron lo suficiente para comprobar sus efectos.

Durante los tres siglos siguientes, Elina Makropulos fue adquiriendo sucesivamente las personalidades de Eliana MacGregor, Elsa Müller, Ekaterina Miskin, Eugenia Montez y Emilia Marty, todas con las iniciales E.M. La última de ellas es una célebre cantante de ópera que cuando se acerca su fecha de caducidad trata de recuperar la fórmula del brebaje para continuar viva otros tantos años. Pero en el intento toma conciencia de lo absurda que es la existencia y acaba muriendo a la respetable edad de 327 años tras calificar a todos de tontos felices porque morirán pronto.

Al levantarse el telón del primer acto aparece el bufete de un abogado forrado de altas estanterías repletas de legajos a las que se accede por escaleras de biblioteca. El 5 de enero de 1996, en el estreno neoyorquino de *El caso Makropulos* —cantado en inglés—, el tenor de 63 años Richard Versalle, que representaba el papel del pasante Vítek, nada más cantar la frase «solo puedes vivir tanto» se desplomó desde una escalera a una altura de seis metros y a consecuencia de las lesiones falleció. Solo habían transcurrido unos minutos de la representación y la dirección del Met decidió suspenderla. Por una vez, la muerte de un personaje de ópera en el escenario no fue de mentira sino una trágica realidad, aunque producida por una causa tan natural como un infarto agudo de miocardio fulminante.[15]

San Francisco (*San Francisco de Asís*)

Por las razones que fueran —entre las que destaca la censura religiosa— los libretistas y compositores de ópera de todos los tiempos y lugares apenas han tomado prestados protagonistas del santoral. Exceptuando a las Juana de Arco de Verdi, Honegger y Chaikovski, y excluyendo a la en absoluto «Santa» Susana de Hindemith, solo hay una ópera protagonizada por un santo varón, *San Francisco de Asís*, del católico profundo Olivier Messiaen.

Tras una copiosa producción musical, que incluía oratorios de tema religioso y el célebre catálogo de cantos de pájaros, Messiaen se mostraba reacio a componer una ópera y cuando se decidió, ya anciano y enfermo, tardó ocho años (1975-1983) en escribir el texto y componer la música de su única ópera, cuyos protagonistas son siete hermanos franciscanos, uno de ellos Francisco (barítono), un ángel (soprano) y un leproso (tenor), el triángulo TBS más extraño del repertorio.

La ópera se estructura en tres actos y ocho cuadros que abordan episodios de la vida de Francisco narrados tras su muerte por monjes de la orden franciscana en el capítulo de las *Florecillas* titulado «*Consideraciones sobre las llagas*», como la curación del leproso, la predicación a los pájaros y la producción de los estigmas en sus manos y pies.

En el último cuadro, *La muerte y la nueva vida*, Francisco yace moribundo en el suelo rodeado de sus monjes y recita su emotiva despedida de todo cuanto lo rodeó en vida: el espacio, el tiempo, los montes, los pájaros, las iglesias, su querida Asís y los hermanos. En su última visión el ángel y el ex leproso se le aparecen para conducirlo al Paraíso, y expira tras su postrera oración:

> ¡Alabado seas, Señor, por nuestra hermana la muerte,
> por nuestra hermana la muerte corporal!
> ¡La muerte! De quien ningún hombre puede escapar.

No lo sabemos, pero podemos suponer que el cuerpo de San Francisco de Asís desprendería el perfume inexplicablemente embriagador de la carne más virtuosa en descomposición conocido como osmogénesis u «olor de santidad».

---

15 Cinco años después, el director de orquesta de 54 años Giuseppe Sinopoli —que dirigió a Versalle como *Tannhäuser* en Bayreuth— murió de otro infarto fulminante en el podio de la Deutsche Oper de Berlín mientras dirigía la *Aida* de Verdi.

Titurel *(Parsifal)*

Aunque en el Parsifal wagneriano el padre de Amfortas, Titurel, representa un rol secundario con una breve intervención, fue el personaje protagonista de un poema que hacia 1200 escribió Wolfram von Eschenbach, el cantor del Wartburg enamorado de Elisabeth que en *Tannhäuser* canta la bellísima canción del *Abendstern*, la estrella vespertina.

En este poema épico, un ángel confía a Titurel la custodia de dos sagradas reliquias: la Santa Lanza que el centurión Longinos clavó en el pecho de Jesús crucificado y el Santo Cáliz utilizado en la Última Cena y para recoger las últimas gotas de sangre que manaron por la herida, conocido en la mitología cristiana como el Grial.

En la misma época y en el mismo lugar, el Wartburg, Eschenbach escribió el poema Parzival en el que Wagner se basó —libremente, como siempre— para redactar el libreto de *Parsifal*. En la obra wagneriana, el viejo Titurel ha abdicado en su hijo Amfortas, a quien el renegado Klingsor le arrebata la Lanza y le produce una herida incurable que le ocasiona horribles sufrimientos cada vez que cumple con su obligación de bendecir con el sagrado cáliz a los caballeros que lo custodian en la fortaleza de Monsalvat.

En el primer acto, Titurel ordena a su hijo que descubra el Grial desde el nicho donde sobrevive aguardando la muerte. En la segunda escena del tercero, repetición de la ceremonia del primero, los caballeros depositan sobre el escenario el ataúd donde ya descansa Titurel, a quien «le abatió el peso de los años», y en el que permanecerá hasta el final de la representación.

La verdad es que el ataúd de Titurel da mucho juego en la imaginación de los directores escénicos. En el último montaje del *Bühnenfestspiel* (Festival escénico sagrado, como Wagner calificó a su despedida musical) en el templo de Bayreuth, la acción transcurre en una misión de monjes en un Oriente Medio en guerra. La versión finaliza con el «entierro» en el féretro de los símbolos religiosos de las tres religiones monoteístas que llevan siglos matándose en nombre de Dios, Yahvé y Alá. Muy bonito y pacifista, pero Wagner puso el ataúd para albergar el cadáver de Titurel.

Muerte por enfermedad

Una lista de enfermedades que pueden conducir a la muerte a un ser humano sería interminable. Sólo de las denominadas «raras» (que en Europa son las que afectan a menos de uno de cada 2.000 personas) se cuentan más de 7.000. Sin embargo, los estados patológicos que más muertes producen en el Primer Mundo son la cardiopatía isquémica y el accidente cerebral vascular, seguidos de la enfermedad pulmonar obstructivas, infecciones, cáncer, diabetes y accidentes de tráfico (en el top 10 de enfermedades del subdesarrollado Tercer Mundo aparecen procesos como la diarrea, el

SIDA, la tuberculosis, el paludismo y las complicaciones del parto, impensables en el rico Primero).

En el mundo operístico, la enfermedad no es una causa frecuente de muerte, aunque a continuación analizaremos algunas pertenecientes a ambos mundos, como la cardiopatía isquémica, las infecciones (tuberculosis, cólera) y el parto complicado. Causas de fallecimiento tan frecuentes en el siglo xx como el cáncer o los accidentes de tráfico, sin embargo, no se dan en niguna ópera ni del siglo pasado ni del presente. Conozcamos las historias de algunos personajes que las sufren hasta la muerte.

A. Tuberculosis, la "enfermedad romántica"

«Nunca estoy más bella que cuando me estoy muriendo»
(Greta Garbo en el filme *Margarita Gautier* de George Cukor, 1939)

Las protagonistas de dos de las tres óperas más representadas en todo el mundo, Violeta Valéry (*La traviata*) y Mimí (*La bohème*) fallecen víctimas de la tuberculosis. A pesar de tan exigua casuística, dada la trascendencia de los personajes vale la pena analizar su fallecimiento a causa de la tisis[16], como se conoce la afectación pulmonar de esta enfermedad.

La tuberculosis ha enfermado al ser humano durante toda su historia. Al afectar también a los huesos, se han encontrado evidencias de la enfermedad en excavaciones arqueológicas de hasta 20.000 años de antigüedad, pero su propagación por Europa aumentó significativamente entre finales del siglo xviii y principios del xix. A pesar de los estragos que producía —y sigue produciendo, a pesar de los avances médicos: 1,7 millones de muertes anuales según la OMS— la tuberculosis estuvo envuelta en una especie de aura romántica sublimadora del horror que transmitía la imagen de una hermosa joven ahogándose en una tos infinita que sólo se interrumpía para la expulsión de la hemoptisis (esputos sanguinolentos) que teñía de rojo el pañuelo con el que trataba de amortiguar el acceso.

La rotura de los vasos sanguíneos pulmonares ocasionaba una anemia hemolítica cuyo signo externo más reconocible, la palidez, formó parte del canon de belleza femenina en el Romanticismo, reflejado en numerosas obras literarias, pictóricas y dramáticas. La blancura cutánea llegó a imponerse como moda hasta el punto de que muchas jóvenes se maquillaban de blanco y se sometían a dietas muy severas para simular aquella «consunción» tan mitificada por los artistas como signo de sensibilidad creativa que llegó a denominarse «el mal de los poetas». De hecho, muchos de ellos también fueron víctimas de un mal tan democrático que no distinguía entre pobres y ricos, incultos o instruidos.

---

16 El término proviene del griego *phthisis*, «consunción», nombre con el que también se conoce la enfermedad, sobre todo en países anglosajones (*consumption*).

Entre los poetas y narradores que enfermaron de tuberculosis destacan nombres tan ilustres como Honoré de Balzac, Gustavo Adolfo Bécquer, las tres hermanas Brontë, Franz Kafka, John Keats, Percy Bysshe Shelley, Edgar Allan Poe, Friedrich Schiller, Lord Byron, Anton Chéjov o Guy de Maupassant, lo que contribuyó a incrementar el prestigio de la también llamada «peste blanca». Shelley, colega y admirador de la poesía de su compatriota británico Keats, llegó a escribirle que «esta consunción es una enfermedad particularmente amiga de gente que escribe poemas tan buenos como los tuyos».

La terrible realidad, en cambio, es bien prosaica: a mediados del siglo XIX un tercio de los europeos morían de tuberculosis y ni los escritores ni ningún otro colectivo artístico estaba inmunizado contra el mal, de modo que también aportaron su cuota a las cifras de la terrible epidemia.

Violeta Valéry (*La Traviata*)

Verdi compuso la música de *La traviata* sobre un libreto de Francesco Maria Piave basado en una adaptación teatral de *La dama de las camelias*, de Alejandro Dumas (hijo). La novela original está inspirada en las relaciones amorosas de su autor con una prostituta de lujo parisiense llamada Marie (Alphonsine) Duplessis, otro de cuyos ilustres y fogosos amantes fue Franz Liszt. La Marie de la novela se convierte en la obra teatral en Margarita Gautier, y ésta en la Violeta Valéry de la ópera de Piave/Verdi.

Dumas publicó la novela en 1848 y Verdi estrenó su ópera en el teatro La Fenice de Venecia en 1853. Debieron transcurrir casi treinta años hasta que en 1882 el microbiólogo alemán Robert Koch demostró que la tuberculosis era una enfermedad infecciosa, y por tanto contagiosa, producida por una micobacteria bautizada «bacilo de Koch» en su honor.

En cuanto al mundo musical del siglo XIX, dos de los mayores héroes musicales del Romanticismo, Niccolo Paganini y Frédéric Chopin, padecieron la enfermedad. La extremada delgadez y blancura de sus manos originó la leyenda de que la tisis les había alargado los dedos, una gran ventaja tratándose de dos virtuosos del violín y del piano, respectivamente.

Por otro lado, en el ideario romántico languidecer y apagarse lentamente hasta el último suspiro se consideraba una bella manera de despedirse de la vida: «La muerte y la enfermedad suelen ser hermosas, como la fiebre tísica de la consunción», afirmó en 1852 Henry David Thoreau, el filósofo y ensayista autor de *La desobediencia civil*. Sobre todo entre 1780 y 1850, la estética tuberculosa se identificó con el ideal de belleza femenina.[17]

---

17 La profesora norteamericana de Historia Carolyn Day ha estudiado el fenómeno en su libro *Consumptive Chic: A History of Fashion, Beauty and Disease* (2017), no editado en castellano por el momento.

Escena final de *La Traviata*, de Giuseppe Verdi, con la soprano Lisette Oropesa en el papel de Violetta Valéry.

Una de las creencias populares que alimentaron la mitología tuberculosa durante la primera mitad del siglo XIX fue que la enfermedad provocaba "raptos" de creatividad o euforia, la célebre *spes phtisica* (esperanza tuberculosa), de intensidad creciente a medida que la enfermedad avanzaba hasta alcanzar el clímax inmediatamente antes de expirar. Es la falsa esperanza que se apodera de la agonizante Violeta Valéry cuando, aparentemente reanimada, se incorpora y declama ante los acongojados presentes:

> «¡Es extraño! (…)
> Los espasmos del dolor han pasado.
> Siento renacer en mí un vigor extraño.
> ¡Ah!. Vuelvo otra vez a la vida,
> ¡Qué felicidad!»

para acto seguido desplomarse sin vida sobre el sofá.

Mimí (*La bohème*)

La ópera más célebre de Giacomo Puccini, *La bohème*, se estrenó en el Teatro Regio de Turín el 1 de febrero de 1896, catorce años después del descubrimiento por Robert Koch del *Mycobacterium tuberculosis* como germen causante de la enfermedad.

Como en las posteriores *Tosca* y *Madama Butterfly*, el maestro de Lucca contó con la colaboración de Giuseppe Giacosa y Luigi Illica como libretistas, los cuales entraron a saco en una novela de Henry Murger titulada *Scènes de la vie de bohème*. Se trataba de un folletín costumbrista con tintes autobiográficos que se publicó entre 1847 y 1849 y que más tarde Théodore Barrière adaptó para el teatro con el título *La vie de bohème*.

Luciano Pavarotti (Rodolfo) y Mirella Freni (Mimi) en *La bohème*, de Giacomo Puccini.

El proceso creativo del libreto de *La bohème* es un ejemplo ilustrativo del trabajo que realizaron muchos libretistas modificando una obra literaria hasta convertirla en el texto de una ópera. Los de esta obra maestra de Puccini, siguiendo sin duda las indicaciones del músico, eliminaron o trastocaron unas escenas de la obra teatral, se inventaron otras, alteraron o fundieron personajes y transfiguraron el anodino final en uno de los desenlaces melodramáticos más lacrimógenos del género operístico.

En el cuarto acto de *La bohème*, la inocente Mimí, de la que Rodolfo se ha separado en el tercero, regresa para morir a la buhardilla de los artistas hambrientos, arropada por su bondadosa ternura y por el inquebrantable amor de Rodolfo, cuya desgarrada llamada en vano a su amada recién fallecida provoca el llanto de los bohemios y de buena parte del público mientras cae el telón.

En *La vie de bohème*, en cambio, la ex prostituta Mimí, que abandona a Rodolfo por un noble con dinero a lo *Manon Lescaut*, muere sola en una cama del Hospital de la Pitiè. Pero la obra de Murger (que falleció de tuberculosis a los 39 años) no acaba aquí. Unos años después de la muerte de Mimí, la vida no solo sigue sino que acaba sonriendo a todos los bohemios: Marcelo triunfa con sus pinturas en el Salon, Schaunard publica un exitoso «álbum de melodías que se cantan en todos los conciertos», Rodolfo (trasunto literario del propio Murger) conoce también fama y fortuna gracias a un libro y Colline, además de heredar, había contraído «un ventajoso matrimonio que le permitía dar veladas de música y pasteles».

Al final de *Escenas de la vida bohemia*, Murger pone en boca de los dos amigos el siguiente diálogo:

—Si quieres —dijo Rodolfo— iremos a comer por doce sueldos en nuestro antiguo restaurante de la calle del Horno, donde sirven en fayence de a cinco céntimos la pieza, y donde nos quedábamos con tanto apetito cuando acabábamos de comer.

—Por vida mía que no voy —replicó Marcelo— Consiento en contemplar el pasado, pero a través de una botella de verdadero vino y sentado en una buena butaca. ¿Qué quieres? Me he corrompido. ¡Ya no me gusta más que lo bueno!

Sucede que, cuando se estrenó *La bohème*, el tiempo de la idealización estética de la tuberculosis había pasado. El descubrimiento del bacilo fue el mazazo que destrozó el mito romántico: la tisis no era un mal de poetas, que embellecía a las jóvenes e inspiraba a los artistas, sino una vulgar aunque temible enfermedad infecciosa que se transmite entre humanos por vía respiratoria.

Violeta Valèry sí muere rodeada de su amado Alfredo, del padre de éste, de la fiel sirvienta Annina y hasta del doctor Grenvil, un médico que obviamente desconocía la naturaleza infectocontagiosa del mal. Mimí, en cambio, fallece en la soledad de un centro hospitalario para apestados. Cabe hacerse la siguiente pregunta: ¿acaso Rodolfo la abandona en cuanto se entera de su enfermedad, por miedo al contagio?

Antonia (*Los cuentos de Hoffmann*)

El compositor francés Jacques Offenbach ni era francés ni se llamaba así. Jakob Eberst nació en una familia judía de Colonia. Su padre cambió su apellido por el de su ciudad natal y con catorce años se trasladó a París. Tras los cambios de apellido y nacionalidad, llegó el de religión cuando tuvo que convertirse al catolicismo para casarse con la francoespañola Herminia de Alcain.

Offenbach intentó hacerse un hueco en la capital del mundo operístico de la época, pero otro judío prusiano afincado en París, Giacomo Meyerbeer (nacido Yaakov Liebman Beer), le cerró las puertas de la Ópera-Comique y acabó fundando su propio teatro, Bouffes Parisiens, el que ofreció al público obras más ligeras como operetas, óperas bufas, vodeviles, revistas, sainetes y pastiches. En algunas de sus obras satirizó con gran éxito al Segundo Imperio pero cuando éste cayó tras la guerra francoprusiana las simpatías del público se tornaron en aversión.

En el capítulo de los envenenamientos, y a propósito de Giulietta, nos ocuparemos de la ópera póstuma de Offenbach, *Les contes d'Hoffmann*. El tercer personaje de ópera víctima de la peste blanca que analizamos aquí es Antonia, la protagonista del tercer amor frustrado de Hoffmann. Antonia heredó la hermosa voz de su madre pero también la tisis, cuyos síntomas empeoran si canta, razón de peso por la que su padre se lo tiene prohibido. Pero el malvado doctor Miracle pretende hacerse con el alma de la muchacha y para ello le provoca una visión del fantasma de su madre pidiéndole que cante. Acompañada por el violín de Miracle, Antonia entona una canción de amor y no para de cantar hasta que «expira en medio de un trino» justo cuando llegan Hoffmann y el padre de la chica, que intenta apuñalarlo, pero Nicklausse lo evita y el poeta huye. Lo de Antonia es un asesinato en toda regla, con apariencia de muerte natural.

B. El cólera

Desde el punto de vista gramatical, «cólera» es una palabra bigénero. En femenino significa ira o enfado, pero en masculino define una enfermedad infecciosa que afecta al intestino provocando profusas diarreas que pueden conducir a la muerte por deshidratación.

El germen causante del cólera es un bacilo denominado *Vibrio cholerae*. Aunque lo aisló por primera vez en 1854 el italiano Filippo Paccini, no fue tomado en consideración hasta 1883, cuando lo hizo un Robert Koch en racha tras descubrir el de la tuberculosis el año anterior.

En el siglo XIX se produjeron hasta seis pandemias de cólera que afectaron a Europa. A raíz de la epidemia de 1885, el médico español Jaime Ferrán puso a punto su vacuna contra la enfermedad, que inicialmente fue rechazada por prestigiosos científicos (Ramón y Cajal entre ellos) y prohibida por el gobierno por peligrosa. El tiempo demostraría que el peligroso era el gobierno.

Gustav von Aschenbach (*Muerte en Venecia*)

En su obra *Britten´s Childrens*, (los hijos de Britten) publicada a la vez como libro y como reportaje filmado, el escritor y documentalista inglés John Bridcut narra las relaciones del compositor Benjamin Britten con varios adolescentes de 13-14 años por los que siempre se sintió atraído, si bien nunca se demostró que el mejor compositor británico desde Purcell atravesara la raya que separa la fascinación del abuso.

En 1973, tres años antes de su prematura muerte, Britten estrenó su última ópera, *Death in Venice*, sobre un texto de la libretista Myfanwy Piper basado en la novela homónima de Thomas Mann (1912), inspiradora del célebre film de Luchino Visconti que popularizó el *Adagietto* de la Quinta Sinfonía de Gustav Mahler[18].

El argumento siempre atrajo a Britten porque reflejaba su propia experiencia: Aschenbach queda prendado de la turbadora belleza andrógina del adolescente Tadzio, al que en la ópera como en la novela nunca llega ni siquiera a dirigirle una palabra (el personaje de Tadzio lo encarna un bailarín mudo). Y, como en la novela, Aschenbach cae víctima de la epidemia de cólera que asola la pestilente laguna veneciana bajo el tórrido calor estival. Mientras observa extasiado por última vez a su bello efebo en la playa, el escritor se desvanece sobre su hamaca ante la indiferencia del muchacho.

---

18 Gustav von Aschenbach, el escritor protagonista de la novela de Mann, se presenta en la película de Visconti como un compositor inspirado en Mahler.

La pasión y muerte de Gustav von Aschenbach que narra Mann suceden en «19..», por lo que el brote de la enfermedad en Venecia se inscribe en la sexta pandemia (1899-1923). Aschenbach vivía en Múnich y se comprende que en la patria de Koch, Löffler, Pfeiffer, von Behring y Ehrlich[19] no se diera mucho crédito a la vacuna desarrollada por un desconocido colega español en su atrasado laboratorio. Si Gustav von Aschenbach se hubiese vacunado contra el cólera no hubiese muerto «en su silla de tijera, a mitad de camino entre el mar y la hilera de casetas, con una manta sobre las piernas, cuando «su rostro tomaba la expresión cansada, dulcemente desfallecida, de un adormecimiento profundo» mientras contemplaba por última vez a su bello mancebo a contraluz de una hermosa puesta sobre el Lido.

El tenor John Daszak en la escena final de *Muerte en Venecia*, de Benjamin Britten.

C. Muerte por enfermedad cardiovascular

La causa más frecuente de muerte súbita en personas jóvenes es un fallo cardíaco por patologías (miocardiopatías) de origen genético, desconocidas por los pacientes que la sufren. El desencadenante del fatal desenlace suele ser una situación que genere un súbito y excesivo estrés físico, como el esfuerzo deportivo, o psíquico, como una fuerte emoción. En ambos casos, el resultado es una sobrecarga de trabajo que el músculo cardíaco debilitado no puede soportar. La visión repentina de una escena emocionalmente

---

19 Eminentes bacteriólogos contemporáneos de Thomas Mann.

impactante desencadena en el organismo una descarga de adrenalina que acelera la frecuencia de los latidos cardíacos. Es un mecanismo ancestral de preparación para la huida, ya que los músculos necesitarán que el corazón les bombee más sangre para aumentar su rendimiento. Por esta razón, se admite popularmente que algunas personas fallecen repentinamente debido a «una fuerte impresión».

Sin embargo, la causa de muerte por fallo cardíaco es el infarto agudo de miocardio (IAM) o «infarto» por antonomasia, ya que esta palabra significa interrupción del riego sanguíneo a un tejido corporal que puede ser el corazón, el músculo, el cerebro o el intestino. El IAM se produce cuando es el propio músculo cardíaco que bombea la sangre a todo el cuerpo el que sufre un corte en el suministro del oxígeno que transportan los glóbulos rojos. La señal de aviso de este suministro deficiente a través de las arterias coronarias (isquemia, en términos médicos) es la angina de pecho, un dolor en la parte anterior del tórax desencadenado sobre todo por esfuerzos. Cuando una arteria coronaria se obstruye por completo se produce la falta de riego y el consiguiente infarto de una zona de músculo cardíaco de extensión y por tanto gravedad variables. Cuando la masa de tejido cardíaco afectado es suficientemente grande la bomba deja de funcionar y la muerte sobreviene en segundos. En ocasiones el infarto es tan brutal que el corazón llega a romperse por el desgarro del tejido necrosado (muerto).

Este tipo de muerte es tan anecdótica en los anales de la ópera que solo hay tres casos reconocido de fallo cardíaco mortal, dos en el sentido médico de la palabra y otro en el metafórico, aunque algunas de las muertes que en este estudio hemos considerado «por emoción» pudieran esconder una causa cardíaca.

Boris Godunov (*Boris Godunov*)

Boris Godunov fue proclamado zar de Rusia en 1598, tras morir sin heredero Teodoro I, fruto del tercer matrimonio de Iván IV, cuyo sobrenombre de «el Terrible» parece justificado: mató a su hijo Iván en un acceso de furia e hizo empalar al amante de una de sus mujeres (dos de las cuales murieron envenenadas y otra ahogada por no ser virgen). La Iglesia Ortodoxa solo permitía casarse tres veces, pero Iván se casó siete y la última esposa le dio un hijo, llamado Dimitri, que murió degollado a los diez años. Aunque no se pudo demostrar, acusaron a Boris de ordenar su muerte para despejar su camino al trono del Kremlin, y sobre esta suposición el gran literato romántico ruso Alexander Pushkin escribió su drama Boris Godunov.

El bajo René Pape en el rol de *Boris Godunov*, de Modest Mussorgski.

Boris Godunov es uno de los grandes hitos en la historia de la Ópera, equiparable a *Orfeo y Eurídice*, *Tristán e Isolda* o *Pelleas y Melisenda*. La versión original fue rechazada por carecer de un personaje femenino y de una historia de amor. Para cumplir el trámite, Mussorgski —autor del libreto— añadió entonces el conocido como «acto polaco» en el que introduce el rol de Marina, la falsa amante del falso Dimitri, que es manipulada por el taimado jesuita Rangoni. Incluso tras este añadido postizo, *Boris Godunov* continuó siendo una profunda reflexión sobre la ambición de poder, el vacío cuando se alcanza y, sobre todo, una amarga resignación al triste destino del pueblo ruso, puesta en boca del Idiota al final de la obra:

> Negra oscuridad,
> tinieblas insondables.
> ¡Ay, ay de Rusia!
> ¡Llora, pueblo ruso, pueblo hambriento!

La historia asegura que Boris Godunov falleció de un fallo cardíaco. El libreto lo expresa a la perfección cuando el zar recibe la noticia de que un ciego recuperó al vista ante la tumba de Dimitri, el zarévich presuntamente asesinado por agentes zaristas. La angustia constriñe su pecho (eso es el *angor pectoris*, la angina de pecho) hasta el límite de lo tolerable por su corazón.

Casi al final, el príncipe Shuiski describe perfectamente a los boyardos los síntomas de una crisis cardíaca:

> Al dejar al zar el otro día con el corazón afligido, y velando por su bien, miré, casualmente, por una rendija de la puerta. ¡Ah, lo que vi, boyardos!
>
> Pálido, bañado en sudor frío, temblando, murmurando palabras extrañas con los ojos brillantes, atormentado por un sufrimiento secreto, nuestro zar languidecía. De pronto palideció, miró fijamente hacia una esquina, gimiendo y espantando a espíritus malignos...

Finalmente, superado por el remordimiento, Boris pide perdón mientras se asfixia, su vista se oscurece y se desploma sin vida. Nunca disfrutó del poder que tanto ambicionaba y que acabó matándolo.

El enano (*El enano*)

Alma Maria Schindler fue una insaciable depredadora de artistas de primer nivel. Entre sus maridos y amantes destacan los pintores Gustav Klimt y Oskar Kokoschka, el escritor Franz Werfel, el arquitecto Walter Gropius y los compositores Alexander von Zemlinsky y Gustav Mahler, su primer marido.

El compositor postromántico de sinfonías excesivas dejó bien claro que en aquella casa sólo cabía un músico y Alma tuvo que abandonar su afición para servir al autor de *La Canción de la Tierra* hasta su prematura muerte, pero consoló su frustración con una nómina de amantes que incluyó a su profesor de música, Zemlinsky. Pero Alma sólo quería belleza y, según su cruel descripción, Zemlinsky era «esmirriado, sin barbilla, con larga nariz ganchuda y ojos saltones, desdentado, sucio…».

En verdad el rostro de Zemlinsky no era precisamente agraciado y de su fealdad consciente surgió la composición de su ópera breve *Der Zwerg*, basado en el hermoso cuento de Oscar Wilde *El cumpleaños de la infanta*.

Un sultán regala un enano a la hija del rey de España por su duodécimo cumpleaños. La infanta y los demás niños ríen con las grotescas evoluciones del enano que, inconsciente de su aspecto repulsivo, disfruta también. Como premio, la infanta entrega al enanito la rosa blanca que adorna su cabello y regresa a sus aposentos. Pero el enano, que se ha enamorado de ella, se introduce en palacio para buscarla y recorriendo en vano los salones vacíos descubre su monstruosa deformidad en un espejo. Entonces lo comprende todo y cae al suelo sin sentido, con el corazón roto. Decepcionada, la infanta pide que, en adelante, «los que vengan a jugar conmigo no tengan corazón».

Un caso de muerte producida por fallo cardíaco pero no del corazón como bomba impelente de sangre sino como sede de los mejores sentimientos que hasta un grotesco bufón puede albergar.

El Inspector de Sanidad *(Lulú)*

Alban Berg, el compositor de Wozzeck, murió en la Nochebuena de 1935, al parecer por una picadura de abeja complicada con septicemia, dejando inconclusa su segunda ópera, *Lulu*. Esta es una obra muy compleja: estructurada en un prólogo, tres actos y un epílogo, pone en escena a 28 personajes. Uno de ellos, con papel hablado, es Der Medizinalrat (Inspector de Sanidad), el esposo de Lulú, que cae fulminado por un infarto agudo de miocardio cuando la sorprende más que flirteando con el pintor para el que posa. El airado Inspector solo grita tres palabras fuera de escena («¡Abra la puerta!») y cuando logra derribarla les llama perros y al instante «jadea, lucha por respirar y cae fulminado por el golpe», lo que le convierte en uno de los personajes más efímeros de la historia de la ópera. Muy impresionado, el Pintor trata de reanimarlo pero Lulú se niega a ayudarle a levantar el cuerpo porque está segura de que su marido «se ha largado». El Pintor le reprocha su falta de respeto y ella le contesta: «Ahora soy rica». Lulú.

D. Morir de parto

En el siglo xix se creó en Europa una modalidad de hospital, la Maternidad, donde asistían gratis a parturientas pobres, solteras o prostitutas a cambio de servir como material de prácticas a los médicos y estudiantes de Medicina. Uno de ellos fue el húngaro Ignaz Philipp Semmelweiss.

En aquellos tiempos, la mortalidad de aquellas parturientas por la llamada «fiebre puerperal», que hoy conocemos como sepsis o infección generalizada, era muy elevada. Conmovido por tanto drama, Semmelweiss observó en el hospital de Viena donde trabajaba que morían cuatro veces más mujeres pariendo en una sala atendida por médicos que ayudadas por matronas en otra sala o en su casa. Todavía no se habían descubierto los gérmenes causantes de las infecciones pero él intuyó que la muerte de aquellas jóvenes debía de estar en las manos de los médicos y estudiantes cuando venían de practicar autopsias. Acertadamente, Semmelweiss sospechó que el contacto físico era la clave e instaló junto a la entrada de la sala una jofaina para que se lavasen las manos en una solución clorada antes de asistir a un parto. A partir de entonces, la tasa de muertes descendió drásticamente.

Además de la infección, la hemorragia y un parto complicado pueden producir la muerte de una parturienta desprovista de los cuidados obstétricos adecuados. En el mundo de la ópera solo se conocen dos casos de mujeres jóvenes que fallecen a consecuencia de un alumbramiento: Melisenda y Sieglinde.

Melisenda *(Pelleas y Melisenda)*

El escritor belga Maurice Maeterlink estrenó en 1893 su drama simbolista *Pelléas et Mélisande*. La obra, que versa sobre el amor prohibido de los protagonistas, ya que Melisande es la esposa de Golaud, hermanastro de Pelleas. En los años siguientes a su estreno, la obra ejerció gran influencia en importantes compositores: Gabriel Fauré y Jean Sibelius escribieron música incidental para acompañar a la representación teatral y un joven y todavía tonal Arnold Schönberg compuso un poema sinfónico. Pero la inspiración musical más importante del drama de Maeterlink fue la única ópera que escribió Claude Debussy, con la que rompió todos los moldes del género.

En esta obra, que tardó una década en componer, Debussy llevó al extremo la «melodía infinita» wagneriana. En *Pelléas* no es que no haya arias, casi no hay canto sino un recitativo continuo pivotando en torno al segmento central de las tesituras de las voces, envueltas en las etéreas y embriagadoras sonoridades surgidas de la armonía debussyana.

La trama de *Pelléas* es otro caso típico de relación triangular TBS: un tenor (Pelleas) y una soprano (Melisenda) se enamoran pero un barítono (Golaud) se interpone entre ellos, con un doble motivo justificado: es el hermanastro de él y el esposo de ella. Maeterlink (que acabó riñendo con Debussy cuando quiso imponer a su amante como la Melisenda del estreno) basó su drama en un episodio de la Divina Comedia de Dante Alighieri: el histórico amor ilícito entre los cuñados Paolo Malatesta y Francesca de Rímini, a los que el marido de ésta, Gianciotto, asesinó cuando descubrió el adulterio.

Basándose en el poema dantesco, Gabriele d'Annunzio escribió el drama Francesca da Rimini del que surgió el libreto con el que el compositor epígono del verismo Ricardo Zandonai compuso su ópera homónima. Pero, a diferencia de esta, que finaliza con la muerte de Paolo y Francesca ensartados por la espada de Gianciotto, en el Pelléas de Debussy el barítono Golaud mata al tenor pero solo hiere levemente a la soprano, que se encuentra en avanzado estado de gestación. Melisenda da a luz prematuramente a una niña y muere, posiblemente por una sepsis puerperal complicada por la herida de arma blanca, sin aclarar a su arrepentido marido si lo engañó o no con su hermano.

Siglinda *(La valquiria)*

Desde una óptica ética, psicológica o social, los reparos son posibles, pero desde el biológico nada se opone a que dos hermanos puedan engendrar un hijo. El riesgo de malformaciones congénitas puede aumentar significativamente, pero poco más. Las relaciones amorosas entre hermanos biológicos son un tipo de incesto infrecuente en nuestra civilización. Los pocos casos de incesto fraternal que trascienden a la opinión pública suelen ser, o bien parejas de bajo nivel socioeconómico, que inician su relación en la adolescencia, o hermanos separados en la infancia por diversos motivos (divorcio de los padres, secuestros, desgracias familiares, etc) que se enamoran en la edad adulta sin saber lo que son.

Este último fue el caso de los velsungos Siegmund y Sieglinde, los hermanos gemelos engendrados por el dios Wotan y una mortal, cuya trágica historia desarrolló Richard Wagner en el drama musical *Die Walküre*, primera jornada de su inmenso *Anillo del Nibeelungo*. El primer acto de la ópera finaliza con la huida de la adúltera pareja de gemelos de la cabaña de Hunding. En el segundo acto los fugitivos llegan al lugar donde Siegmund y Hunding se enfrentarán cuerpo a cuerpo con un resultado fatal para ambos: Hunding mata a Siegmund con la colaboración de Wotan y éste fulmina al vengado esposo de Sieglinde. Pero durante la huida la pareja tuvo tiempo de consumar su amor, y en el tercer acto Sieglinde y los espectadores se enteran por Brunilda de que en el seno de aquella ya ha germinado la sangre de los velsungos, el más grande entre los héroes, el futuro Sigfrido.

Con el enfurecido Wotan pisándole los talones para castigar a su hija preferida por desobediente, Brunilda facilita la escapada de Sieglinde hacia un bosque donde el dios no la seguirá porque en él habita el dragón Fafner custodiando el tesoro del Nibelungo.

En la siguiente jornada de la Tetralogía, Sigfrido ya tiene unos quince años. Por el relato del enano Mime sabemos que entre la ópera anterior y ésta Sieglinde dio a luz en una cueva del bosque pero no sobrevivió al parto. Si las condiciones higiénicas de una Maternidad vienesa del siglo XIX eran pésimas, qué decir de las de una selva del XIII.

Como sabemos por el resto de una historia que finaliza con el ocaso de los dioses, el hijo engendrado por los hermanos gemelos Siegmund y Sieglinde no sólo no les salió discapacitado mental o malformado sino que fue un chico sano, fuerte, valiente y, por si fuera poco, casi invulnerable.

E. Muerte por hipertermia (exceso de calor)

La temperatura corporal normal del ser humano oscila en una estrecha franja de un grado centígrado, entre los 36° y los 37°. En medicina, una elevación de la temperatura hasta los 38° se considera fiebre, y por encima de esta cifra, hipertermia (por debajo de los 34°, hipotermia). Si la temperatura permanece por encima de los 40° el tiempo suficiente, el sistema termorregulador del cuerpo claudica y se produce una cascada de fallos de órganos vitales (riñón, hígado, cerebro) que acaba con la vida.

La exposición prolongada a una temperatura elevada puede deberse a la acción directa de los rayos solares, lo que se conoce como insolación, o a una combinación de exceso de temperatura y humedad en un espacio cerrado mal ventilado, en cuyo caso se denomina golpe de calor, que es potencialmente más grave. En las tres óperas que analizaremos a continuación, sus protagonistas perecen víctimas de hipertermia por insolación: Manon (*Manon Lescaut*), *Mireille* y Assad (*La reina de Saba*), en sendos desiertos tan distintos y distantes como los de Nueva Orleans (EE.UU.), La Crau (Provenza, Francia) e Israel, respectivamente.

Manon *(Manon Lescaut)*

En las mejores condiciones físicas y ambientales, un ser humano puede aguantar vivo unos tres días sin ingerir agua, pero en un estado de agotamiento con exposición al calor, la muerte por sed puede sobrevenir en menos de doce horas. Y eso le sucede a Manon Lescaut al final de la ópera de Puccini que lleva su nombre. Es la misma protagonista de la misma historia que la *Manon* de Jules Massenet, pero en ésta ella no muere en una desolada llanura de Luisiana sino camino de El Havre, desde donde iba a ser deportada[20].

El abate francés Antoine François Prévost armó tal escándalo con su novela *Las aventuras del caballero Des Grieux y de Manon Lescaut* que tuvo que huir a Londres. La obra, posiblemente basada en una vivencia personal de su autor, narra el trágico destino de Manon, la primera heroína pucciniana de peso.

Por razones no explicadas en el libreto, Lescaut conduce a su hermana a París para ingresar en un convento por decisión de su padre. La diligencia —en la que viaja también el viejo rico Geronte— hace escala en una posada de Amiens donde el estudiante Des Grieux se enamora al instante de la muchacha. El rijoso Geronte desea a Manon y mientras negocia con su hermano el precio, Des Grieux y Manon escapan.

En el descanso entre el primer acto y el segundo sucede que a Des Grieux se le acaba el dinero y Manon acaba convirtiéndose en la amante de Geronte a cambio de una vida de lujo. Pero los jóvenes siguen amándose y se reencuentran en el salón de la casa, donde Geronte los sorprende y corre a denunciarlos. En lugar de escapar a tiempo, Manon comete el error de arramblar con sus joyas favoritas, de modo que los guardias la pillan con las manos en la masa y a la acusación de prostitución se suma la de robo. El castigo es el destierro a las inhóspitas colonias francesas en Norteamérica.

Des Grieux logra que le permitan embarcar con su amada y la ópera finaliza en un páramo desértico de Luisiana donde Manon acaba muriendo de deshidratación por insolación «sola, perdida y abandonada», de lo cual solo es cierto lo segundo ya que Des Grieux permanece a su lado hasta el

---

20 Diez años después del éxito de *Manon*, Massenet estrenó la ópera cómica en un acto *El retrato de Manon*, una secuela nostálgica del malogrado amor de Des Grieux.

final. El telón cae inmediatamente después de exhalar Manon su despedida del mundo:

> Mi culpa será
> olvidada,
> pero mi amor...
> no morirá...

Con toda certeza Des Grieux no tardaría en seguirla, dado que sus posibilidades de sobrevivir eran nulas, pero esto no pareció importarles a la legión de libretistas de la ópera (siete, nada menos), ni por supuesto a Puccini.

Plácido Domingo (Des Grieux) y Kiri Te Kanawa (Manon) en la escena final de *Manon Lescaut*, de Giacomo Puccini.

Mireille *(Mireille)*

Para morir de sed o sufrir una grave insolación no hace falta perderse en un gran desierto asiático o africano. La joven *Mireille*, protagonista de la ópera de Gounod del mismo nombre, muere por exposición prolongada a alta temperatura ambiental sin moverse de su Provenza natal. En el extremo sureste de esta región francesa, entre la desembocadura del Ródano y el Mediterráneo, se extiende el Desierto de Crau, única extensión de páramo desértico y pedregoso existente en la Europa occidental.

El libretista Michel Carré extrajo la historia de Mireille y Vincent del poema *Mirèio* del escritor provenzal Frédéric Mistral, al que Gounod visitó durante su estancia en la zona donde transcurre el argumento.

La hija de campesino rico Mireille (s) y el humilde cestero Vincent (t) se aman, para disgusto del caporal Ourrias (bt), enamorado de la chica y preferido por su padre Ramón (b) como futuro yerno. En un duro encontronazo entre los rivales de Mireille, Ourrias hiere gravemente a Vincent y huye, pero muere ahogado al atravesar el Ródano en una barca. Cuando Mireille se entera de la suerte de su amado corre hacia el lugar donde ambos debían reunirse si algo no iba bien, el santuario de Santa María del Mar. Pero para ello debe atravesar el desierto de Crau, donde sufre una insolación en el cuarto acto que no producirá su efecto letal hasta el final del quinto, cuando llega al santuario exhausta para morir en brazos de Vincent mientras una voz celestial la reclama.

La ópera no obtuvo éxito pero, al igual que los principios de Groucho Marx, si al público no le gustaba ese final Gounod tenía otro con un final feliz para la pareja de enamorados.

Thais *(Thaïs)*

Si Jules Massenet levantara la cabeza sufriría una gran decepción: de la cincuentena de óperas que compuso apenas dos, *Werther* y *Manon*, se mantienen en el repertorio, y su pieza más conocida es el solo de violín que dibuja la preciosa melodía de la «Meditación religiosa», un intermedio orquestal situado entre dos escenas del segundo acto de la ópera *Thaïs*. Quizá pocos admiradores de la pieza conozcan su profundo significado en la trama, pues expresa la transformación de una servidora de la diosa pagana del amor en una devota monja cristiana.

Una cortesana es una prostituta de alto nivel, elegante, distinguida y no al alcance de cualquiera, por pertenecer a uno de dos estatus superiores, social y económico o religioso. Un ejemplo del primer tipo en la ópera es Violeta Valéry, *La Traviata*, que ejercía su atracción física en su salón parisino frecuentado por aristócratas, y del segundo Thais, la bella sacerdotisa consagrada al culto de Venus en un templo de Alejandría. Ambas mueren demasiado jóvenes, la una, como sabemos, de tisis, y la otra de una causa de muerte insólita en la ópera: la ascesis religiosa.

Atanael, un monje cenobita que ha reprimido su libido a base de ayuno, oración y cilicio, se impone como misión terrenal redimir a Thais, a la que conoció años atrás, cuyas visiones lo perturban. Pero lo tiene difícil porque en Alejandría todos aman a su Thais, a quien consideran una especie de valioso patrimonio colectivo. Atanael llega cuando la sacerdotisa rompe su relación con el rico Nicias y aprovecha para desplegar su proselitismo con tal eficacia que convence a Thais para desertar de Venus —como Tannhäuser— e ingresar en un convento. Hasta ahí sería una insulsa historia si no fuera porque el trato cercano con Thais transforma poco a poco el amor platónico de Atanael por una pasión física que le «abrasa la carne». Tras una penosa travesía por el desierto, Atanael entrega a Thais al convento y se vuelve al cenobio, donde comprende que su deseo sexual es a prueba de cilicio. Desesperado, Atanel corre al convento de Thais para confesarle que le mintió, que el cielo no existe, que «nada hay más cierto que la vida y el amor», y que la ama. Demasiado tarde. El agotamiento por el viaje, la hipertermia y las mortificaciones monacales han arruinado su organismo y Thais expira en medio de una reconfortante alucinación celestial, ajena por completo a la desesperada pasión del cenobita.

F. La locura en la ópera

«Locura» no es un término científicamente correcto. «Psicosis» es la etiqueta diagnóstica utilizada en Psiquiatría para calificar los estados de enajenación mental. Los psicóticos pierden el contacto con la realidad y pueden sufrir delirios y alucinaciones que deformen el mundo que los rodea. Las causas pueden ser enfermedades orgánicas, como el abuso de drogas o alcohol y los tumores e infecciones cerebrales, o psíquicas, como la esquizofrenia o el trastorno bipolar.

La psicosis puede ser una enfermedad crónica, mejor o peor controlada con los tratamientos disponibles, o aparecer súbitamente y con carácter pasajero. Esto último se conoce como «brote psicótico», que puede desencadenarse por intoxicaciones de diverso origen (fármacos, sustancias psicotrópicas) pero también situaciones de intensa tensión psíquica (estrés). Bajo los efectos de un brote, el psicótico sufre alteraciones de la conducta tan graves que pueden conducirlo a agredir a las personas que conviven con él, a autolesionarse e incluso al suicidio.

En la trama de algunas óperas ocupan un lugar destacado las llamadas «escenas de la locura» o episodios repentinos de enajenación mental que provocan conductas anómalas de sus protagonistas, casi siempre femeninas. Por sus características, estos raptos de demencia podrían encajar con el concepto clínico de brote psicótico, que desde el punto de vista dramático proporcionan a la soprano en cuestión una excelente oportunidad de lucir su virtuosismo vocal, ya que el síntoma más evidente de su desvarío es una exhibición de *coloratura* o capacidad vocal de emitir series de notas a gran velocidad, para deleite de los amantes del *bel canto*[21].

La coloratura nació en el Barroco, donde las cantantes —o los *castrati*— realizaban improvisaciones vocales para demostrar sus habilidades canoras en oratorios y óperas, de las que es un buen ejemplo *Orlando*, de Händel. Continuó en el Clasicismo con óperas como *La flauta mágica* de Mozart, cuya célebre aria de la Reina de la Noche «La venganza del infierno hierve

---

21 Aunque se utiliza la expresión «bel canto» como sinónimo de ópera, define un estilo de canto que se desarrolló durante entre finales del siglo XVIII y la primera mitad del XIX. Alcanzó su esplendor en la escuela italiana, cuyos principales representantes fueron Rossini, Bellini, Donizetti y el primer Verdi).

en mi corazón» es una furiosa exhibición de los trinos, escalas y grandes saltos interválicos que caracterizan la pirotecnia vocal de una soprano coloratura. Incluso óperas del siglo XX, como *Ariadna en Naxos* de Richard Strauss contienen formidables muestras de esta prodigiosa técnica vocal (el aria «Alta y poderosa Princesa» que canta Zerbinetta), pero la edad de oro de la soprano coloratura fue la del belcantismo.

Lucía *(Lucía de Lammermoor)*

Sólo en la ingente producción operística de Donizetti (unos ochenta títulos) se han catalogado hasta diecisiete «escenas de locura» que sirven de pretexto argumental para el lucimiento vocal de sus protagonistas, pero ninguna tan famosa como la de *Lucia di Lammermoor*, la escena de locura por antonomasia.

El libretista Salvatore Cammarano extrajo el libreto de la novela *La novia de Lammermoor*, de Walter Scott. Su trama es bastante trillada: una chica (Lucía, la soprano ligera) está enamorada de un chico (Edgardo, el tenor) perteneciente a una familia mortalmente enemistada con la suya (básicamente con su hermano Enrico, el barítono). El malo de la película, el intrigante Normanno, difunde la falsa noticia de que, en su ausencia, Edgardo se ha enamorado de otra, y el económicamente venido a menos Enrico consigue que su hermana se case con Arturo, un joven rico enamorado de ella. Pero Edgardo irrumpe en plena ceremonia nupcial acusando de infiel a la pobre Lucía y solo la intercesión del padre Raimondo evita que entre el novio y el hermano lo ensarten con sus espadas, dando lugar al justamente apreciado sexteto «*Chi mi frena in tal momento*» al que nos referimos en otros capítulos.

En el tercer acto se desencadena la tragedia. Raimondo interrumpe la fiesta de la boda para anunciar que Lucía «ha perdido la razón» y ha apuñalado mortalmente a Arturo en el lecho nupcial. La novia aparece en el escenario empuñando el cuchillo y con el típico vestido de raso blanco de las heroínas belcantistas enloquecidas ensangrentado. El acceso de locura se prolonga lo suficiente para permitir el desvarío de la desdichada, que cree ver a su amado Edgardo antes de expirar ante el horror general. En esta escena las sopranos mejor dotadas suelen dar un estratosférico mi bemol$_5$ que no figura en la partitura. Una locura de nota.

Como ya sabemos, Edgardo se despide del público y del mundo con una escena-aria-cabaletta que casi no puede finalizar porque ante el cortejo fúnebre de su amada se suicida, como ya vimos, de una puñalada en el pecho. Fue precisamente representando este papel cuando el tenor Gilbert Duprez asombró al auditorio alcanzando el do$_5$ exigido por su papel, no mediante la técnica del falsete sino a plena emisión, como en el *Guillermo Tell* de Rossini donde lanzó el primer «do de pecho» de la historia que al compositor le sonó como «el berrido de un capón al degollarlo».

Enfermo de sífilis, Donizetti padeció en los últimos años de su vida la demencia que complicaba con frecuencia esta enfermedad en la era preantibiótica y murió en estado vegetativo a los cincuenta años. Demasiada locura.

Natalie Dessay en la escena de la locura de *Lucia de Lammermoor*, de Gaetano Donizetti.

Otras escenas de locura

En otra ópera de Donizetti, *Anna Bolena*, la protagonista sufre un acceso de locura del que se repone cuando estalla el jolgorio por la boda del uxoricida en serie Enrique VIII con Juana Seymour sin esperar a la decapitación de Ana, quien asciende al cadalso con la serena dignidad que proporciona la cordura.

Por fortuna, no todas las escenas de locura acaban con la muerte de la soprano desequilibrada. En *I Puritani (Los puritanos)* de Bellini, por ejemplo, Elvira enloquece cuando cree que su amado Arturo se ha largado con otra, pero en forma de brotes alternados con períodos de cordura, de manera que cuando un indulto providencial libra a Arturo de la ejecución Elvira recupera la salud mental y la ópera acaba felizmente para la pareja.

En otra famosa ópera belliniana, *Il pirata*, Imogene tampoco muere tras su escena de locura por la muerte de su amado Gualtiero.

Lo mismo sucede en la otra gran escena de locura de Bellini, la de Amina, *La sonnambula*. El sonambulismo, definido como la actividad física automática que una persona puede llevar a cabo durante las horas centrales del descanso nocturno de forma inconsciente, no es una verdadera enfermedad mental sino un trastorno del sueño. La huérfana Amina, enamorada del rico Elvino, desconoce que es sonámbula y su inadecuado comportamiento mientras está dormida (como acostarse en la cama del conde Rodolfo) le granjean una injusta fama de mujer perversa. Solo la creen cuando se juega la vida haciendo equilibrios sobre una peligrosa pasarela mientras sueña que se casa con Elvino, lo que finamente sucederá cuando despierte.

Rossini compuso una de las raras escenas de locura no protagonizadas por una soprano sino por el bajo que interpreta el papel de Assur, el antiguo amante de la reina de Babilonia, Semíramis, a la que ayudó a matar a su esposo Nino, como veremos más adelante.

No todas las escenas en las que un personaje pierde la razón son exclusivas de la época belcantista como pretexto para el lucimiento vocal de las sopranos enloquecidas. Las alucinaciones de Margarita encarcelada (*Mefistófeles*), de *Boris Godunov* antes de morir, de *Wozzeck* antes de ahogarse o de Elsa antes de hacerle la pregunta prohibida a *Lohengrin* son buenos ejemplos.

En relación con la locura en la ópera, merece una mención especial el trastorno mental denominado celotipia o, como veremos en el capítulo de la violencia doméstica, «síndrome de Otelo». La aséptica definición académica de celos es «sospecha, inquietud y recelo de que la persona amada haya mudado su cariño, poniéndolo en otra». Ocurre que unas veces la sospecha es más que fundada por existencia de pruebas, en cuyo caso los celos pueden considerarse «normales», pero cuando no existen ni siquiera indicios de infidelidad, se trata de celos patológicos que pueden conducir a un trastorno mental de tipo paranoide o delirante, e impulsar al celoso a matratar e incluso asesinar a la persona amada, casi siempre una mujer.

En el repertorio operístico sobresalen tres grandes personajes celosos: Otelo, Don José y Floria Tosca. No obstante, desde un punto de vista psicopatológico, ninguno de ellos puede considerarse celotípico puesto que, aparte de su indudable predisposición a sentir celos, o bien poseen la certeza de que su amor quiere abandonarlos por otro, como Carmen a Don José por Escamillo, o bien reciben una buena dosis del veneno de la sospecha que les inoculan malvados personajes como Yago o Scarpia, valiéndose de pruebas tan débiles como un pañuelo o un abanico, pero suficientes para un celoso predispuesto.

Síndromes operísticos

Ciertos personajes célebres de la dramaturgia clásica han proporcionado epónimos a la psicopatología, algunos de los cuales subyacen en la violencia doméstica y de género que analizaremos más adelante. Algunos de estos síndromes mentales llevan los nombres de protagonistas de óperas tan destacados como Ofelia (*Hamlet*), Edipo (*Edipo Rey*, *Edipo*, *Antígona*), Electra (*Elektra*), Otelo (*Otelo*), Medea (*Medea*) o Casandra (*Los troyanos*):

- *Complejo de Ofelia*: es un término acuñado por el filósofo francés Gaston Bachelard (1884-1962) para el *mal d'amour*, en el que Ofelia surge como una figura metafórica de la materialización de las emociones mediante el suicidio en agua, «ahogándose en emociones».

- *Complejo de Edipo*: para el inventor del psicoanálisis Sigmund Freud se trata del deseo inconsciente de mantener una relación incestuosa con la madre eliminando previamente al padre.

- *Complejo de Electra*: atracción afectiva de la hija hacia la figura del padre.

- *Síndrome de Otelo* o celotipia: en este trastorno psíquico de tipo delirante, el hombre posesivo hacia su mujer cree que ésta le es infiel, sin motivo.

- *Síndrome de Medea:* afecta sobre todo a la madre (en menor medida al padre) que ante un conflicto conyugal desahogan sus emociones negativas en los hijos de ambos, a los que utilizan como instrumento de venganza hasta el extremo de matarlos para dañar al otro y destruir el vínculo que los mantenía unidos.

- *Síndrome de Casandra:* este trastorno psicopatológico de tipo obsesivo-depresivo afecta sobre todo a mujeres y consiste en predecir continuamente males y desgracias sin que los demás lo crean.

DIABOLUS IN OPERA

DON JUAN
¡Qué insólito pavor
se apodera de mis facultades!
¿De dónde surgen estos
torbellinos de horrendo fuego?

CORO INFERNAL
(fuera de escena)
¡Todo es poco para tus culpas!
¡Ven, hay un mal peor!

(Acto II de Don Juan, de W.A. Mozart)

Personaje	Ópera	Muerte
Bertram	Roberto el diablo	Condenación
Caspar	El cazador furtivo	Condenación
Don Juan	Don Giovanni	Condenación
El holandés	El holandés errante	Redención
Eva	La tragedia del diablo	Inanición

Fausto	Fausto, Mefistófeles, La condenación de Fausto	Condenación
Ruthven	El vampiro	Condenación
Tamara	El demonio	Redención

En la cultura judeocristiana, la figura del demonio como principio del Mal y príncipe del Infierno estuvo muy presente en la conciencia popular hasta el siglo XVIII. Durante los anteriores, miles de infelices fueron quemados vivos en la Europa de Descartes, Newton y Spinoza, acusados de mantener relaciones con el diablo tras acabar confesándolo bajo tortura. A medida que la creencia en el encargado de pervertir las almas en esta vida y achicharrar los cuerpos en la otra fue perdiendo fuerza, la iconografía del diablo como un homínido peludo y colorado de facciones grotescas con alas de murciélago o cuernos de macho cabrío se fue dulcificando hasta la estereotipada imagen de un Mefistófeles elegante y seductor.

El proceso desmitificador de Lucifer, Belcebú o Satanás dio un paso definitivo cuando el demonio dejó de ser una imagen, pictórica o escultórica, para convertirse en un personaje literario al servicio de una idea filosófica encarnada en uno de los grandes mitos de la literatura universal: el doctor Fausto, un sabio decepcionado que al final de su vida pacta con el diablo entregarle su alma a cambio de una segunda vida terrenal de veinticuatro años, colmada de placeres.

Aunque la historia de Fausto ya fue idealizada en obras literarias de los siglos XVI y XVII, fue Johann Wolfgang von Goethe quien lo convirtió en uno de los grandes mitos de la literatura universal. La influencia de su poema dramático en el mundo artístico fue inmensa e inspiró numerosas obras musicales entre piezas pianísticas, canciones, poemas sinfónicos, oratorios, sinfonías y, desde luego, óperas.

El Maligno operístico, interpretado siempre por un barítono o un bajo, se nos presenta en el escenario bajo diversos aspectos y nombres: Lucifer y Marbuel (*Katia y el diablo* de Dvorak), Samiel (*El cazador furtivo* de Weber), Nekrotzar (*El Gran Macabro* de Ligeti) o Demonio a secas (*El demonio* de Anton Rubinstein), pero el diablo operístico por excelencia siempre será el Mefistófeles del *Fausto* de Gounod, *La condenación de Fausto* de Berlioz o el *Mefistófeles* de Boito.

Mefistófeles —Mefisto para los amigos— encarna una versión del demonio en la que, lejos de ofrecer un aspecto espantoso o una conducta aterradora, se muestra como un caballero bien vestido y de modales refinados, demasiado humano y más irónico e incluso divertido que aterrador.

Bertram *(Roberto el diablo)*

Tan bueno no sería el duque Roberto I de Normandía, llamado «el Magnífico» por los suyos, cuando otros lo apodaron «el Diablo». La historia sospecha que participó en el envenenamiento de su hermano Ricardo III, al que sucedió en el trono, pero la leyenda pretende que el padre de Guillermo el Conquistador fue el mismísimo diablo, y sobre ella Scribe y Delavigne redactaron el libreto de una *grand opéra* en cinco actos con música de Meyerbeer titulado *Robert le Diable*. Gracias en buena parte a sus espectaculares efectos escénicos, el operón arrasó desde su estreno (1831), pero al igual que las demás obras de Meyerbeer y Halévy, hoy son venerables piezas de museo de las que apenas sobrevive su música de ballet en la discografía.

Para los libretistas, Roberto es hijo de la duquesa de Normandía y de un demonio que la sedujo. Encarnado como su amigo Bertram, el diablo hará todo lo posible para asegurarse de que su vástago acabará regresando a casa, es decir, al infierno. Los malos consejos de su falso amigo dan con Roberto en Sicilia, donde se enamora de la princesa Isabel. Para logar su mano debe vencer en un torneo pero, para impedirlo, Bertram le gana a los dados la lanza, la armadura y hasta el caballo. Luego lleva a Robert a buscar una rama de arbusto, que otorga poderes mágicos, y a un convento en ruinas donde hace salir a las monjas libertinas de sus tumbas para montar una bacanal. Roberto consigue llegar hasta Isabel inmovilizando a todos con el poder de la rama, que acabará rompiendo. Bertram tiene de plazo hasta la medianoche del último día del quinto acto para arrancarle a Roberto la firma que lo condene al infierno, pero in extremis lee la carta en la que su madre moribunda le revela quién es su padre. Cuando el reloj da las doce, Bertram se hunde en el abismo infernal, descompuesto y sin hijo. Liberado del hechizo, Roberto se casa con su Isabel en la catedral de Palermo.

Una interpretación íntegra de *Roberto el diablo* duraría unas cuatro horas, pero las pocas reposiciones que todavía se ofrecen de esta *grand opéra* de música hueca y libreto absurdo se benefician de cortes que la dejan en ópera, a secas.

Caspar *(El cazador furtivo)*

Para el romántico alemán de principios del siglo xix el bosque (*wald*) es un lugar a la vez fascinante y terrible, mágico y misterioso, fuente inagotable de narraciones fantásticas, mitos y leyendas. Una de éstas, la del Cazador Negro, inspiró la primera gran ópera romántica, *Der Freischütz*, de Carl Maria von Weber, estrenada en Berlín en 1821 bajo la dirección del compositor, pionero en el uso de la batuta. En esta versión cinegética del demonio, Satán adopta la forma de Samiel, el cazador negro, que proporciona siete balas mágicas de las cuales seis aciertan en el blanco pero la séptima queda bajo su control, y falla.

La acción transcurre en una aldea de Bohemia durante los años cuarenta del siglo XVII, donde se celebra un concurso de tiro en el que Max se juega la novia (Ágata) y el puesto de trabajo (el guardabosques Kuno, padre de la chica, se jubila). Pero no anda bien de puntería y la víspera de la final su presunto amigo Caspar le propone fundir las balas mágicas a medianoche en el temible barranco del Lobo. Caspar es un vendido al diablo cuya prórroga de tres años más sobre la tierra está a punto de expirar. Para evitarlo, Caspar le arranca a Samiel la promesa de una nueva prórroga si le entrega la vida de su amigo y en una escena terrorífica las siete balas se funden una tras otra.

Al día siguiente y en presencia del príncipe Ottokar se celebra la prueba final del torneo. Caspar se las apaña para que sea Max quien use la bala del diablo y cuando dispara contra una paloma el proyectil se desvía hacia Ágata, que se desploma ante el horror general. Pero sólo se ha desvanecido porque la bala rebotó en su corona nupcial para alcanzar mortalmente a Caspar, quien muere maldiciendo. Cuando Max lo cuenta todo el príncipe lo condena al destierro pero tras la comprensiva intervención de un eremita le concede un año de libertad condicional tras el cual, si se porta bien, podrá desposar a su prometida y, de paso, prohíbe el concurso de tiro para siempre.

Aunque se estrenó en Berlín, *El cazador furtivo* está muy vinculada a la Ópera de Dresde, donde Weber desarrolló gran parte de su carrera. En las confiterías de esta ciudad venden cajitas de *Webers Freikugeln* («Las balas mágicas de Weber») que contienen siete mazapanes esféricos bañados de chocolate y rellenos de pistacho y turrón salvo uno, que contiene chile muy picante. El bombón del diablo.

Don Juan *(Don Juan)*

Aunque en sus óperas serias *Lucio Silla*, *Idomeneo Rey de Creta* y *La clemencia de Tito* planea constantemente, la muerte es un desenlace casi inexistente en las obras escénicas de Mozart. Tan sólo muere alguien en *Mitrídates, Rey de Ponto* (de cuyo suicidio nos ocupamos en otro capítulo) y en *Il dissoluto punito, ossia Don Giovanni*. En la adaptación que realizó Lorenzo da Ponte de *El burlador de Sevilla y convidado de piedra* de Tirso de Molina, origen oficial del mito del libertino mujeriego Don Juan, perecen dos personajes: el Comendador y el propio Don Juan.

En la primera escena del primer acto, Don Juan mata a espada al padre de la dama doña Ana, cuando el viejo Comendador lo sorprende seduciéndola. En el segundo acto, el arrogante Don Juan y su criado Leporello se refugian en el cementerio de Sevilla, donde la estatura del Comendador le asegura a su asesino que dejará de reír antes del alba. Lejos de asustarse, Don Juan lo invita a cenar con él y la estatua acepta con un «¡Sí!» que solo consigue aterrorizar a Leporello. Y, en efecto, *l'uom di sasso* (el hombre de piedra) se presenta en la cena, amenizada por una orquestina que interpreta fragmentos de famosas óperas en tiempos de Mozart, entre ellas el dramma giocoso *Una cosa rara*, del músico valenciano Vicente Martín y Soler, con letra del propio da Ponte.

Don Juan demuestra que es un estúpido arrogante cuando toma la mano que le ofrece la estatua para arrastrarlo al infierno entre horribles llamaradas. En la última escena, todas las víctimas del pérfido entonan la moraleja conclusiva de una de las cimas de la ópera de todos los tiempos:

> Éste es el fin del que obra mal;
> y, de los pérfidos,
> la muerte siempre es igual a la vida.

Lo que nunca sabremos es si el Comendador solamente conduce a *Don Giovanni* al infierno para luego volverse a su cementerio sevillano, o si por razones que nos oculta el libreto él también está condenado, ya que en caso contrario cualquier diablejo podía haberse encargado del trabajo.

La lista de obras literarias y musicales inspiradas en Don Juan es interminable, pero baste nombrar a pesos tan pesados como Molière, Pushkin, Lord Byron, Zorrilla, Torrente Ballester, Alejandro Dumas, Ortega y Gasset o Richard Strauss para mostrar el prestigio del personaje. O quizás éste los prestigió a ellos.

Escena de una producción de *Don Giovanni*, de Wolfgang Amadeus Mozart.

El holandés (*El holandés errante*)

Existen varios orígenes de la leyenda del buque holandés condenado a surcar eternamente los mares. Una pretende que su capitán pactó con el diablo superar todos los obstáculos a la navegación que Dios quisiera poner en sus singladuras, pero otra asegura que ante una de esas dificultades (doblar el cabo de Buena Esperanza en medio de un formidable temporal), el holandés juró no ceder ante ella ni por toda la eternidad. El diablo lo oyó y —quizás por una vez de acuerdo con el buen Dios— fue condenado a navegar eternamente hasta que la fidelidad de una mujer lo redimiese. Para intentarlo, se le permite desembarcar cada siete años.

Después del éxito de *Rienzi*, todos esperaban otra gran ópera por el estilo pero Wagner los decepcionó con su primer drama musical, *Der fliegende Holländer*, primer título del canon wagneriano admitido en el templo de Bayreuth.

El telón se levanta justo cuando han expirado otros siete años de navegación y el barco del Holandés —que carece de nombre propio—, de mástiles negros y velas rojas, atraca en un pequeño puerto noruego donde causalmente vive Senta, una muchacha obsesionada con la desgraciada historia del «hombre pálido» al que, para escándalo de todos, desea redimir. Deslumbrado por la riqueza del Holandés, Daland, el padre de la muchacha, se la ofrece a cambio. Senta reconoce de inmediato al hombre de sus sueños y le promete fidelidad hasta la muerte, lo que significa que el Holandés al fin podrá quedarse en tierra, casarse y llenar la casa de preciosos niños rubios como el oro con el que le ha comprado la redención al inminente suegro.

Pero siempre alguien tiene que estropearlo todo y en esta ocasión el aguafiestas es Erik, un cazador en un pueblo de pescadores, el antiguo novio de Senta al que, según él, cierto día ella le prometió fidelidad eterna al apretarle fuerte la manita. El Holandés lo oye y, resignado una vez más a su maldición, le ordena a su fantasmagórica tripulación volver al océano por otros siete años. Desesperada, Senta corre a lo más alto del acantilado y se arroja al mar para demostrar en qué consiste una promesa de fidelidad hasta la muerte como Dios manda.

La primera versión de la ópera finaliza de modo tan trágico, con Senta suicidándose mientras «el buque fantasma» se aleja de la costa noruega. Años más tarde Wagner decidió dejar un mejor sabor final a su ópera concluyéndola con el salvífico tema de la

El barítono-bajo Markus Marquardt en *El holandés errante*, de Richard Wagner.

redención —que añadió igualmente a la obertura— mientras Senta se precipita al mar.

En adelante, la redención estará presente en todas los dramas wagnerianos, culminando con la apoteosis de la «redención al redentor» en el último, *Parsifal*.

Fausto (*varias óperas*)

Hector Berlioz estrenó *La damnation de Faust* en 1846, como una ampliación de sus primigenias *Ocho escenas de Fausto*, sirviéndose de la célebre traducción que Gérard de Nerval realizó del drama de Goethe. En esta versión del mito, el alma de Margarita también asciende al cielo, reclamada por un coro angelical. Pero en cambio no hay piedad para su seductor y Fausto se precipita al abismo infernal, tras una cabalgada terrorífica, entre el alborozo de un coro de demonios gracias al cual hemos podido conocer cómo suena el idioma oficial del infierno, naturalmente inventado por la mente, nunca más calenturienta, de Héctor Berlioz:

> Tradioun Marexil fir Trudinxé burudixé!
> Fory my Dinkorlitz.
> O merikariu Omévixé merikariba.
> O merikariu O midara
> Caraibo lakinda, merondor Dinkorlitz,
> merondor Dinkorlitz merondor.
> Tradioun marexil,
> Tradioun burudixé
> Trudinxé Caraibo.
> Fir omévixé merondor.
> Mit aysko, merondor, mit aysko! Oh!

Sin duda se trata de las palabras más raras que pueden encontrarse en un libreto operístico y, como no vienen acompañadas de traducción, los espectadores siempre se quedan sin saber qué demonios estarán diciendo.

Al titular su ópera *Mefistófeles*, Arrigo Boito dejó claro a quién consideró el protagonista principal de la historia. El antiguo *scapigliati* que acabaría escribiendo para Verdi los excelentes libretos de *Otello* y *Falstaff*, sólo completó esta ambiciosa ópera, que fue mal acogida en su estreno en la Scala de Milán y triunfó tras una profunda revisión. Es la única de las tres versiones analizadas que se adentró en la segunda parte del drama de Goethe, concretamente en el episodio de Helena de Troya.

En esta versión, el coro celestial también anuncia la salvación de Margarita, para disgusto de Mefistófeles, pero no se libra de la muerte a manos del verdugo. Por su parte, y en cumplimiento del contrato que firmó con el diablo, Fausto muere al pronunciar las palabras *Arrestati, sei bello!*

(«Deténte, eres bello») ante el instante fugaz de la visión de los querubines arrojando rosas sobre su alma. Pero no desciende al infierno sino que se salva al proclamar su fe en el Evangelio.

Para su versión operística del mito fáustico, titulada *Faust* a secas, Charles Gounod confió la adaptación del poema de Goethe a Jules Barbier y Michel Carré, los libretistas de *Los cuentos de Hoffmann* de Offenbach, *Hamlet* de Thomas y del otro éxito perdurable de Gounod, *Romeo y Julieta*. Una versión poco respetuosa con el original en la que aparece un joven llamado Siebel (interpretado por una mezzosoprano) que también se enamora de Margarita. No obstante, el *Fausto* de Gounod, una *grand opéra* estrenada en 1859, hubiera sido la más importante y exitosa aportación francesa al género si dieciséis años más tarde un tal Georges Bizet no hubiera estrenado su *Carmen* tres meses exactos antes de morir con 36 años. Aún así, los franceses consideran a la obra de Gounod como una especie de monumento nacional que nunca dejarán de programar.

Los escenógrafos podrán perpetrar con el final de esta ópera la presunta genialidad que se les antoje, pero la acotación final del libreto es muy clara:

> *Los muros de la prisión se han abierto. El alma de Margarita sube al cielo. Fausto la sigue con ojos cargados de desesperación, cae de rodillas y reza. Mefistófeles, en el centro, es derribado por la espada luminosa del arcángel.*

La última recreación operística del mito de Fausto es la *Historia del Doctor Johann Fausten*, de Alfred Schnittke, que utilizó su célebre *Cantata Fausto* como tercer acto. La versión del compositor ruso ofrece la peculiaridad de poner en escena a una compañera de Mefistófeles llamada Mefistófila. Como en las otras, Fausto firma un contrato de compraventa de su alma con el demonio. Cuando veinticuatro años después se cumple el plazo, el doctor trata de arrepentirse animado por sus estudiantes, pero en vano. Mefistófeles acude para llevarse su alma pero antes destroza brutalmente su cuerpo. Al día siguiente los estudiantes descubren las paredes del estudio de su maestro salpicado por restos de sus miembros y vísceras. Una ópera con final *gore*.

Así que el Maligno, Satán, Belcebú, Lucifer o Mefistófeles sólo se cobra el alma del doctor Fausto en las versiones de Berlioz y Schnittke. En las otras se vuelve a su Averno con el rabo colorado y rematado en punta de flecha entre las piernas.

Ruthven *(El vampiro)*

El alemán Heinrich Marschner fue uno de los compositores damnificados por el torbellino Wagner, que barrió por completo el panorama operístico germánico a partir de mediados del siglo xix. Marschner compuso veintitrés óperas de las que todavía es posible asistir a la representación de una sola de ellas, *Der Vampyr*, considerada por muchos operólogos como el eslabón entre *El cazador furtivo* y *El holandés errante*.

La acción, que transcurre en el XVIII en Escocia, comienza con un aquelarre en el que el Gran Maestro conmina al vampiro poseído lord Ruthven a chuparles la sangre a tres vírgenes antes de 24 horas —y es la una de la madrugada— si quiere vivir otro año más sobre la tierra. La primera en caer es Janthe, a la que seduce la víspera de su boda. Su padre la descubre en una cueva ya exangüe y hiere al vampiro, pero sir Edgar Aubry —que le debe la vida— lo salva arrastrándolo hasta que la luz de la luna lo revive. Aubry no deberá revelar la identidad de Ruthven o se convertirá en vampiro. La segunda víctima es Emmy, también a punto de casarse, a la que Ruthven succiona la sangre en el bosque. La joven Malwina Davenaut ama a Aubry, pero su padre la quiere para otro aristócrata, el Conde de Letzen, que Aubry identifica horrorizado como Ruthven, al que no puede denunciar. Sin embargo, ante la inminencia de la boda a medianoche, acaba acusándolo de horribles crímenes delante de todos, por lo que Davenaut lo expulsa de su castillo. Aubry no ha delatado al vampiro, pero ha conseguido retrasar la ceremonia y, en medio de una terrible tormenta, la campana da la una y, con puntualidad demoníaca, el falso Letzen es alcanzado por un rayo y Ruthven se hunde en el infierno. Davenaut reconoce su error y bendice la unión de Aubry con su hija Malwina, la tercera muchacha a punto de perder la virginidad a la que el vampiro quiso pero no pudo desangrar.

El creador literario del hombre-vampiro no fue el irlandés Bram Stoker con su novela *Drácula* (1897) sino el médico escritor londinense John William Polidori con su relato *El vampiro* (1817) en el que se basa el libreto de la ópera de Marschner.

Eva *(La tragedia del diablo)*

El festival de Glyndebourne de 2008 dio a conocer la ópera *El amor y otros demonios*, del compositor húngaro Péter Eötvös, basada en una novelita corta de Gabriel García Márquez. Cuenta la historia real de la niña colombiana Sierva María de Todos los Ángeles a la que mordió un perro cuando tenía doce años. Como consecuencia, enfermó, y los síntomas se atribuyeron a una posesión diabólica por lo que la ingresaron en un convento a cargo del exorcista Cayetano Alcino del Espíritu Santo Delaura y Escudero, que acaba enamorándose de la niña. Cuando se descubre la relación encierran a Cayetano en una leprosería y Sierva María deja de comer hasta que fallece de inanición.

Dos años después, Eötvös insistió en el tema con *Die Tragödie des Teufels* (*La tragedia del diablo*), una ópera protagonizada por Lucifer, Adán, Eva y un personaje no citado en el libro del Génesis: Lucy, sobrenombre de Lilith. Según el libreto, esta fue la primera compañera de Adán pero también al parecer la protofeminista del género humano ya que exigió igualdad y rechazó someterse al primer machista. El demonio guía a la pareja por diferentes situaciones y escenarios (Egipto, Grecia, Bagdad y una especie de Las Vegas en el desierto) para demostrarles «la invalidez de los valores humanos».

El final es demoledor: Adán mata a Eva —embarazada— y se une a Lilith para «crear un nuevo linaje sin demora». Lucifer se esfuma y su tragedia es la del ser humano, incapaz ya de culpar al maligno de ser la fuente del Mal. No en vano esta ópera está basada en el drama «La tragedia del hombre» publicado en 1861 por el húngaro Imre Madách, en la que Dios y el demonio se disputan el alma de Adán.

Además de atípico (dos mezzosopranos y un tenor), Adán, Eva y Lucy conforman el primer triángulo operístico en la protohistoria de la Humanidad.

Tamara *(El demonio)*

Como su colega Pushkin cuatro años antes, el poeta Mijaíl Yúrievich Lérmontov murió en un duelo a muerte a los veinticuatro años, truncándose así una prolífica carrera literaria en la que destacó su poema *El demonio*, condenado por la ortodoxia rusa por sacrílego. Casi cuarenta años después de su publicación, el compositor y virtuoso del piano Antón Rubinstein estrenó en el Teatro Mariinski de San Petersburgo una ópera en tres actos basada en el polémico poema y con su mismo nombre, dando así por terminada su proscripción.

Cansado de hacer su trabajo en la Tierra sin apenas resistencia, el demonio se aburre y maldice al mundo hasta que ve a la bella hija del príncipe Gudal, Tamara, de la que se enamora perdidamente, y a la que turba con hermosas palabras y la promesa de convertirla en la reina del universo, si accede a ser su amante eterna. El demonio llega a creer que puede redimirse ante el cielo a través de aquel amor, pero su plan tropieza con dos obstáculos. El primero es un ángel que se le aparece para advertirle de que no debe tocar «lo que es amado del cielo». El segundo, más terrenal, es que Tamara se dispone a casarse con su prometido, el príncipe Sinodal. Sin embargo, el demonio no le hace caso al ángel y, en cuanto a su rival, lo elimina lanzando una horda de tártaros contra su comitiva.

En el palacio de Gudal esperan la llegada del novio para la boda y cuando traen su cadáver Tamara se desespera hasta el punto de pedirle a su padre que le permita ingresar en un convento. Hasta allí la sigue el Demonio, que vuelve a desoír la advertencia del ángel y se presenta ante Tamara para intentar seducirla con su poesía. Aunque ella siente una extraña fascinación por el misterioso caballero, se resiste hasta que el diablo le roba el beso que provoca su muerte instantánea. Un coro de ángeles le recuerda que no hay perdón para el pecador eterno y el Demonio regresa a su soledad maldiciendo a todos.

(Matar a besos no es una habilidad exclusiva de demonios. Se han comunicado casos de tromboembolismos letales causados por apasionados besos en el cuello de la persona amada, aunque, al parecer, más bien fueron chupetones y mordiscos cercanos a las arterias carótidas.)

El intervalo musical que comprende tres tonos enteros formando una cuarta aumentada o una quinta disminuida (si-fa, por ejemplo) estuvo mal visto —oído, más bien— en la armonía clásica por el carácter siniestro de la disonancia, que atribuían al diablo. Por eso el tritono recibió el calificativo de *diabolus in musica*, extensivo al intervalo de semitono (mi-fa, por ejemplo). Sin embargo, no está demostrado que estos intervalos estuviesen prohibidos y que los transgresores fueran perseguidos y excomulgados. Pero no solo la literatura musical romántica fue pródiga en el empleo del tritono, asociado con la idea del mal o del maligno. El grupo de heavy metal británico *Black Sabbath* lo utilizó en el inicio de su siniestro tema de mismo nombre, que grabaron en 1970.

Para compensar tanta tragedia diabólica, acabaremos este apartado con una referencia a Katia y el diablo, del checo Antonin Dvorak, una ópera cómica en la que intervienen no uno sino cuatro demonios, cuyo segundo acto transcurre en el mismísimo infierno.

Lucifer envía al demonio Marbuel a una misión terrenal donde conoce a Katia, una joven a la que todos rehúyen porque «cuando empieza a hablar, creedme, no hay quien pueda pararla». El pobre diablo comete el error de invitar a bailar a la chica y ésta le asegura que querría bailar hasta la muerte con él. El demonio le toma la palabra y se la lleva consigo al infierno, donde todos acaban aborrecidos de Katia y acaban echándola para siempre.

El segundo acto transcurre íntegramente en el infierno y así describe el libretista Adolf Wenig su ingenua visión del Averno:

(El infierno. Una gran sala negra. A la derecha, una puerta alta de hierro con un gran cerrojo. Al lado una ventanilla de portero. A la izquierda, una mesa negra; siete diablos, sentados alrededor de ella, juegan a las cartas. Delante de ellos hay montones de piezas de oro. Detrás, otra sala, un poco elevada, separada de la de delante por unas columnas y una reja. Hay una serie de calderos en los que los diablos mantienen el fuego. A la derecha, un pasillo. Poco después de levantarse el telón, los diablos vuelven a echar las cartas).

Naturalmente, en una ópera cuya protagonista es una antiheroína tan inaguantable que hasta el demonio —un pobre diablo— renuncia a condenarla para no tener que soportarla eternamente, no puede morir nadie. Pero es la excepción de la regla.

MUERTE POR EJECUCIÓN

SALOMÉ
No se percibe ningún ruido.
No oigo nada.
¿Por qué no grita ese hombre?
¡Ah! ¡Si alguien viniese a matarme,
yo gritaría, me defendería,
no se lo permitiría!
¡Golpea!
¡Golpea! ¡Naamán!
¡Golpea, te digo!
No, no oigo nada.
¡Hay un silencio terrible!
¡Ah! Ha caído algo al suelo.
(*Salome, de R. Strauss*)

Personaje	Ópera	Muerte
Ana Bolena	Ana Bolena	Decapitación
Beatriz	Beatriz de Tenda	Decapitación
Blanche	Diálogos de carmelitas	Decapitación
Cardillac	Cardillac	Linchamiento
Chenier	Andrea Chenier	Decapitación
Danton	La muerte de Danton	Decapitación
Jokanaan	Salomé	Decapitación
Josef K	El proceso	Asesinato
Klinghoffer	La muerte de Klinghoffer	Atentado terrorista
Magdalena	Andrea Chenier	Decapitacion
Maria Estuardo	María Estuardo	Decapitación
Mario Cavaradossi	Tosca	Fusilamiento
Moctezuma	Motezuma	Linchamiento
Penteo	Las bacantes	Linchamiento
Príncipe de Persia	Turandot	Decapitación
Radamés	Aida	Enterramiento
Roberto Devereux	Roberto Devereux	Decapitación
Salomé	Salomé	Aplastamiento
Thomas Becket	Asesinato en la catedral	Linchamiento

Además de los que figuran en esta tabla, en otros capítulos nos ocupamos de personajes operísticos que perecen por pesar sobre ellos una sentencia de pena de muerte, judicial o extrajudicial. Dos de ellos, Billy Budd y Jim Mahoney, ahorcados, y seis: *La judía* Raquel, *Juana de Arco*, Renata (*El án-*

gel de fuego), Silvana (*La llama*), Azucena (*El Trovador*) y *El prisionero*, en la hoguera. Veamos a continuación otros métodos de aplicar la nunca mejor llamada «pena capital» (del latín *caput* = cabeza).

Muerte por decapitación

Hasta la revolución francesa de 1789 existieron modos diferentes de aplicar la pena de muerte según la clase social del condenado. Mientras que a los plebeyos se les quemaba, ahorcaba o desmembraba, con el consiguiente sufrimiento previo a la muerte liberadora del suplicio, los nobles gozaban del privilegio de una muerte rápida y prácticamente indolora por decapitación. Pero ello dependía de la pericia del verdugo, ya que la separación de la cabeza del resto del cuerpo se realizaba a espada o hacha y no siempre acertaban a la primera. Para ejecutar a su esposa Ana Bolena, Enrique VIII se trajo un verdugo francés experto en rebanar cuellos erguidos limpiamente a espada, evitándole el oprobio del hachazo a cabeza humillada. Otro detalle hacia la dignidad real fue coserle la cabeza al rey Carlos I de Inglaterra tras decapitarlo. Pero la madre de todas las revoluciones también acabaría con estas prerrogativas clasistas instaurando la guillotina para aplicar el máximo castigo corporal, la privación de su existencia.

La guillotina no fue un invento francés pero debe su nombre a un médico y diputado apellidado Guillotin que perfeccionó el invento e impulsó su empleo por su limpieza y rapidez y porque significaba la democratización de la pena de muerte. Los mismos 60 kilos de cuchilla biselada de acero cercenaron el cuello del delincuente común, de la religiosa, del contrarrevolucionario y de los reyes Luis XVI y María Antonieta. El censo de guillotinados durante el Terror fue de 16.594 personas, entre ellas algunos personajes de óperas.

Blanche y otras quince monjas *(Diálogos de carmelitas)*

El 17 de julio de 1794, el Alto Verdugo Charles-Henri Sanson guillotinó en una plaza de París a dieciséis monjas del convento carmelita de Compiègne. La única superviviente de la comunidad, sor María de la Encarnación (en el mundo Francisca-Genoveva Philippe, fallecida en 1836), escribió el manuscrito *La relación del martirio de las dieciséis carmelitas de Compiègne* en el que la escritora alemana convertida al catolicismo Gertrud von Le Fort se basó para escribir su novela *La última del patíbulo* (1932), que Georges Bernanos llevó al teatro con el título *Diálogos de carmelitas* (1952). El compositor Francis Poulenc, en fin, transformó el drama en libreto para su *Dialogues de Carmélites* (1957), dando fin a uno de los itinerarios literarios más largos de un libreto.

Blanche de la Force es una joven de clase alta que, buscando seguridad ante el ambiente revolucionario, se refugia en el Carmelo como sor Blanche de la Agonía de Cristo. En un ambiente opresivo de miedo a morir (sor Matilde: «*Todo el mundo tiene miedo. Se contagian el miedo unos a otros, como la peste o el cólera en tiempo de epidemia*»), las autoridades requisan el convento y las monjas tienen que abandonarlo —y abandonarse a su suerte— vestidas de paisano. Blanche descubre que su padre fue guillotinado y su casa saqueada y se esconde cuando se entera de que sus compañeras han sido condenadas a muerte por «maquinar contra la República». La última escena es de las más impresionantes que puedan contemplarse en una representación operística. Las quince carmelitas esperan en fila su turno ante el patíbulo entonando una Salve, obviamente cada vez por menos voces, a medida que la guillotina va segando sus vidas. Al final, Blanche sale de entre la multitud y se une al martirio hasta que la cuchilla cae por última vez (el efecto de la percusión en cada tajo pone los pelos de punta) y se hace un silencio de muerte en el que la chusma, siempre ávida de sangre, se dispersa impresionada.

El 27 de mayo de 1905 el papa Pío X beatificó a las «Mártires de Compiègne». Su festividad se celebra el 17 de julio.

Chenier y Maddalena (*Andrea Chenier*)

El poeta André Chénier fue otro de los 2.918 franceses que pasaron por las mortíferas manos de Charles-Henri Sanson, pero por los pelos, pues fue guillotinado por orden de Maximilien Robespierre el 25 de julio de 1794, solo tres días antes de que la cabeza de éste rodara también. Sobre esta historia real, el compositor Umberto Giordano y el libretista Luigi Illica crearon una ópera en cuatro actos que titularon *Andrea Chénier*, estrenada en la Scala de Milán en plena época verista (1896), cuyo triángulo TBS está formado por el poeta Chénier (tenor), la joven noble Maddalena de Coigny (soprano) y Carlo Gérard, jefe revolucionario (barítono).

Desde el principio, Chénier deja bien claras sus convicciones, afines a los ideales de la Revolución y a las de Gérard, el sirviente enamorado de la hija de la condesa, Maddalena, cuya casa abandona para unirse a los *sans culottes*. Cuando la duquesa es asesinada y Maddalena busca protección en Chénier, la llama del amor prende en la pareja. Sorprendidos por Gérard y sus hombres, Chénier lo hiere y escapa pero, en un gesto de nobleza, el ya convertido en líder revolucionario lo protege asegurando desconocer su identidad.

En el tercer acto, las cosas se complican. Chénier es detenido por criticar la crueldad del Terror desplegado por Robespierre y llevado ante el tribunal revolucionario que debe decidir su suerte. En un plato de la balanza de Gérard está el aria pro revolucionaria *Un dì all'azzurro spazio*, con la que Chénier había provocado su cambio de la peluca por el gorro frigio. Pero en el otro pesa más el deseo de la mujer a la que ambos aman, y Gérard firma la denuncia por la que lo condenan. En una escena que recuerda a la negociación de Scarpia y Tosca, Maddalena ofrece entregarse a Gérard si salva a Chénier pero es tarde: el populacho sediento de cabezas cortadas ya cuenta con la del poeta.

Camino de la guillotina, Maddalena se cambia por una condenada para morir con Chénier, una forma de suicidio por amor, camuflado de ejecución. Desde la carreta que los conduce al patíbulo, la pareja de enamorados se despide del mundo y del público con un «¡Viva la muerte juntos!» mientras el telón cae sobre el proscenio como una enorme cuchilla silenciosa.

Danton (*La muerte de Danton*)

En una carta a un colega, el escritor alemán Karl Georg Büchner aseguró que «la lucha entre ricos y pobres es el único combate revolucionario en el mundo». Era una confesión privada pero, en un libelo escrito a medias con un clérigo protestante, proclamó: «¡Paz a las cabañas, guerra a los palacios!». No sabemos cómo hubiera terminado el joven exaltado que decía esas cosas cuando Karl Marx solo era un niño, porque murió con veintitrés años de tifus. Pero su breve carrera literaria produjo dos obras teatrales que darían pie a sendos libretos de óperas capitales del siglo xx: Woyzeck al *Wozzeck* de Alben Berg (1925) y *Dantons Tod (La muerte de Danton)* a la composición homónima de Gottfried von Einem, estrenada en 1947 en el Festival de Salzburgo.

Una constante bien conocida de las revoluciones es que acaban devorando a sus hijos, pero la madre de todas ellas, la que estalló en París en 1789, concretamente los guillotinó. El 5 de abril de 1794 rodaron las cabezas de Desmoulins y Danton y el 28 de julio siguiente las de Saint-Just («el Arcángel del Terror») y Robespierre, cuya desaparición supuso el fin de la orgía de decapitaciones en la Plaza de la Revolución (actualmente «de la Concordia») iniciada seis meses antes. Danton se opuso al ajusticiamiento de la reina María Antonieta y por ello fue acusado de traidor y enviado a engrosar la casuística de *monsieur* Sanson.

Acusada de intentar salvar a su esposo, Lucille Desmoulins fue decapitada ocho días después de él. Su alegato en defensa de su marido desde el patíbulo es una de las escenas más impactantes de una ópera que apenas se representa.

La trilogía del hacha

Gaetano Donizetti compuso cerca de ochenta óperas desde los veinte años hasta los cincuenta con los que falleció demente debido a una neurosífilis. En pleno furor por la moda de la novela histórica, impuesta por Walter Scott, cuatro de ellas giraron en torno a la reina Isabel I Tudor de Inglaterra: *El castillo de Kenilworth, Ana Bolena, María Estuardo* y *Roberto Devereux*.

Las tres últimas, conocidas como «la trilogía Tudor», acaban con decapitaciones a golpes de hacha de los protagonistas que dan nombre a sus respectivas óperas.

La vida de la «Reina Virgen», hija de Enrique VIII y de su segunda esposa, Ana Bolena, es un filón narrativo que ha originado numerosas obras literarias, operísticas y, modernamente, películas y series de televisión.

En Anna Bolena, con libreto de Felice Romani, la acción se resume en el histórico repudio mortal del rey Enrique VIII a su segunda esposa (Ana) que le permitiera casarse con Juana Seymour. Para justificar su ejecución, la reina es acusada en falso de doble adulterio, con lord Percy y con el joven paje Smeton, papel interpretado por una contralto.

Enrique repudió a su primera esposa, Catalina de Aragón, por no darle un hijo varón sino una hembra, la futura reina María I Tudor. Lo mismo sucedió con *Ana Bolena*, con la que tuvo a la futura reina Isabel I. Juana Seymour sí le dio el ansiado varón, el futuro rey Eduardo VI, aunque en un parto complicado que le costó la vida.

Como muchas óperas del período belcantista, esta ópera cayó en el olvido hasta mediados del siglo xx. Las legendarias soprano Maria Callas y mezzo Giulietta Simonato oficiaron su resurrección en uno de los mayores éxitos acontecidos en la Scala de Milán en 1957, con dirección escénica de Luchino Visconti y musical de Gianandrea Gavazzeni, «desenterrador» de otras óperas belcantistas olvidadas. Su interpretación del dúo que cantan las dos rivales Ana y Juana en el segundo acto («*Sobre su cabeza caiga el brazo justiciero de Dios*») fue antológica.

El estreno de la segunda entrega de la serie, *Maria Stuarda*, chocó con la censura del reino de Nápoles, en manos de la dinastía Borbón, que no toleró poner en escena la decapitación de la reina de Escocia por orden de su prima Isabel, la «hija infame de Ana Bolena». En pocos días Donizetti y el libretista Giuseppe Bardari (un abogado de 17 años) pusieron la ópera patas arriba llevando la acción a la Florencia de 1200 y cambiando situaciones y personajes. El refrito, titulado *Buondelmonte*, fue un fracaso y la obra original pudo estrenarse en el San Carlo napolitano cuando el reino de las Dos-Sicilias (antes Nápoles) pasó a mejor vida con la reunificación italiana.

Como era la costumbre de la época, el marco histórico de esta ópera es sólo un decorado ante el que representar una historia de rivalidad amorosa, en este caso el enamoramiento de las dos reinas por el mismo hombre, Robert Dudley, histórico primer conde de Leicester. Un atípico triángulo T-S-S que se rompe con la decapitación de una de las sopranos.

En *Roberto Devereux o El Conde de Essex*, con libreto de Salvatore Cammarano, el triángulo de predominio femenino se repite: tanto la reina Isabel I como Sara, casada a la fuerza con el duque de Nottingham, están enamoradas de Roberto, conde de Essex. Despechada por su rechazo, la reina condena a muerte a Devereux pero le ofrece el perdón si le revela el nombre de su rival. No lo hace y cuando es la propia Sara quien se lo cuenta, ya es tarde: un cañonazo anuncia la decapitación del conde de Essex. La realidad histórica fue que el Conde acabó conspirando para derrocar a Isabel pero el antiguo favorito de la reina —que le llevaba 33 años— fue descubierto y decapitado por orden suya en la Torre de Londres.

Robert Devereux fue bisnieto de María Bolena, hermana de la Ana decapitada por Enrique VIII y madre de Isabel I, e hijastro de Robert Dudley, o sea el Leicester amante de la reina. En este caso, la realidad de una historia retorcida como pocas supera a la ficción de una trilogía operística en la que no dejan de rodar cabezas.

Beatriz (*Beatriz de Tenda*)

La noble Beatrice Lascaris di Tenda fue un desdichado personaje histórico. Viuda rica, se casó con un hombre veinte años menor que ella, el malvado Duque de Milán Felipe María Visconti, quien urdió una trama para acusar a Beatriz del falso adulterio que le costó la cabeza. El libreto de Felice Romani para la *Beatrice di Tenda* de Vincenzo Bellini sigue con bastante fidelidad la trágica historia de la inocente noble.

Los protagonistas de esta ópera forman un círculo vicioso de difícil solución: Felipe tiene una amante, Agnese, que está enamorada de Orombello, el cual siente desde la infancia un casto afecto hacia Beatriz, cuyo matrimonio con Felipe es un fracaso. Felipe sorprende a Orombello arrodillado ante Beatriz en una situación equívoca pero suficiente para arrestarlos. Bajo fuertes torturas, Orombello acaba confesando ser cómplice de Beatriz y ambos son condenados a muerte. Asustada por lo lejos que ha llegado en el asunto, allanando los aposentos de Beatriz en busca de cartas comprometedoras, Agnese intercede por ellos pero Felipe se mantiene inflexible y ordena torturar también a su esposa, que soporta el tormento defendiendo su inocencia. Felipe está dispuesto entonces a perdonarla pero, en el momento más inoportuno, los leales vasallos del anterior esposo de Beatriz atacan y Felipe firma la sentencia. Agnese se desmaya de la impresión y Beatriz avanza con serena dignidad al cadalso cantando:

> ¡Ah, La muerte a la que me acerco
> es mi victoria y no mi pena!
> Como quien huye de sus cadenas,
> dejo en la tierra mi dolor.

Parece que el público del estreno soportó a duras penas la desagradable historia gracias a la actuación de la mítica soprano belcantista Giuditta Pasta, que cantó por primera vez los roles de *Ana Bolena*, Amina (*La sonámbula*) y *Norma*, nada menos.

El príncipe de Persia *(Turandot)*

Posiblemente la parte vocal más breve confiada a un personaje de ópera sea la del Príncipe de Persia en el primer acto de *Turandot*, de Puccini: tan solo una palabra, que el desdichado canta fuera de escenario a pleno pulmón inmediatamente antes de morir decapitado por Pu-Tin-Pao, el verdugo del palacio imperial de China.

La «princesa de hielo» Turandot, hija del emperador, es una andrófoba que justifica su aversión a los hombres de modo poco convincente, como desquite de la agresión mortal que había sufrido una antepasada a manos de un varón. Pero su belleza atrae a príncipes de todo el mundo que se juegan el cuello por conseguirla si logran descifrar tres adivinanzas. Hasta ahora nadie lo ha conseguido y el año del Ratón perdieron la cabeza por Turandot seis pretendientes, en el del Perro ocho y en el de la acción, el Tigre, nada menos que trece. El último, el Príncipe de Persia. Ávida de espectáculo, la chusma aguarda impaciente la salida de la luna, «cabeza cortada exangüe, demacrada, pálida» porque es la señal para la ejecución. Pero cuando lo ven aparecer delante del verdugo, tan joven y hermoso, se compadecen de él y suplican clemencia. Pero la princesa de hielo nunca ha mostrado compasión y da la señal para que Pu-Tin-Pao

La princesa Turandot (Nina Warren) protagoniza la ópera homónima de Giacomo Puccini.

haga su trabajo. Antes de recibir el tajo mortal, el príncipe de Persia lanza un agudo desgarrador que encierra una sola palabra: ¡Turandot! ¿Será un grito de protesta, una súplica de perdón o una desesperada declaración de amor?

Jokanaán y Salomé *(Salomé)*

En la historia de la ópera es difícil hallar un argumento más repleto de perversiones que en la *Salomé* de Richard Strauss: incesto, pedofilia, necrofilia y filicidio, todo ello en dos horas de representación sin tregua. Que un hombre tan burgués y conservador como Strauss se decidiese a ponerle música quizá solo pueda explicarse por el olfato comercial del compositor. Tras los escándalos que provocó su estreno en Berlín, el káiser Guillermo II comentó que con esta obra Strauss «se había perjudicado terriblemente», a lo que el músico replicaría más tarde: «Con estos perjuicios me he podido construir mi villa de Garmisch». Y es que, en los dos años siguientes al estreno, la ópera se representó en cincuenta teatros distintos.

El libreto de *Salomé* es la traducción al alemán de una obra de teatro escrita en francés por un irlandés, Oscar Wilde, basada en los pasajes evangélicos que narran la decapitación de Juan el Bautista.

La princesa Salomé solo tiene quince años —Strauss afirmó que la soprano debía poseer la imposible voz de una Isolda de dieciséis— pero sabe manejar con maestría los resortes de la seducción. Herodías, su madre, está amancebada con su cuñado Herodes Antipas, tetrarca de Galilea, quien desea sexualmente a su hijastra. Desde la cisterna donde está confinado, el profeta Jokanaán (Juan el Bautista) clama contra la incestuosa Herodías pero Herodes se resiste a matarlo, como ella le exige, porque lo respeta. Cuando logra que lo saquen del pozo para verlo, Salomé se encapricha del profeta enamorándose primero de su negra cabellera, luego de su blanca piel y finalmente de su roja boca, que desea besar, a lo que Jokanaán responde maldiciéndola. Obsesionada con ese beso, accede a bailar para su padrastro la danza de los siete velos (en realidad un striptease, con frecuencia a cargo de una bailarina) porque le promete darle a cambio lo que pida. Salomé baila y le exige la cabeza de Jokanaán en una bandeja de plata.

La soprano Malin Byström con la cabeza de Jokanaán en una producción de *Salomé*, de Richard Strauss.

A pesar de producirse fuera del escenario, la escena de la ejecución es impresionante. Naamán, el verdugo, desciende a la cisterna subterránea y el escenario queda sumido en una tensión casi insoportable, roto por los quejidos del contrabajo en su registro más agudo. Cada vez más excitada, Salomé se impacienta y apremia al verdugo. Llega a pensar que no se atreve a ejecutar la sentencia y estalla furiosa, pero un súbito golpe de arco de los contrabajos informa al escenario y a los espectadores de que algo ha dado ruidosamente contra el suelo de la cisterna: ¿la espada del cobarde verdugo? No, es la cabeza de Jokanaán, que en un impresionante crescendo orquestal asciende a la superficie sobre una bandeja de plata. La princesa recibe su trofeo y, tras reprocharle al profeta que la rechazara, se entrega a satisfacer su deseo besando con fruición los labios sanguinolentos:

> He besado tu boca, Jokanaán.
> Hay un sabor amargo en tus labios
> ¿Es el sabor de la sangre?
> O tal vez sea el sabor del amor.

Tras el beso necrófilo, la orquesta prorrumpe en el que se ha calificado como «el acorde más repugnante de la historia de la ópera», una disonancia que pudiera ser la expresión musical de la degradación moral de la princesa. Horrorizado, Herodes ordena a los soldados que la ejecuten aplastándola con sus escudos.

La reacción del público tras la macabra escena final osciló entre las treinta y ocho bajadas de telón en su estreno de la ópera de Dresde y la suspensión de las representaciones tras la escandalosa *première* en el antiguo Met de Nueva York. En otros teatros europeos, la obra fue prohibida o censurada; solo se podría representar si la acción no hacía referencia a la Biblia, trasladando la acción a otros países y épocas, cambiando todos los nombres y, por supuesto, sin mostrar la cabeza cortada del profeta.

(Junto con Salomé y Dalila, Judith conforma el trío de *femmes fatales* bíblicas objeto de una ópera. La *Judith* de Arthur Honegger se basa en el libro homónimo del Antiguo Testamento que narra cómo una viuda hebrea seduce al jefe del ejército invasor asirio y le hace beber «tanto vino como nunca en un solo día desde su nacimiento». Mientras Holofernes dormía la mona, Judit empuñó su espada, «le asestó dos golpes en el cuello con todas sus fuerzas y le cortó la cabeza» (Judit, 13:8).

Ejecución con armas de fuego

Con respecto a las ejecuciones por disparos de armas de fuego en la ópera, existen dos casos por razones «políticas»: la más conocida es la del pintor Mario Cavaradossi en *Tosca*, en realidad fusilado de forma arbitraria por el jefe de la policía romana para eliminar un obstáculo a su lujuria. La otra es la narración operística de una acción terrorista histórica.

Klinghoffer *(La muerte de Klinghoffer)*

El compositor estadounidense John Adams ha demostrado la validez de la ópera como testimonio de acontecimientos históricos contemporáneos suyos con títulos como *Nixon in China* (1987), *The Death of Klinghoffer* (1991) y *Doctor Atomic* (2005). La primera trata de la histórica visita de Richard Nixon a Pekín en 1972, la tercera de la fabricación de la primera bomba atómica en la base de Los Álamos, y la segunda del secuestro del crucero *Achille Lauro* por el Frente de Liberación de Palestina frente a la costa egipcia en 1985.

Ver y escuchar en un escenario a cantantes interpretando los roles de personajes tan cercanos en el tiempo como el matrimonio Nixon, Henry Kissinger, Mao Zedong o Robert Oppenheimer puede resultar chocante, pero ninguno tan trágico como Leon Klinghoffer. Era un judío-norteamericano discapacitado que viajaba con su mujer Marilyn en el Achille, celebrando su 36º aniversario de boda en un crucero por el Mediterráneo, cuando cuatro terroristas lo asaltaron y amenazaron con matar a un pasajero cada quince minutos hasta que liberasen a un grupo de correligionarios encarcelados. Sólo cumplieron su amenaza con Klinghoffer, al que dispararon en la cabeza y el pecho y arrojaron por la borda en su silla de ruedas. A su esposa le dijeron que estaba en la enfermería y no le contaron la verdad hasta que desembarcaron. Por primera vez en la historia de la ópera aparece en escena un comando terrorista, integrado por una mezzosoprano (Omar), un tenor (Molqi, autor material del asesinato, que fue condenado a 30 años de prisión), un barítono (Mamoud) y un barítono-bajo (Rambo).

El estreno de la ópera en el Metropolitan neoyorquino en 2014 fue polémico por las protestas del lobby judío, que acusan a la obra de antisemitismo o, cuando menos, de equidistancia entre los terroristas palestinos y sus víctimas judías. Por su parte, los hijos de Leon y Marilyn han denunciado con amargura la ópera, que consideran una explotación de la muerte de su padre como una herramienta con fines políticos, lo cual «mancha la memoria de nuestro padre». Inconvenientes de la proximidad temporal.

Mario Cavaradossi *(Tosca)*

Los tres protagonistas principales de *Tosca* de Puccini perecen de forma violenta: Scarpia apuñalado, Mario fusilado y Tosca precipitándose al vacío. Del homicidio —justificado— del malvado barón y del suicidio de la actriz-cantante ya nos ocupamos en otros párrafos de este estudio. Ahora es el turno del pintor Cavaradossi, que muere ejecutado por un pelotón de fusilamiento.

Pocas acciones de ópera se ajustan a un marco histórico tan preciso como el de *Tosca*. Todo sucede en tres escenarios reales de Roma, entre la mañana del viernes 14 de junio de 1800 y la madrugada del sábado, es decir, en menos de veinticuatro horas. Aquel día, las tropas de Napoleón derrotaron a las austríacas de Michael von Melas en la célebre batalla de Marengo. El año anterior había caído la efímera República Romana, satélite de la francesa, y sus cónsules fueron perseguidos y encarcelados. Uno de ellos, Cesare Angelotti, escapa de la prisión (el castillo papal de Sant'Angelo) y Cavaradossi, un pintor con ideas liberales, le ayuda a huir, por lo que el jefe de la policía Scarpia lo condena a muerte. Pero el barón desea a Tosca, novia de Cavaradossi, y le propone un trato indecente: salvarlo si sucumbe a su lujuria. Ella dice aceptar y Scarpia da en su presencia una orden falsa: fusilar a Cavaradossi en una ejecución simulada, «como hicimos con el Conde Palmieri». El esbirro comprende: deben fusilarlo de verdad. Y cuando Scarpia se abalanza sobre Tosca para cobrarse su falso perdón, recibe la puñalada mortal.

Al final del drama, Tosca alecciona a Mario para simular que cae, pero la ruidosa descarga no es de balas de fogueo y Cavaradossi muere de verdad. Se trata de una de las pocas ejecuciones y del único fusilamiento consumado a la vista del público en una ópera. Un argumento a favor del sadismo que los críticos de Puccini le reprochan en *Tosca*.

El carácter «volteriano» de Cavaradossi, ateo o cuando menos agnóstico, se revela en su célebre romanza *E luccevan le stelle* («Y brillaban las estrellas»), su «adiós a la vida» ante la inminencia de su fusilamiento, en la que, tras rechazar la atención de un sacerdote, lamenta morir «desesperado» cuando más amaba la única vida en la que cree, la de las noches de tórrido amor con su Tosca.

Floria Tosca (Elena Stikhina) y Mario Cavaradossi (Jonathan Burton) en la última escena de *Tosca*, de Giacomo Puccini.

No debe de ser fácil para un tenor hacerse el fusilado creíble delante del público, y menos con la presión que mete la ingenua Tosca cuando, en el momento de la caída de su novio, le lanza un beso al grito de *Ecco un artista!* El error habitual de los actores que, en el cine sobre todo, representan el papel de un fusilado, es el de dejarse caer a plomo como un títere al que le cortaran los hilos. La realidad es que el impacto de varios proyectiles disparados a tan corta distancia sobre un cuerpo lo despiden hacia atrás con tal fuerza que pueden desplazarlo varios metros. Y esa es la razón de ser del paredón.

Josef K. *(El proceso)*

Cuesta imaginar un proceso judicial más absurdo, opresivo y desesperante que el que describió Franz Kafka en la obra inacabada que su editor, Max Brod, se empeñó en publicar tras la muerte del escritor con el título de *El proceso*, cuya primera frase no puede ser más inquietante:

> Alguien tenía que haber calumniado a Josef K, pues fue detenido una mañana sin haber hecho nada malo.

Su protagonista, Josef K. (¿Kafka?) es un empleado de banca que resulta víctima de un despiadado juicio sin una acusación concreta que acaba destruyéndolo psicológicamente hasta el extremo de llegar a sentirse obligado a defenderse sin saber de qué.

La historia fue convertida en ópera por Gottfried von Einem y estrenada en 1953 en el mismo escenario que *La muerte de Danton*, el Festival de Salzburgo (el idilio del compositor con el ultraconservador Festival en la postguerra finalizó cuando propuso una colaboración con el apátrida comunista Bertolt Brecht.)

Einem aseguró que su intención era plasmar en música el fenómeno de la culpa existencial y para ello se sirvió del lenguaje dodecafónico. Durante algo menos de dos horas y a través de veintitantos personajes, *El proceso* de Einem trata de sostener sobre el escenario el de Kafka y a pesar de las dificultades de la empresa el resultado es convincente, gracias en parte a un lenguaje musical que no abjura de la tonalidad y proporciona momentos de sentido lirismo.

Al final Josef K. muere degollado por dos sicarios con un cuchillo de carnicero, «como un perro», sin que ni él ni los espectadores sepan por qué. Por su parte, Kafka murió a los 41 años víctima de una tuberculosis que le afectó a la laringe. Sus hábitos naturistas incluían no hervir la leche y eso pudo inocularle la infección. Gracias a ello, seguramente se libró de morir asesinado en un campo de concentración nazi, como sus hermanas, también, como Josef K., sin haber hecho nada malo.

Muerte por enterramiento en vida

Uno de los métodos de ejecución más atroces ideados por el hombre es enterrar vivo al condenado, aunque el grado de crueldad variaba dependiendo de las dos modalidades de llevarlo a cabo: el verdadero enterramiento o el emparedamiento.

En la primera, la víctima era literalmente sepultada viva en una fosa donde se le arrojaba y cubría de tierra por completo. En este caso, la pérdida de conciencia sobreviene en dos o tres minutos y la muerte por asfixia en diez o doce más. El emparedamiento, en cambio, consistía en encerrar al condenado en un espacio tan reducido que apenas podía moverse, desprovisto de luz, agua y comida, con lo que la muerte podía tardar días en liberar al desgraciado del espantoso tormento. Ha sido un método tradicionalmente utilizado para castigar a mujeres consagradas cuando incumplían el voto de castidad, desde vestales de la antigua Roma hasta monjas de clausura bien entrado el siglo XVIII.

En la ópera no se conoce ningún caso de enterramiento en vida pero sí uno de emparedamiento.

Radamés (*Aida*)

Los antiguos egipcios enterraban a sus muertos con posibles junto con un ajuar funerario para la otra vida, cuya riqueza variaba según la clase social a la que perteneciera el difunto, entre la máxima riqueza y opulencia de un faraón y la nada miserable de un esclavo, ya que en el más allá sus roles y por tanto sus necesidades serían los mismos para todos. A Radamés, el protagonista masculino de la Aida de Verdi, lo castigaron por traidor a enterrarlo vivo, por supuesto sin equipaje alguno, o eso pensaban tanto él como sus sepultureros.

A pesar de sus momentos de pompa coral sobre lujosos decorados, Aida es una ópera intimista, sobre todo en su escena final.

El general egipcio Radamés está tan enamorado de la esclava etíope Aida como la hija del Faraón, Amneris, lo está de él (triángulo TSM). A Radamés lo pillan revelando secretos militares a su amada para facilitar la huida de su padre, el rey etíope Amonasro y lo condenan a ser enterrado vivo, para desesperación de las dos rivales que se disputan su corazón. Ejecutan la pena encerrándolo en un sepulcro pero cuando sellan la entrada sin salida Radamés se encuentra en medio de la oscuridad con Aida, que ha decidido acompañarlo en el viaje a la otra existencia. Otro suicidio por amor.

Técnicamente, se trata más de un emparedamiento que de un enterramiento, pues la pareja necesita su espacio para cantar el dúo de despedida:

> ¡Oh tierra, adiós!
> Adiós valle de lágrimas,
> sueño de alegría
> condenado al fracaso.
> El cielo se abre para nosotros,
> y nuestras almas errantes
> vuelan hacia la luz del día eterno.

Suponiendo que se colara algo de oxígeno por alguna rendija, la pareja podría resistir viva entre cinco y diez días sin beber, dependiendo de factores como la temperatura y humedad del sepulcro (sin comer mucho más, hasta cuarenta, y eso si el primero en morir no le sirve de alimento al otro), que como sabemos también pudo acabar con ellos por golpe de calor. Los espectadores que se rompen las manos a aplaudir y las gargantas a gritar ¡bravi! tras la caída del telón no se paran a pensar en el horror que les aguarda a los desdichados amantes hasta que una muerte lenta y cruel los libere del confinamiento en un espacio estrecho, oscuro, sofocante y hediondo. Habría que ver en qué condiciones llegarían a la otra vida. Si es que la hay.

Linchamiento

Parece claro que la palabra linchamiento procede del apellido Lynch, pero no hay acuerdo sobre el nombre de pila: para unos, el de un alcalde irlandés del siglo xv llamado James; para otros, quizás con más veracidad, el de un juez virginiano del siglo xviii poco amigo de las garantías procesales, llamado Charles. En ambas historias hubo una ejecución sin juicio que, cuando es alentada por una muchedumbre excitada, se denomina linchamiento. En la ópera encontramos cuatro ejemplos de este horrible modo de morir.

Cardillac (*Cardillac*)

Si se admite que, al igual que filmes negros y novelas negras, existen óperas negras, un buen ejemplo sería *Cardillac*. Su autor, Paul Hindemith, creó tres óperas inspiradas en la relación entre el héroe solitario artista o científico y su sociedad: *Matías el pintor*, *Armonía del mundo* y *Cardillac*, protagonizadas respectivamente por el pintor Matías Grünewald, el astrónomo Johannes Kepler y el orfebre René Cardillac que, a diferencia de los anteriores, es un personaje de ficción extraído del relato de E.T.A. Hofmann *La señorita de Scuderi*.

El París del Rey Sol está conmocionado por una serie de asesinatos que comparten el mismo móvil: robarles las joyas que le habían comprado a Cardillac, un orfebre perfeccionista que siempre tarda demasiado en entregar los encargos de sus obras, reconocidas por todos como maravillosas obras de arte, a las que ama como a hijos y de las que acaba desprendiéndose de mala gana.

Un día, cierta dama le pide al caballero que la corteja algo tan peligroso como una joya de Cardillac en prueba de su amor. El caballero logra comprarle un magnífico cinturón de oro a Cardillac y, cuando está disfrutando de su recompensa en el lecho de la dama, una sombra que se cuela por la ventana lo asesina, toma el cinturón y escapa.

El proveedor de oro de Cardillac sospecha de él y cuando el oficial que pretende a la hija del orfebre consigue comprarle una cadena de oro, le sigue. En efecto, es Cardillac quien lo asalta y el comerciante lo denuncia, pero el oficial acusa a éste de ser el asesino y la policía lo conduce a la Cámara Ardiente para torturarlo hasta que confiese.

Cardillac, que no duda en desprenderse de su hija cuando el oficial le pide su mano, no soporta el remordimiento y confiesa que asesinaba a sus clientes para recuperar las joyas. La multitud, enfurecida, lo lincha, y así la sociedad le devuelve al artista lo que más les había dado: muerte.

El barítono Tauno Elp como *Cardillac*, de Paul Hindemith.

Moctezuma *(Motezuma)*

El 8 de noviembre de 1519 el *tlatoani* («emperador») mexica Motecuhzoma II Xocoyotzin (hoy conocido como Moctezuma) y el conquistador Hernán Cortés se encontraron por primera vez en la que hoy es Plaza del Zócalo de Ciudad de México. Siete meses después, Moctezuma murió en circunstancias no aclaradas del todo, aunque los historiadores dan por bueno que fue lapidado por su propio pueblo cuando trataba de apaciguar su ira desde una terraza del palacio Axayáctl, donde el tlatoani había alojado a los codiciosos invasores españoles.

En 1733 Antonio Vivaldi dio a conocer en Venecia su «dramma per musica» *Motezuma*, la primera ópera compuesta sobre la conquista de América, que se perdió tras la muerte del músico y fue reestrenada en 2005. El libreto de Girolamo Giusti poco tiene que ver con la historia: Fernando (Hernán Cortés) mantiene prisioneros a Moctezuma y su familia, pero el amor clandestino entre un hermano del jefe español, Ramiro (ambos papeles son interpretados por mezzosopranos), y una hija del azteca, Teutile, conducirán al *lieto fine*: Fernando devuelve el trono a Moctezuma a cambio de reconocer su vasallaje al rey de España y permitir la boda ente Ramiro y Teutile.

El 8 de noviembre de 2019, medio siglo exacto después de aquel histórico encuentro, el músico mexicano Samuel Máynez ofreció en el mismo escenario una versión «reivindicativa» de la historia representando la ópera de Vivaldi bajo el título *Motecuhzoma II*, en la que, por una vez, la alteración del final matando al protagonista en contra del libreto se ajusta a la verdad de los hechos. Aunque algunas fuentes indígenas aseguran que el jefe mexica fue estoqueado por los españoles, es más probable que fuera linchado a pedradas por sus indignados súbditos. Una de ellas le habría alcanzado mortalmente la cabeza, aunque no de modo instantáneo, pero un fraile testigo de los hechos aseguró que Moctezuma practicó el suicidio asistido bebiendo una pócima paralizante. En la versión de Máynez, el tlatoani recibe tanto pedradas como estocadas porque, según él, «lo mataron entre todos». Se han compuesto 28 óperas sobre la figura de Moctezuma y 15 sobre la de Hernán Cortés.

Penteo *(Las bacantes)*

Otro caso de linchamiento de un personaje, en este caso con un ensañamiento atroz, es el que sufre Penteo en *Die Bassariden* (*Las bacantes*), ópera de Hans Werner Henze con texto del tándem Auden/Kallman basado en la tragedia de Eurípides. Con una inusual estructura en los cuatro movimientos de una sinfonía, *Las bacantes* es una metáfora de la eterna lucha entre la pasión y la razón, entre el control de las emociones y el desmadre, la represión y el libertinaje, la sensatez y la locura, la castidad y la lujuria, la moderación y el exceso, el orden y el caos. En suma: entre el cromático Dioniso (el Baco romano) y el diatónico Penteo.

Las bacantes eran mujeres que servían al dios Baco y participaban en las orgías que se celebraban en su nombre, o bacanales. Acompañado de un cortejo de éstas, Dioniso regresa de incógnito a Tebas, donde reina su primo Penteo, para ajustarle las cuentas a éste y a las mujeres tebanas, entre ellas su madre Ágave y sus tías Ino y Autónoe, por prohibir su culto al haber negado su divinidad, ya que Penteo era contrario al desenfreno dionisíaco de sexo, drogas y alcohol, uno de cuyos ritos consistía en despedazar animales vivos y comérselos. Pero Dioniso se las apaña para introducirse en Penteo y enviarlo a una bacanal donde, confundiéndolo con un animal, las mujeres lo descuartizan y Ágave acaba mostrando su cabeza a los tebanos, creyendo que es la de un león sin saber que es la de su hijo. Pero, tras escuchar a Cadmo, Ágave comprende que ha asesinado a su hijo.

Las bacantes de Henze constituyen uno de los grandes logros operísticos del siglo xx y la demostración de que el género no murió con Strauss ni con Puccini.

Thomas Becket (*Asesinato en la catedral*)

En la tarde del 29 de diciembre de 1170, cuatro caballeros armados irrumpieron en la catedral de Canterbury y, sin mediar palabra, asesinaron salvajemente a espadazos al arzobispo y primado de la iglesia de Inglaterra, Thomas Becket, ante los aterrados fieles que rezaban el oficio de vísperas. En el pasado, Becket había sido muy amigo del rey Enrique II y también de la vida mundana, pero tras su nombramiento como arzobispo de Canterbury se volvió austero y se enfrentó a un monarca empeñado en someter la Iglesia católica a la jurisdicción real. Aunque no está demostrado que Enrique II ordenara la ejecución, parece que los cuatro caballeros —llamados Reginald Fitzurse, Hugh de Morville, William de Tracy y Richard Brito— entendieron que, matando al arzobispo, cumplían los deseos de su rey.

Basándose en el relato de un testigo presencial, el escritor y futuro premio Nobel de Literatura (1948) T.S. Eliot dio a conocer en 1935 su drama en verso *Asesinato en la catedral*, del que el músico italiano Ildebrando Pizzetti extrajo el libreto de su ópera homónima, que fue estrenada en la Scala de Milán en 1958. En esta versión, los asesinos carecen de nombre y, aunque solo son cuatro, perpetran un linchamiento en regla, aunque ellos consideran su crimen otra cosa bien distinta. Como el arzobispo se había negado a refugiarse en la catedral y prefirió dar la cara, aun sabiendo lo que le esperaba, nada más asesinarlo, los asesinos se vuelven hacia los espectadores para justificar su acción con estas cínicas palabras:

> Rogamos, señores, que nos escuchen
> sólo por unos instantes.
> Cuatro hombres contra uno... En verdad
> puede parecer una acción criminal (...)
> Pudo huir o mantenerse alejado de nosotros
> hasta que nuestra justa cólera se hubiese enfriado.
> De hecho, él insistió,

mientras estábamos encendidos por la ira,
en que fueran abiertas las puertas.
Entonces, somos justos,
¿quién mató al arzobispo?
En nuestra opinión, el único veredicto
que se puede pronunciar es este:
¡suicidio por enfermedad mental!

Thomas Becket/Tomás de Canterbury es santo por partida doble, católica y anglicana.

MUERTE POR EMOCIÓN INTENSA

TANNHÄUSER
*(Wolfram lleva hasta el féretro a
Tannhäuser que se desploma sobre
el cuerpo de Elisabeth, llorando)*
¡Bendita Elisabeth! ¡Ruega por mí!
(Muere)

(Acto III de Tannhäuser, de R. Wagner)

Personaje	Ópera	Motivo
Aarón	Moisés y Aarón	Fulminación
El Príncipe	Rusalka	Amor
Electra	Electra	Felicidad
Elisabeth	Tannhäuser	Pena
Elsa	Lohengrin	Angustia
Foscari	Los dos Foscari	Pena
Isolda	Tristán e Isolda	Amor
Kundry	Parsifal	Redención
La Condesa	La dama de picas	Susto
Leonor de Guzmán	La favorita	Desvanecimiento
Salud	La vida breve	Pena
Tannhäuser	Tannhäuser	Pena

¿Es posible morir de pena? ¿De angustia? ¿De felicidad? ¿De miedo? ¿De amor? La respuesta es sí, pero…

Paradójicamente, y gracias a los avances médicos, hoy un ser humano puede sobrevivir aunque no le funcione la víscera que lo regula todo, el cerebro (existe la «muerte cerebral»), pero no si lo que deja de funcionar es el corazón. La parada cardíaca conduce a la muerte en pocos minutos si no se realizan con éxito las maniobras apropiadamente denominadas de resucitación. La muerte cardíaca ocurre cuando el músculo autónomo que bombea la sangre hasta el último rincón de nuestro organismo entre cincuenta y cien veces por minuto se queda sin su propio aporte de oxígeno. Y la causa de esta interrupción fatal del suministro al suministrador es la obstrucción de las arterias que lo riegan, produciéndose el temible infarto agudo de miocardio.

A pesar de ser el único animal racional de la creación, hay funciones del organismo que el hombre no puede controlar porque están reguladas por la parte más primitiva de su encéfalo, común a las demás especies. Una de ellas es la liberación por las glándulas suprarrenales de un neurotransmisor llamado adrenalina, cuya secreción aumenta en situaciones de alarma ante un peligro. Cuando un mamífero detecta la presencia de un depredador acechándolo, las suprarrenales producen una descarga de adrenalina que lo preparan para la huida aumentando la frecuencia cardíaca y por tanto la oxigenación de los músculos que pueden permitirle sobrevivir al ataque. Casi toda la manada se pone a salvo corriendo, pero siempre hay algún individuo menos fuerte al que el león, el lobo o el guepardo huelen y atrapan.

Algo así sucede en el ser humano. Una fuerte emoción súbita aumenta la secreción de adrenalina que nos prepara para salir corriendo, disparando los latidos de nuestro corazón para hacerle trabajar con intensidad superior a la de reposo. En la mayoría de los casos la situación es pasajera y un corazón sano recuperará la normalidad en cuanto pase el susto. Pero un corazón enfermo puede no resistir el estrechamiento de las arterias que lo nutren ocasionado por la adrenalina y sucumbir al impacto emocional.

Esto podría explicar, sí, que Salud se muera de pena cuando comprueba que su novio se está casando con otra, Isolda de amor ante el cadáver de su amado Tristán o Electra del subidón de alegría que le produce la muerte de su madre a manos de su hermano. Pero…

El problema es que, a diferencia de la anciana Condesa (*La dama de picas*), que se muere del susto que le da Herman cuando la amenaza con su pistola, la mayoría de los personajes operísticos que fallecen de emoción intensa son muy jóvenes y casi siempre mujeres, así que, salvo que padeciesen alguna patología cardiovascular congénita o hereditaria, su muerte por desvanecimiento casi al final del último acto obedece más a la necesidad de proporcionar un final trágico a la ópera que a una parada cardiorrespiratoria.

El hecho es que en muchas óperas es difícil distinguir la muerte natural producida por una patología cardíaca de la que pueden provocar una emoción intensa. El choque emocional producido por un acontecimiento insoportable o un trauma psíquico también es una modalidad de violencia, aunque no se deba a una agresión corporal.

La defunción por emoción violenta o «desvanecimiento», por lo tanto, es un artificio teatral poco verosímil al tratarse de mujeres jóvenes y sanas que fallecen de repente y siempre justo antes de acabar la representación. Es la modalidad de muerte en escena que los libretistas depararon, por ejemplo, a *Lucrezia Borgia*, Leonor (*La Favorita*), Salud (*La vida breve*), *Thaïs*, Margarita (*Faust*), Kundry (*Parsifal*) o Isolda (*Tristán e Isolda*). El público comprende que la heroína perezca si se envenena, se precipita al río o se inmola en la pira funeraria. Pero, ¿así, sin más?

En cambio, la muerte por esa especie de desmayo letal es poco varonil. En el repertorio más trillado sólo se dan dos casos: el del zar Boris (*Boris Godunov*), que como vimos parece encajar en el cuadro clínico del infarto de miocardio, y el del minnesänger (trovador) *Tannhäuser*, única ópera en la que ambos protagonistas (él y Elisabeth) se despiden de la vida y del auditorio con una muerte tan poco explicable como el desfallecimiento. Como veremos a continuación, este fue el procedimiento preferido por Wagner para despachar a sus heroínas, como el suicidio lo fue para Puccini.

Aarón (*Moisés y Aarón*)

Arnold Schönberg, el paradójico autor de un académico tratado de armonía tradicional de la que más tarde abjuró para inventar el dodecafonismo, reaccionó al antisemitismo nazi recuperando oficialmente la fe judaica de sus mayores. *Moses und Aron*, su última ópera, se basa en los conocidos acontecimientos narrados en el Éxodo bíblico, aunque los dos hermanos protagonistas no pueden ser más contrapuestos. Moisés, tartamudo según la Biblia, no canta sino que el barítono-bajo que lo encarna se expresa mediante la técnica vocal denominada *sprechgesang* («canto hablado» o «habla cantada»), mientras que el de Aarón es un rol vocal muy exigente para tenor. Ambos son como las dos caras de la moneda que simboliza la naturaleza humana.

Moisés es el intelectual capaz de creer en un dios espiritual e intangible. En cambio Aarón tolera el culto a un ídolo al que el pueblo puede ver, tocar, pasear en procesión y ofrecer sacrificios. El antagonismo entre los hermanos queda perfectamente resumido en estas palabras con las que Aarón se justifica ante Moisés cuando éste lo encarcela por permitir que el pueblo, cansado de esperar su bajada del Sinaí, se inventara un dios con forma de becerro de oro:

> Yo tenía que hablar en imágenes,
> tú en conceptos;
> yo al corazón, tú al cerebro.

El libreto, obra del propio Schönberg, se despacha a gusto describiendo el desenfreno de la bacanal que se desata tras el degollamiento de las cuatro vírgenes desnudas:

(La multitud se entrega a la destrucción y al suicidio; se hacen pedazos objetos de todo tipo: espadas, puñales, lanzas, jarras, utensilios, etc. En la confusión, algunos se lanzan sobre los objetos y armas, otros caen sobre las espadas. Otros se arrojan al fuego y corren envueltos en llamas por el escenario. Algunos saltan desde lo alto de la roca, etc. Todo se acompaña de danzas salvajes).

A esta orgía de suicidio sigue otra enólico-sexual:

(Todo un cortejo de personas desnudas, gritando, pasan corriendo junto al altar y desaparecen por el fondo. Tras la salida de las personas desnudas, el escenario se vacía; la excitación, el delirio y la embriaguez ceden paso a la extenuación y el cansancio; muchos caen dormidos y otros se retiran en silencio. Del fondo llegan todavía cantos y música, siempre desde sitios diferentes).

Nada de esto puede leerse en el Libro del Éxodo. Ni tampoco, desde luego, que Aarón muriera de un ataque de libertad. Pues cuando los soldados que custodian a Aarón cargado de cadenas le preguntan a Moisés si hay que matarlo, éste les contesta que no. Que lo dejen libre y, «que viva, si puede».

Nada más liberarlo, Aarón «cae muerto», dejando claro que no podía.

El Príncipe *(Rusalka)*

El compositor bohemio Antonin Dvorák compuso once óperas de las que solo *Rusalka* se mantiene en el repertorio fuera de su país de origen. Su libreto se basa en varias obras, entre ellas el cuento *La pequeña doncella del mar*, de Hans Christian Andersen, popularmente conocido como «La sirenita» y concluye con una de las muertes más insólitas ocurridas sobre un escenario: a besos.

La ondina Rusalka se enamora de un humano al que contempla cuando se baña en el lago y con ayuda de una hechicera logra desertar de su mundo acuático para ir en su busca, pero al precio de perder la voz a cambio de dos piernas en lugar de su cola de pez.

El humano resulta ser un príncipe que se enamora al instante de ella pero, confundido ante su incomprensible silencio, acaba enrollándose con una princesa y la pobre Rusalka regresa al agua, donde encima le espera el rechazo de sus antiguas compañeras. Rusalka recurre de nuevo a la bruja para volver a su estado original, quen le responde que para conseguirlo deberá matar al Príncipe. Éste acude al lago en busca de su verdadero amor y Rusalka le advierte de que su beso lo matará, pero él acepta morir antes que vivir sin ella y la ondina lo cubre de besos hasta la muerte. Otra muerte de amor.

Puede parecer un atrevimiento escénico que la soprano protagonista de una ópera pierda la capacidad de cantar, pero Rusalka solo enmudece un rato, no como *La muda de Portici*, que no abre la boca en toda la ópera, y tiene tiempo para entonar su bella aria conocida como «Canción de la luna» en la que, después de preguntarle dónde está su amor, la ninfa acuática le ruega al satélite lo siguiente:

> Dile, Luna plateada,
> Que es mi brazo quien lo abraza,
> Para que se acuerde de mí
> Al menos un instante.

El abrazo de una sirena puede llegar a ser más peligroso que el del oso.

La soprano Pumeza Matshikiza en el papel de *Rusalka*, de Antonín Dvořák.

Electra (*Electra*)

En otro apartado nos ocupamos de las muertes de Clitemnestra y Egisto por la espada de Orestes en la *Elektra* de Richard Strauss, una tragedia que finaliza con el desplome de la protagonista mientras baila ebria de «triunfo y éxtasis».

Hija mayor del rey Agamenón de Micenas, la pequeña Elektra fue testigo del asesinato a hachazos de su padre en la bañera y desde entonces merodea por los aledaños del palacio como un animal herido, sin otra idea en la mente que vengarse matando a los asesinos, su madre Clitemnestra y el amante de ésta, Egisto.

Para conseguirlo cuenta con el regreso de su hermano Orestes, y con el hacha vengadora que guarda celosamente. La falsa noticia de su muerte, que arranca histéricas carcajadas a su madre, le obliga a tomar la iniciativa tratando de convencer a su hermana para hacer ellas el trabajo. Pero la pragmática Crisotemis prefiere olvidar el pasado y llevar una vida normal, o sea casarse y tener hijos. Electra la desprecia y cuando más sola y desesperada se siente aparece Orestes dispuesto a matar a los adúlteros.

El terrible ajuste de cuentas tiene lugar fuera de escena pero Strauss lo describe con crudeza mediante la música. Al primer alarido de su madre, Electra muy excitada, grita: «¡Golpea una vez más!» Inmediatamente después Orestes se encarga de Egisto y entonces explota toda la tensión acumulada durante años en una mente torturada por sentimientos tan fuertes como el dolor por la trágica pérdida del padre al que idolatras y el odio hacia la mujer que te trajo al mundo, por haberlo asesinado. La muerte de Clitemnestra transfigura a Electra:

> No fui más que un negro cadáver,
> y ahora me he convertido
> en el fuego de la vida,
> y mi llama consume
> la obscuridad del mundo.

En lugar de unirse al júbilo que se desata en palacio en torno al héroe de la matanza, Elektra permanece fuera de sus muros y lo celebra entregándose a una danza frenética porque

> ¡A quien sea tan dichoso como nosotros,
> sólo le queda callar y bailar!

Y a continuación morir, porque cumplida la venganza, la vida de Electra carece de sentido.

Elisabeth y Tannhäuser *(Tannhäuser)*

Richard Wagner compuso dos óperas en las que se celebra un concurso de canto: la comedia *Los maestros cantores de Núremberg* y *Tannhäuser y el torneo de canto en el Wartburg. Tannhäuser,* como se conoce a secas, ocupa el lugar central en la llamada trilogía romántica del compositor, entre *El holandés errante* y la cima de la ópera romántica alemana, *Lohengrin.*

El estreno tuvo lugar en 1845 en la Ópera de Dresde, de la que Wagner era *kapellmeister* (director musical). Pero el músico estaba obsesionado con triunfar en la capital mundial de la ópera, París, y revisó la obra para su reestreno en 1861, con notables influencias de *Tristán e Isolda,* compuesta entre ambas fechas. El «Tannhäuser de París» se saldó con un estrepitoso fracaso que sólo en parte tuvo que ver con el famoso escándalo que montaron los petimetres del Jockey Club cuando irrumpieron en el teatro para reventar el segundo acto porque las bailarinas ya habían actuado entre la Obertura y el primero.

El caballero Heinrich Tannhäuser, prometido de Elisabeth, sobrina del Landgrave de Turingia, desapareció un día sin dejar rastro para convertirse en amante de la diosa Venus hasta que, harto de tanto sexo y añorante de su mundo, la abandona para peregrinar a Roma. Pero sus antiguos compañeros le cuentan lo triste que está Elisabeth desde que se fue y decide regresar al Wartburg, donde se va a celebrar un certamen de canto con el amor como tema obligado y, de su propia mano, el premio que establezca Elisabeth. Los otros *minnesänger* (trovadores), unos estrechos, entonan poéticos cantos al amor virtuoso pero Tannhäuser elogia el carnal y acaba confesando que estuvo en el Venusberg. Sus rivales se disponen a matarlo allí mismo pero Elisabeth lo impide y les convence para que le permitan peregrinar a Roma en pos de la redención.

Ante la gravedad de su pecado, el papa le niega el perdón —antes florecería su báculo— y Tannhäuser regresa desesperado para encima encontrarse con que Elisabeth, que buscó en vano a su amado entre el coro de peregrinos que regresaba de Roma, ha fallecido de pena. Venus aprovecha para tentarlo de regresar con ella pero su ex amante muere inundado en lágrimas sobre el ataúd de su «bendita Elisabeth» cuando el coro de los jóvenes peregrinos anuncia el milagro del florecimiento del báculo papal. Como el Holandés y Senta, Sigfrido y Brunilda o Tristán e Isolda, Tannhäuser alcanza la redención por el amor al precio de su muerte.

Elsa *(Lohengrin)*

Exceptuando a Eva, la protagonista de *Los Maestros Cantores de Núremberg*, todas las heroínas wagnerianas mueren. Dos de ellas, Senta y Brunilda, inmolándose, la una en el mar y la otra en el fuego, y las demás de alguna intensa emoción: Kundry, de dicha por la redención; Isolda, de amor; y Elisabeth y Elsa, de pena, aunque de lo que esta última se moría en realidad era de curiosidad.

Acusada de haber matado a su hermano menor para heredar el ducado de Brabante, Elsa sueña que un caballero de resplandeciente armadura acude en su auxilio. Todos creen que delira, pero el rey Enrique I el Pajarero le da una oportunidad convocando al campeón que defienda su verdad en un juicio de Dios, y se produce el milagro: el caballero de sus sueños llega por el río Escalda en una barquilla tirada por un cisne. Está dispuesto a luchar por ella contra su acusador y, si lo vence, a casarse con ella y formar un hogar en Brabante, pero con la condición de no preguntarle nunca cómo se llama ni de dónde viene. Elsa acepta, el caballero vence y la boda se fija para el día siguiente. Pero la malvada esposa de Telramund, Ortrud, inocula en la muchacha el veneno de la duda y ésta acaba formulando la pregunta prohibida que lo echa todo a perder. El caballero se llama Lohengrin y es hijo de Parsifal, que reina en el templo-fortaleza de Monsalvat donde se custodia el Santo Grial. Los guardianes de la mítica reliquia, inagotable fuente de energía física y espiritual, salen al mundo a desfacer entuertos cual quijotes pero han de regresar si revelan su origen.

Antes de partir dejando a Elsa compuesta y sin novio, Lohengrin deshace el hechizo de Ortrud que mantenía a su hermanito convertido en el cisne que tiraba de la barquilla. Ahora tendrá que hacer el trabajo la paloma que cada año desciende del cielo para infundir nueva fuerza al poder milagroso del Grial. Elsa no llega a abrazar a su hermano porque cae sin vida a sus pies mientras el coro estalla en el amargo *Weh!* (¡Ay!) en modo menor con el que concluye la ópera más «italiana» de Wagner, pero también la más pesimista: la bondad y la justicia no pueden contra la maldad. La curiosidad mató a Elsa.

Lohengrin (Aleš Briscein) y Dana Burešová (Elsa) en *Lohengrin*, de Richard Wagner.

Foscari (*Los dos Foscari*)

En otros capítulos hemos abordado la importancia de la figura del padre y de la relación paterno-filial en la obra Giuseppe Verdi. En *I due Foscari*, su sexta ópera y la primera de las once que compuso en el lustro «de galeras»

(1844-1850), Verdi llevó esa relación al extremo de que ambos Foscari, padre (Francesco, Dux de Venecia) e hijo (Jacopo) mueren de la misma pena compartida: el uno por condenar injustamente al exilio a su hijo y el otro por no poder soportarlo.

Como de costumbre, el libreto de Piave, basado en el drama homónimo de lord Byron, es poco respetuoso no ya con el texto original sino con la historia.

Francesco Foscari fue el dux de la república de Venecia que más tiempo desempeñó el cargo (34 años) y acabó su mandato amargado por los sucesos que afectaron al único hijo suyo que sobrevivió a la peste, llamado Jacopo. El poderoso Consejo de los Diez lo condenó al destierro por supuesta corrupción (aceptar soborno de los Visconti, eternos rivales milaneses de Venecia) y más tarde fue acusado de la muerte de un miembro del Consejo, por lo que fue encarcelado a perpetuidad. Estos hechos arruinaron la vida de su padre, que acabó renunciando y falleció «de melancolía» una semana después.

En la ópera, Jacopo es acusado injustamente de alta traición y asesinato. Su esposa Lucrecia defiende la inocencia de su marido pero el Dux no puede comportarse como padre sino como gobernante y se ve obligado a acatar la sentencia y desterrar a su hijo a la isla de Creta, lo que desgarra los corazones del padre, del hijo y de su corajuda nuera. La confesión del verdadero asesino no salvará a Jacopo, ya que muere de congoja durante la travesía. Presionado por sus enemigos, entre los que destaca el resentido Loredano (sobrino del rival que perdió la elección de dux contra Foscari), Francesco dimite y al poco tiempo fallece sobrepasado por la amargura y el dolor.

Esta obra de juventud de Verdi (1844), que algunos críticos consideran «experimental», es una rareza argumental porque carece del obligado conflicto amoroso que está presente en casi todas las óperas de la época. La muerte de pena (que no la pena de muerte) es rara en Verdi, más aún afectando a un varón y desde luego a dos. Los dos Foscari.

Isolda *(Tristán e Isolda)*

> «La perfección del amor es morir por amor.»
> (Denis de Rougemont)

Como ya sabemos, la muerte de la pareja protagonista es frecuente en los dramas wagnerianos: Senta y el Holandés, Tannhäuser y Elisabeth, Sigfrido y Brunilda y Tristán e Isolda perecen cerca del final del tercer acto. Pero en la ópera wagneriana que nadie ha osado descalificar, el *Tristán*, el final les llega a los protagonistas de muy diferente manera. Él, ya lo vimos, por herida de arma blanca. Ella, de amor.

Muchos personajes operísticos de ambos sexos mueren a causa de sus amores, pero sólo una de Amor: la princesa irlandesa Isolda, apodada «la bella» para diferenciarla de la Isolda de Bretaña, «la de las manos blancas». En la narración artúrica de la leyenda, Tristán se lía con la esposa del rey Marke y cuando éste se entera lo destierra de Cornualles a Bretaña. Aquí conoce a la otra Isolda, con la que se casa porque se llama igual que la que sigue amando y por la que no consuma el matrimonio. Para su drama *Tristan und Isolde*, hito fundamental en la historia no sólo de la ópera sino de la música occidental, Richard Wagner echó mano de la Isolda irlandesa para «levantar un monumento al más bello de los sueños, en el cual ha de satisfacerse, de principio a fin, el amor».

Tristán e Isolda. La muerte. Óleo de Rogelio de Egusgiza (1910). Museo de Bellas Artes de Bilbao.

Como sabemos, en el segundo acto Tristán se deja herir por Melot y su fiel Kurvenal se lo lleva al castillo familiar de Kareol, donde aguardan la llegada de Isolda, heredera de las habilidades curativas de su madre. Pero la irlandesa llega en su barco de velas blancas demasiado tarde y su amado Tristán muere en sus brazos. En un segundo barco llegan a Kareol el rey Marke dispuesto a perdonarlos tras confesar Brangania su culpa. Después de matarse entre sí Kurwenal y Melot, Isolda protagoniza su particular escena de la locura cantando su Liebestod («Muerte de amor») que finaliza con estas palabras, epitafio perfecto para la tumba del más hermoso de los sueños:

En el fluctuante torrente,
en la resonancia armoniosa,
en el infinito hálito

del alma universal,
en el gran Todo...
perderse, sumergirse...
sin conciencia...
¡supremo deleite!

Isolda se desvanece sobre el cuerpo de Tristán. Al fin han alcanzado su anhelada liberación del mundo, su refugio eterno en una noche infinita de amor y de muerte. Al mismo tiempo, tras cuatro horas de cromatismo casi insoportable, la orquesta libera al oyente de tamaña tensión disolviéndola en un acorde conclusivo sereno y apacible, al fin diatónico.

Kundry *(Parsifal)*

Parsifal es la única ópera de la historia concebida para representarla en un teatro concreto y sólo en él. Gracias a una voluntad sobrehumana —y al mecenazgo de Luis II, un rey mucho más cuerdo de cómo lo pintan— Wagner logró el milagro de erigir en un pequeño pueblo de Franconia llamado Bayreuth el Festspielhaus (literalmente, «casa de los festivales»), un teatro de diseño revolucionario donde representar exclusivamente sus obras. Casi siglo y medio después de su inauguración, bajo la dirección de una bisnieta del genio, Bayreuth continúa siendo un templo al que todo wagneriano que se precie debería peregrinar al menos una vez en la vida.

Wagner no logró que su teatro retuviera la exclusiva de *Parsifal* más allá de los treinta años que permitía le ley, pero sí consiguió que su «festival escénico sagrado» no sonara en ningún otro teatro del mundo como en el suyo ya que lo compuso teniendo en cuenta las especiales condiciones acústicas de la sala.

Kundry es el personaje femenino más complejo, enigmático y fascinante de cuantos concibió Wagner. Representa a la mujer en todos los tiempos como instrumento de tentación (Eva), maldición (Herodías), perdición (Dalila) o de amor, consuelo y auxilio (María Magdalena, la Samaritana). Kundry encarna un complejo simbolismo universal, pues representa la influencia de la mujer en la Humanidad: agente involuntaria del mal (por la fuerza de la seducción carnal) y agente voluntaria del bien (por la fuerza del amor, de la devoción y de la servidumbre). Posee una doble naturaleza, maléfica y benéfica, seductora de hombres y, a la vez, sujeta a sueños de elevados misticismos; es al mismo tiempo servidora del malvado Klingsor y del santo Grial, y suspira siempre por su redención.

La escena final de *Parsifal* es la apoteosis de esa Redención que Wagner persiguió para sí mismo a través de todas sus obras. Cuando el «puro necio» del primer acto eleva el sagrado cáliz convertido en el nuevo soberano de Monsalvat al final del tercero, el coro proclama la «redención al redentor» y «*Kundry, mirando a Parsifal, cae lentamente a sus pies*».

Una vez más, y ya por última, Wagner impone a sus personajes la muerte como peaje de su salvación. El músico fallecería de un brutal infarto de miocardio cinco meses después del estreno de su despedida musical consciente.

La Condesa (*La dama de picas*)

En otros apartados nos hemos ocupado de los suicidios de Herman y Lisa en *La dama de picas*, de Chaikovski. El título de la obra es el sobrenombre de la vieja condesa, tía de Lisa, conocedora del secreto de los tres naipes que siempre ganan. Pero dejemos que sea Tomsky, un personaje secundario, quien nos cuente su historia:

> Un día, en Versalles, en el Juego de la Reina,
> la Venus Moscovita acababa de perderlo todo.
> Entre los invitados se encontraba el conde de Saint-Germain
> asistiendo al juego, él la oyó murmurar:
> «¡Oh, Dios mío, si pudiera recuperarlo todo,
> si tan sólo tuviera aún con qué apostar sobre tres cartas!..»
> El Conde aprovechó el momento:
> «Condesa, al precio de una cita si lo desea,
> yo quiero indicarle las tres cartas».
> Al día siguiente, la Condesa se presenta de nuevo,
> sin un centavo, al Juego de la Reina.
> Sin dudar, apuesta sobre las tres cartas
> y recupera todos sus bienes, pero... ¡A qué precio!
> Un día, le reveló las cartas a su marido,
> en otra ocasión, un joven galán las supo,
> pero la misma noche, tan pronto como ella se quedó sola,
> apareció un espectro y le dijo amenazador:
> «Morirás la tercera vez que lo digas,
> será a alguien que ardiendo de amor,
> te forzará a que le reveles las tres cartas.

Lisa entrega a Herman la llave de su dormitorio para un encuentro nocturno, pero por el camino se encuentra con la condesa que, desvelada, recuerda su glorioso pasado sentada en un orejero. Cuando se planta ante ella Herman para suplicarle el secreto de las tres cartas la anciana enmudece paralizada por el miedo. Entonces él saca su pistola descargada para presionarla y la condesa muere de repente, para desesperación de Herman.

Lo que coloquialmente denominamos «susto mortal» puede explicarse en cardiología como «miocardiopatía de estrés», «síndrome del corazón roto» o enfermedad de Tako-tsubo. Aunque comparte algunos de sus síntomas (dolor en el pecho, dificultad para respirar) no tiene relación con la isquemia o el infarto y es más frecuente en mujeres incluso jóvenes y sanas, aunque puede acarrear consecuencias fatales en mayores si padecen una cardiopatía previa. En caso de muerte solo la autopsia podría determinar la verdadera causa de la parada cardíaca, pero en este caso no procedía, ya que la vieja condesa aún debe reaparecer dos veces en el tercer acto, aunque ya como espectro: la primera, para revelarle a Herman las tres cartas (tres, siete, as), y la segunda, para burlarse de él cuando, en lugar del esperado as, recibe la dama de picas que da nombre a la ópera.

Leonor de Guzmán *(La favorita)*

La historia: Alfonso XI de Castilla se casó en segundas nupcias con su prima María, hija del rey Alfonso IV de Portugal, de la que tampoco obtuvo heredero al trono. Después se enamoró de una joven y hermosa viuda, Leonor de Guzmán, que le dio nada menos que diez hijos, entre ellos el futuro Enrique II de Castilla, el primer Trastámara.

La leyenda: para no perder el interés de su esposo, la reina María encarga un filtro de amor que por error va a parar a un convento, donde lo bebe el novicio Fernando. Éste se pone a cien, abandona el convento y en una fiesta palaciega se enamora de Leonor sin saber que es la favorita del rey. Alfonso, amenazado de excomunión por adúltero, consiente la unión entre su amante y Fernando. Pero cuando el exclaustrado se entera del apaño, y de que su esposa seguirá siendo la amante del rey, se desengaña de la vida mundana y reingresa en el convento.

El libreto —de Alphonse Royer y Gustave Vaëz— para *La favorita*, de Donizetti: el suegro de Alfonso XI no es el rey portugués sino Baltasar, el superior del convento que abandona Fernando por el amor de Leonor sin saber que se trata de la amante del rey. Éste planea repudiar a su esposa pero su suegro lo amenaza con la excomunión. Enterado de que Fernando y Leonor se aman ordena su boda inmediata, pero cuando Fernando descubre la verdadera identidad de Leonor se vuelve al convento. La reina —que no aparece por el escenario— muere de pena y Leonor, muy

Matthew Polenzani (Fernando), Elīna Garanča (Leonor) y Mariusz Kwiecień (Alfonso) en una versión de *La favorita*, de Gaetano Donizetti.

tocada, acude al convento disfrazada de novicia. Tras un rechazo inicial, la brasa del amor se reaviva en Fernando pero Leonor se desvanece para siempre prometiendo reunirse con su amado más allá de la tumba.

La burda manipulación de hechos históricos al servicio de infames libretos nunca ha preocupado a los amantes de las exhibiciones vocales que caracterizan al bel canto. Los aficionados a este tipo de ópera que dominó los escenarios en el primer tercio del siglo XIX no compran su entrada para tomar lecciones de historia precisamente, sino para disfrutar con las florituras que sus divos favoritos despliegan en la interminable sucesión de arias y cabaletas que colman las partituras surgidas de la inagotable inventiva vocal de Rossini, Bellini o Donizetti.

Óperas tan flojas como *La fille du régiment* seguirán programándose mientras exista un público que compre la entrada solo para escuchar los nueve do «de pecho» que lanza Tonio en el aria *Ah! Mes amis, quel jour de fête* y que Donizetti nunca escribió en su partitura. Tonio es un personaje tirolés y el pasaje está pensado para entonar los dos famosos do sobreagudos en falsete, a lo yodel (canto típico tirolés), pero el posterior desarrollo de la técnica vocal permite a algunos tenores ligeros emitir a plena voz esta nota, para delirio de los espectadores[22].

Salud (*La vida breve*)

A diferencia de otras naciones de acusada personalidad como Alemania, Rusia, Chequia, Hungría o Polonia, España carece de una ópera nacional. La razón es doble: la absoluta hegemonía de la ópera italiana y el gusto por un género musical escénico tan genuinamente español como la zarzuela, en sus modalidades grande y «género chico».

La vida breve de Manuel de Falla es una de las pocas óperas españolas conocidas, aunque rara vez se representa. Dura poco más de una hora y sus momentos estelares no son ni arias ni dúos sino dos célebres «danzas españolas» que adquieren vida propia en partituras y salas de concierto.

Salud es una gitanilla del Albaicín granadino perdidamente enamorada de Paco, un señorito de buena familia comprometido con una de su clase social. Cuando la desventurada se entera de que su Paco se casa con Carmela, se presenta en el patio donde se celebra la boda para reprocharle su infidelidad y sus falsas promesas. Delante de todos los invitados —y de los bailarines de la celebérrima danza del acto II— Paco niega conocerla y ordena que la echen. Un trauma psicológico agudo que podría justificar el patatús mortal de la sensible «chavala».

---

22 En 2007 el tenor peruano Juan Diego Flórez logró la hazaña de repetir la célebre aria (calificada de «el Everest de los tenores») en el Teatro alla Scala, rompiendo así la tradición del templo lírico milanés de no conceder bises, vigente desde 1933.

IV. PERSONAJES OPERÍSTICOS QUE MUEREN 199

Cuando la desdichada Salud se aproxima a la casa, oye cantar a Paco el estribillo de la premonitoria copla que surge de la fragua al comienzo de la ópera:

Mal haya quien nace yunque
en vez de nacer martillo.

Como muchas gitanas del Albaicín, la gitana Salud tuvo la desgracia de nacer yunque.

MUERTE POR COMBUSTIÓN

BROGNI
¡Responde!
¿Mi hija, existe aún?
ELEAZAR
¡Sí!
BROGNI
¡Dios! ¿Dónde está?
(*arrojan a Raquel a la hoguera*)
ELEAZAR
¡Ahí!

(*Acto V de La judía, de J.F. Halévy*)

Personaje	Ópera	Motivo
Azucena	El trovador	Quema
Brunilda	Sigurd y El Ocaso	Inmolación
Dosifei, Marfa y Andrei	Jovánschina	Inmolación
El prisionero	El prisionero	Quema
Grandier	Los demonios de Loudun	Quema
Juana	Juana de Arco	Quema
La Bruja	Hansel y Gretel	Quema
Medea	Medea	Inmolación
Norma y Pollione	Norma	Inmolación
Rachel	La judía	Quema
Renata	El ángel de fuego	Quema
Silvana	La llama	Quema
Wotan	El ocaso de los dioses	Inmolación

La muerte en la hoguera

La experiencia del intenso dolor que produce el calor intenso aplicado sobre la piel ha inducido al malvado ser humano a utilizarlo como método de tortura y asesinato desde los tiempos prehistóricos hasta nuestros días. En la Alta Edad media se instituyó en Europa la muerte en la hoguera como castigo oficial de la herejía y más tarde, de la brujería. La justificación se buscó en un capítulo evangélico que contiene una metáfora vitícola: «Si alguno no permanece en mí, es arrojado fuera, como el sarmiento, y se seca; luego los recogen, los echan al fuego, y arden» (Juan, 15:6).

Se procuraba ejecutar en días festivos, para reunir al mayor número posible de espectadores del escarmiento. Los reos eran atados a postes tan largos que permitieran exponer el cuerpo por encima del material combustible, aunque a veces se amontonaba en torno a él paja mezclada con leña hasta la barbilla. Los desgraciados podían librarse del tormento hasta el último instante si se retractaban ante los clérigos, quienes daban la orden de comenzar la quema a los verdugos si la abjuración no se producía. Para evitar que restos de los quemados pudiesen convertirse en reliquias venerables, procuraban que sus cuerpos se consumieran por completo.

Entre las razones por las que la iglesia romana escogió el tormento del fuego como «pena natural» para eliminar a los enemigos de su fe se han invocado el efecto purificador del fuego, las llamas como puerta de entrada al infierno y la privación de la futura resurrección el día del Juicio Final, al no quedar ni rastro del cuerpo.

La acción directa de la llama sobre la piel humana produce su completa destrucción en cuestión de segundos. En estas quemaduras totales, denominadas médicamente de tercer grado, la eliminación de la piel completa (dermis y epidermis) incluye sus terminaciones nerviosas o receptores del dolor, por lo que la parte de superficie corporal afectada permanece indolora. Paradójicamente, resulta mucho más dolorosa una quemadura de primer grado como la producida al tocar una fuente de calor intenso, donde la piel afectada sólo sufre un enrojecimiento pasajero.

Otro mito relacionado con la combustión humana es la presunta prolongación del sufrimiento si la leña apiñada a sus pies estaba húmeda o verde todavía, como ejercicio de ensañamiento. En realidad, de lo que morían realmente muchos quemados era de asfixia por aspiración del humo, precisamente más abundante cuando el combustible tarda en arder.

A pesar del explicable pánico a arder de los teatros de ópera antiguos, el fuego está presente en muchas óperas que se estrenaron en el siglo XIX, el de los grandes incendios, bien como vehículo de un cataclismo cósmico (*El ocaso de los dioses*), bien como mecanismo de muerte individual. En este caso, el más frecuente, los personajes operísticos que perecen por combustión son mayoritariamente femeninos y hay dos causas principales del fuego:

el homicidio en forma de ejecución, por herejía o brujería, y el suicidio, ennoblecido con el calificativo de «inmolación». Veamos algunos casos pertenecientes al primer grupo.

A. Muerte por quema

Azucena *(El trovador)*

El decimoctavo título de Verdi y segundo de la «trilogía popular» (entre *Rigoletto* y *La Traviata*), *Il Trovatore*, ha demostrado que un libreto absurdo no impide el éxito inmediato e imperecedero de una ópera. Desde su estreno en el Teatro Apollo de Roma en 1853, *El trovador* se mantiene como una de las óperas más apreciadas por los aficionados de todo el mundo, a pesar del infumable texto extraído del drama romántico homónimo de Antonio García Gutiérrez. Una trama tremebunda donde no faltan la cremación en vivo, el infanticidio, el suicidio por veneno y la ejecución sumarísima. Pero la abundancia de arias, romanzas, cavatinas, dúos, tercetos, concertantes y coros de la máxima calidad permitieron a Verdi zanjar la vieja polémica del *prima la música, poi le parole* superando con creces un argumento deplorable con una música maravillosa.

Escena de *El Trovador*, de Giuseppe Verdi, protagonizada por Dolora Zajick en el rol de Azucena.

En la época de la caza de brujas se creía que las hijas de las hechiceras heredaban sus poderes diabólicos. La madre de la gitana Azucena fue quemada por embrujar presuntamente al hijo menor del Conde de Luna y Azucena quiso vengarse raptando y arrojando al fuego al pequeño pero se equivocó de niño y abrasó al suyo. Entonces adoptó al hijo del conde y lo crió como propio con el nombre de Manrico, el futuro trovador. Con el tiempo, tanto Manrico (tenor) como Luna hijo (barítono), que desconocen su parentesco, se enamoran de la misma mujer, la dama de la corte Leonora (soprano), y se enfrentan como enemigos mortales. El triángulo está servido y su desenlace no puede ser más trágico. Azucena y Manrico son capturados y condenados a muerte. Para salvar a su amado, igual que Tosca, Leonora promete entregarse a Luna a cambio del perdón, pero se envenena con unos polvos que ocultaba en un anillo. Luna obliga a Azucena a presenciar la ejecución de Manrico y solo entonces le revela que acaba de matar a su hermano, pero también a quien quería como a un hijo. La madre de la gitana está vengada y aunque el telón cae demasiado bruscamente no resulta difícil adivinar cuál será el ardiente final de Azucena.

Seguro que, de haberse escenificado en *El Trovador* la ejecución de Azucena, el maestro Verdi nos hubiera obsequiado con una última aria para la mezzosoprano que, junto con el tenor, el barítono y la soprano de esta ópera, según Arturo Toscanini debían ser interpretados por los cuatro mejores cantantes del mundo.

El prisionero *(El prisionero)*

El compositor y pianista italiano Luigi Dallapiccola gestó su ópera *Il prigionero* en Florencia durante los difíciles años de la Segunda Guerra Mundial. Entre las fuentes de las que bebió para escribir el libreto figura uno de los «cuentos crueles» del autor simbolista Auguste Villiers de L'Isle-Adam. El resultado, por tanto, es una historia de crueldad ambientada, como *El trovador*, en la Zaragoza bajomedieval[23]. El protagonista es un rebelde flamenco encarcelado en una mazmorra por la Inquisición, una evidente inexactitud histórica dado que el Santo Oficio nunca fue un tribunal competente en cuestiones políticas. La razón es que, en el relato de Villiers, la víctima es un judío obstinado en no abjurar.

La madre del prisionero, torturado y condenado a la hoguera, vierte todo su odio y resentimiento sobre el rey Felipe II, el «hijo del Buitre», del que tiene una visión afirmando que «Dios es el señor del Cielo y yo de la Tierra» en un notable ejercicio de *leyenda negra* (Felipe no «ocupó» Flandes, lo heredó de su padre, flamenco de nacimiento).

En otra alucinación, el carcelero anuncia a su prisionero, al que llama «Hermano», que Flandes se ha rebelado y pronto expulsarán a los invasores españoles. El delirio continúa cuando el prisionero descubre un corredor por el que escapa cruzándose con sus verdugos, que parecen no verlo. Cuando sale al exterior se encuentra en un jardín primaveral bajo el

---

23 En el palacio de la Aljafería de la capital aragonesa se encuentra la llamada «Torre del trovador», donde García Gutiérrez encerró y ejecutó a Manrico en su drama.

cielo estrellado. Creyéndose libre, el prisionero extiende los brazos pero se encuentra con los de un personaje con la voz del carcelero: es el Gran Inquisidor, que en un alarde de cinismo le pregunta:

Hermano, ¿por qué quieres abandonarnos en la víspera de tu salvación?

Y es que la última y más cruel tortura infligida al prisionero es la falsa esperanza y su salvación no es otra que «la hoguera precursora de la Llama Eterna».

La partitura de *El prisionero* está compuesta con la armonía dodecafónica que Dallapiccola, admirador de Arnold Schönberg, adoptó a partir de 1930. Como todas las obras compuestas con la técnica atonal de las doce notas, es una obra breve, de unos 50 minutos de duración. Para muchos aficionados, una ópera dodecafónica de varias horas podría convertirse en una sesión colectiva de tortura.

Grandier *(Los demonios de Loudun)*

En 1634 el sacerdote Urbain Grandier fue quemado vivo en la localidad francesa de Loudun por endemoniar a una comunidad de monjas ursulinas de la localidad. Grandier era una especie de donjuán clerical que sedujo a varias mujeres del pueblo e incluso dejó preñada a alguna, lo que le granjeó enemigos. Pero lo que acabó con él fue la acusación de brujería, alimentada por la histeria colectiva con marcado acento sexual que se apoderó de algunas monjas de la comunidad. Tan solo la superiora dijo estar poseída por seis demonios, llamados Asmodeo, Zabiulón, Isacaaron, Leviatán, Balaam y Behemoth. Para colmo de su desgracia, Grandier se opuso a la demolición de las murallas del pueblo, ordenada por el poderoso cardenal Richelieu, y eso significó su fin. Tras torturarlo sin arrancarle la confesión o el arrepentimiento que le hubiera concedido el piadoso estrangulamiento previo a la combustión, Grandier fue quemado vivo, rodeado de exorcistas y de una chusma ignorante y supersticiosa. En el ensayo sobre el que se basa la ópera, Aldous Huxley describió así el horror:

Cuando se hubo consumado el fuego, el verdugo esparció por el suelo cuatro paletadas de cenizas, una a cada lado de los cuatro puntos cardinales. Entonces la multitud se abalanzó. Quemándose los dedos, hombres y mujeres escarbaron en aquel polvo escamoso y caliente, tratando de encontrar los dientes, alguna porción calcinada del cráneo o de la pelvis o una muestra untuosa y sucia de carne quemada (…) con el afán de obtener alguna reliquia, un amuleto de buena suerte o de triunfo en la batalla del amor, un talismán contra el dolor de cabeza, el estreñimiento o la malevolencia de los enemigos. Y todos esos restos carbonizados tendrían la misma virtud, fuese el párroco culpable o inocente. Porque el poder milagroso de una reliquia no descansa en su procedencia sino en su estimación.

Sobre esta tremenda historia, el compositor polaco Krysztof Penderecki compuso en 1968 su ópera en tres actos *Die Teufel von Loudun* (*Los demonios de Loudun*). Con abundancia de la declamación, el músico ofrece un agobiante relato musical de los hechos en tres coordenadas: religión, sexo y política. En su visión de la pasión y muerte de Urbain Grandier adquiere relevancia el impactante rol de la contrahecha superiora ursulina, sor Juana de los Ángeles, otro personaje real, a la que exorcizan con una lavativa de agua bendita, lo que no le impidió acabar su vida en olor de santidad. Para tomar conciencia del horror de quemar viva a una persona, creyendo que así se eliminan los demonios que lleva dentro, hay que leer la descripción que hace Huxley del martirio del pobre Grandier, crudamente representado en una versión filmada de la ópera, imprescindible para conocerla.[24]

Juana (*Juana de Arco*)

Casi todas las apariciones milagrosas de vírgenes, santas y arcángeles han escogido para manifestarse a niños del medio rural, analfabetas y de condición humilde. Los casos más famosos son los de los pastorcillos de Fátima y Lourdes pero hubo muchas más, sobre todo en Francia y hasta el siglo xx. Salvo en contadas excepciones, la respuesta de la Iglesia católica no pasa de rechazar la autenticidad, pero hubo un caso que acabó en la hoguera acusada de herejía. Era una pastorcita llamada Jeanne Darc que a los trece años comenzó a oír voces celestiales que resultaron ser las del arcángel Miguel y las santas Catalina de Alejandría y Margarita de Antioquía. Fue el arcángel quien le encomendó la misión que la conduciría al cadalso con diecinueve años: liberar Francia del enemigo inglés en el transcurso de la Guerra de los Cien Años.

La historia de «la doncella de Orleans», una joven heroína conduciendo un ejército de hombres ha fascinado a dramaturgos, músicos y cineastas. Aunque se representan poco, todavía sobreviven tres óperas sobre este personaje histórico: *Giovanna d'Arco*, de Verdi (1845), *La doncella de Orleans*, de Chaikovski (1881) y *Jeanne d'Arc au bûcher* (*Juana de Arco en la hoguera*), de Arthur Honegger (1942).

Honegger concibió su obra como un oratorio, basado en un poema de Paul Claudel, pero más tarde se adaptó para la representación teatral en once escenas. La precisión «en la hoguera» del título no es baladí porque, en la versión verdiana, el libretista Temistocle Solera, basándose en el drama de Schiller *La virgen de Orleans* aunque aquel lo negara, no condena a Juana a la hoguera sino que perece en el campo de batalla.

---

24 Interpretada por Tatiana Troyanos y Andrzej Hiolski, con Marek Janowski al frente de la Orquesta Filarmónica de Hamburgo (Arthaus Musik, 1969).

Sea alabado nuestro hermano el fuego,
que es puro, ardiente, vivo, penetrante,
acerado, invencible,
irresistible e incorruptible.
Alabado sea nuestro hermano el fuego,
capaz de restituir el espíritu al espíritu
y la ceniza, la ceniza, la ceniza a la tierra.

En 1430 Juana fue capturada y entregada a los ingleses. Su juicio duró tres meses y fue presidido por clérigos inquisidores, aunque en la obra de Honegger la juzgan un cerdo y un asno confiados a dos tenores. Fue condenada por apóstata y hereje y por vestir como un hombre y quemada en la plaza del Mercado de Ruan. En 1920 fue beatificada y declarada patrona de Francia por el papa Benedicto XV.

La bruja *(Hansel y Gretel)*

En muchos cuentos clásicos infantiles subyace un fondo de maldad, barbarie y crueldad que parece más destinado a aterrorizar que a entretener o divertir a los más pequeños. En estas narraciones, los personajes «malos» como ogros, brujas o lobos son víctimas de atroces finales para alivio de los niños. Una de estas historias es la de los hermanitos Hansel y Gretel.

Basándose en el cuento homónimo de los hermanos Grimm, Engelbert Humperdinck compuso la ópera feérica *Hänsel und Gretel* sobre un libreto de su hermana Adelheide. La obra estaba destinada a un público infantil y es la única ópera del repertorio protagonizada por dos niños de corta edad, Hänsel (diminutivo alemán de Juan) y Gretel (de Margarita), encarnados por una mezzo y una soprano, respectivamente.

El argumento es tremendo: en una miserable cabaña del bosque malviven un escobero alcoholizado y su familia. En ausencia del padre, su mujer, desesperada por la falta de comida, pues jugando los niños han roto el jarro de leche, los echa al bosque a recolectar frutos silvestres. La noche cae con sus miedos sobre ellos pero un cerco de ángeles guardianes protegen sus sueños. Por la mañana descubren gozosos la casa hecha con dulces que una malvada bruja utiliza para atraer niños a los que convierte en figuras de mazapán. La bruja atrapa a los hermanos pero estos se las apañan para librarse de ella empujándola al horno cuando se agacha para avivar el fuego. Hansel toma la varita de cedro mágica, pronuncia la palabra mágica, ¡Hokuspokus!, y las figuras de mazapán se reconvierten en los niños raptados a la vez que el horno estalla y la bruja queda convertida en una enorme galleta. Peter (tambaleándose) y Gertrud encuentran a sus hijos y todos entonan una jubilosa alabanza a la justicia celestial.

Pero el final del cuento sólo es feliz en apariencia. Pues, en cuanto baje el telón, mientras los espectadores abandonan el teatro tarareando una pegadiza melodía de la ópera camino de la cena, Hansel y Gretel regresarán con sus padres a la cabaña donde la vida de los niños continuará tan pobre y sin futuro para los niños como antes de la obertura, dejando atrás una aventura que nunca olvidarán y las dulces cenizas de la pobre vieja demente a la que asaron viva.

Raquel *(La judía)*

La judeofobia ha conocido varias denominaciones a lo largo de la historia, según el criterio en el que se haya basado el odio al pueblo hebreo: antijuidaísmo (religioso), antisemitismo (racial) y antisionismo (político), cuyos máximos exponentes han sido el cristianismo, el nazismo y el islamismo, respectivamente.

Quizá no sea casual que dos acabados ejemplos de *grand opéra* como *La Juive* (1835) y *Los hugonotes* (1836), que abordan la intolerancia religiosa, fueran compuestas para la Ópera de París por sendos compositores de origen judeoalemán, Jacques-Fromental-Élie Halévy (su padre cambió el Levy original) y Giacomo Meyerbeer (nacido Jacob Liebmann Beer).

En 1820 el heredero al trono de Francia fue asesinado en la escalinata del viejo teatro de ópera en la calle Richelieu. Por orden del rey Luis XVIII, el teatro fue demolido, en principio para sustituirlo por una capilla que nunca se construyó, y en un tiempo récord abrió sus puertas un nuevo teatro «provisional» provisto de iluminación a gas, la Salle Le Peletier, que fue la sede del subgénero operístico por excelencia: la *grand opéra*, caracterizada por obras en cinco actos con ballet obligado y con preferencia por temas históricos presentados con escenografías espectaculares. La primera ópera del nuevo formato fue *La muda de Portici* de Auber (1828) a la que, además de las mencionadas *La judía* y *Los hugonotes*, seguirían hitos como *Guillermo Tell* de Rossini (1829), *La favorita* de Donizetti (1840), *El profeta* de Meyerbeer (1849), *Tannhäuser* de Wagner (1861), *Don Carlos* de Verdi (1867) y *Fausto* de Gounod (1869).

La judía narra el amor imposible entre un cristiano que se hace pasar por judío (Leopold/Samuel) y una judía que en realidad es cristiana (Rachel). En el pasado, el conde Brogni persiguió al joyero Eleazar, que vio morir a sus hijos en la hoguera. En su huida recogió a una niña superviviente de la destrucción del palacio del conde, ausente, que resulta ser su hija y a la que Eleazar adopta como propia con el nombre de Rachel. Con el tiempo, el conde se convierte en el cardenal inquisidor Brogni y las vidas de éste y de Eleazar vuelven a cruzarse en el contexto histórico del Concilio de Constanza (1414) que condenó a los herejes husitas.

El príncipe Leopold, Eleazar y Rachel acaban presos pero, mientras el primero es liberado, el judío y su hija adoptiva son condenados a la hoguera tras negarse a abjurar de su fe. En un final calcado al de *El trovador*, el vengativo Eleazar espera a que Rachel se lance al fuego para informar a Brogni de que era su hija biológica.

La Ópera Le Peletier, que recibió diversos calificativos durante el medio siglo de existencia según el régimen de turno (Real, Nacional, Imperial), ardió durante 27 horas en octubre de 1873. Quince meses después se inauguró el fastuoso Palais Garnier, símbolo de la *grandeur* de la Francia imperial, aunque para entonces la *grand opéra* ya era historia.

La soprano Alexandra Kurzak en el rol titular de *La judía*, de Jacques Fromental Halévy.

Renata *(El ángel de fuego)*

Nada más frustrante para un operista que no ver representada nunca su obra. Le sucedió a Serguéi Prokofiev con su *Ógnenny ánguel* (El ángel ardiente, o de fuego), finalizada en 1927 pero estrenada en La Fenice de Venecia en 1955, dos años después de la muerte del compositor y cuarenta antes del incendio que destruiría el teatro. La ópera está basada en la novela homónima que el simbolista Valery Bryusov escribió, con la tensión entre sexualidad y espiritualidad como aspecto nuclear de la trama, simbolizada por el amor imposible entre una muchacha y un ángel.

La acción tiene lugar en la Alemania del siglo XVI, donde la «caza de brujas» torturó y quemó vivas a cientos de pobres mujeres, acusadas de mantener relaciones con el diablo. Aunque *El ángel de fuego* es una obra fantástica y demoníaca, en el cuarto acto se permite una escena cómica protagonizada por Fausto y Mefistófeles compartiendo mesa y pidiéndole a voces al tabernero vino y pierna de cabrito, naturalmente asado.

Renata es una muchacha que desde los ocho años tuvo visiones casi diarias de un ángel llamado Madiel que la instruía para la santidad. Mas, al cumplir los dieciséis, la chica le pidió relaciones íntimas y el ángel reaccionó convirtiéndose en una antorcha airada y dejando de aparecerse, aunque en un sueño hizo saber a Renata que se encarnaría en un humano. El caballero Ruprecht se enamora de ella pero Renata identifica a su ángel con otro, llamado Heinrich von Otterheim, al que persigue durante toda la obra aunque nunca aparece en escena. El triángulo, en este caso, lo completa un doble fantasma (Madiel y Otterheim) de tesitura vocal desconocida.

Al final, Renata decide ingresar en un convento, donde ocurren fenómenos extraños desde su llegada, por lo que es acusada de una posesión demoníaca que resulta contagiosa para las otras monjas. El exorcismo del Inquisidor no funciona y Renata es condenada a morir en la hoguera. Al espectador que abandona el teatro impactado por el paroxístico final de la ópera no le cabe duda de que, en las llamas del infierno o por el ardiente amor de un ser celestial, Renata estaba predestinada a la incineración en vivo desde su tierna infancia.

Silvana (*La llama*)

Anne Pedersdotter fue una mujer que vivió en la Noruega del siglo XVI. Casada con un clérigo luterano viudo, fue acusada de matar con artes de brujería al tío obispo de su esposo para que éste heredera el cargo. Mantuvo relaciones con su hijastro y cuando enviudó la acusaron de haber provocado otras muertes —la del obispo entre ellas— y entonces fue condenada por falsos testimonios de su connivencia con demonios. Sin dejar de proclamar su inocencia, Anne fue quemada viva el 7 de abril de 1590 en Bergen.

Sobre esta trágica historia, el dramaturgo Hans Wiers-Jenssen escribió una obra de teatro, *Anne Pedersdotter*, *La bruja*, que a su vez originó el mítico filme danés de Carl Th. Dreyer *Vredens Dag* (Día de ira, 1943) y dos óperas, *La fiamma*, del compositor italiano Ottorino Respighi, estrenada en Roma en 1934, y *Anne Pedersdotter*, con música de Edvard Fliflet Braein y libreto de Hans Kristiansen, estrenada en Oslo en 1971.

El libretista de *La fiamma*, Claudio Guastalla, trasladó la Noruega del siglo XVI a la Rávena del VII. El clérigo Absalon Pederssön es el exarca Basilio, dominado por su madre Eudossia; la pobre Herlofs Marte (una anciana denunciada por «tres hombres honestos y respetables» y quemada viva tras confesar bajo tortura) es Agnese di Cervia, Martin Pederssön es Donello y Anne es Silvana.

En el pasado la madre de Silvana fue acusada de brujería pero Basilio la salvó a cambio de entregarle a su hija, casi una niña a la que robó su juventud y que se asfixia recluida en un oscuro palacio. La llegada del apuesto

Donello despierta la sexualidad dormida de la joven, que lo seduce para encontrar al fin la felicidad. Basilio no sospecha nada y, cuando su esposa le revela su relación con su hijo mirándolo fijamente a los ojos, su corazón no lo resiste y muere. Desear que alguien muera y conseguirlo mediante el *oculus fascinans* («mal de ojo») es una de las habilidades de las brujas y Eudossia acusa a su nuera de haber matado a su hijo por ese método. Silvana llega a creer que el probable infarto agudo de miocardio que acabó con Basilio fue obra del diablo y, cuando Donello acaba poniéndose del lado de su abuela, decide acabar con una vida ya sin sentido autoproclamándose bruja, lo que significará su muerte en la hoguera. *La fiamma*, la llama que acabará consumiendo a la desdichada Silvana, no es la del fuego de la purificación religiosa sino otra bien distinta, aunque igualmente destructiva: la llama del amor.

B. Muerte por inmolación

La inmolación es una clase superior de suicidio. El suicida corriente se quita la vida porque no puede soportarla y contempla la muerte como una liberación. El inmolado, en cambio, aprecia su vida y si fuera por él seguiría viviendo, pero la noble causa o el elevado ideal le mueven a ofrecerla en un acto supremo de sacrificio, no necesariamente benefactor de la humaniad: en el actual código de comunicación, el fanático terrorista que activa su cinturón de explosivos y asesina a una multitud no se suicida: se inmola.

Las inmolaciones en hoguera han proporcionado grandes momentos a la ópera. Veamos algunas.

Brunilda *(El ocaso de los dioses)*

A Richard Wagner no se le puso nada por delante. Tenía muy claras sus ambiciosas metas artísticas y no paró hasta alcanzarlas. El antiguo revolucionario que había luchado con Bakunin en las barricadas de Dresde no dudó más tarde en aceptar el generoso mecenazgo del joven rey Luis II de Baviera, que le permitió continuar creando sus dramas musicales y realizar su sueño de un teatro exclusivo para representarlos como él deseaba.

Aunque por razones obvias se represente en cuatro veladas, *El Anillo del Nibelungo* es una obra única de unas quince horas de duración. La última ópera de la «Tetralogía» (en realidad una Trilogía con un Prólogo), *El ocaso de los dioses*, finaliza con un incendio de proporciones cósmicas.

Uno de los personajes de la Tetralogía, Loge, es un semidiós que encarna el fuego al que sólo lo vemos y oímos cantar en *El oro del Rin*. En *La Valquiria*, *Sigfrido* y *El ocaso de los dioses*, Wagner nos presenta al astuto Loge con un ingenioso leitmotiv confiado a las cuerdas de la orquesta, que describe los cromáticos torbellinos de las llamaradas. Dominado por Wotan, al que desprecia, Loge es el encargado de levantar el muro de fuego mágico que rodea la roca donde yace la valquiria durmiente, uno de los momentos más espectaculares de la grandiosa Tetralogía.

En la última escena del Ocaso, tras el asesinato de su adorado Sigfrido, la ex valquiria Brunilda, hija predilecta del dios Wotan, decide inmolarse con la grandeza que otorga el sacrificio por una causa tan noble y elevada como la redención del mundo. Así que ordena colocar el cadáver del héroe sobre una «pira de gruesos leños» a la que prende fuego y tras entonar un extenso alegato se lanza contra las llamas a lomos de su caballo Grane. Entonces el Rin se desborda, las ondinas recuperan el anillo y las aguas apagan la pira. Pero antes de arrojarse, Brunilda ordena a Huginn y Munnin, los dos cuervos que rastrean el mundo para Wotan, que se pasen por su roca y muestren al fuego mágico el camino del Walhalla, al que Loge no fue invitado. La morada de los dioses arde y estos perecen dejando al mundo huérfano de divinidad pero con la humanidad redimida por el sacrificio de Brunilda y la naturaleza preservada.

Un año después de la muerte de Wagner, el compositor Ernest Reyer estrenó su ópera *Sigurd* (Sigfrido), basada en las mismas leyendas nórdicas que la Tetralogía wagneriana. Pero este «Anillo francés» no finaliza con la muerte de Brunilda y Sigurd sino con su ascenso en arco iris al paraíso de Odín (Wotan). Este era el primer final previsto por Wagner, pero en algún momento el viejo revolucionario decidió que era mejor acabar de una vez por todas con unos dioses tan prepotentes, estúpidos y en el fondo débiles, que parecen humanos.

Dosifei, Marfa y Andrei (*Jovánschina*)

Parece que *Jovánschina* (Khovanshchina en inglés) es la transcripción adecuada en español del título en alfabeto cirílico de la segunda composición más conocida de Modest Musorgski. Aunque lo parezca, no es el nombre de una heroína, sino el relativo de Jovánschi. Como en *Boris Godunov*, la figura central de esta ópera es el zar de todas las Rusias, aunque Pedro I el Grande no aparece aquí porque la censura del zar Alejandro III impedía encarnar a un antepasado de su propia dinastía (Romanov) sobre un escenario.

Admirando estas magníficas óperas muestras de genio musical, cuesta creer que, como sus colegas del «grupo de los Cinco», Musorgski no fuese un músico «profesional» (se ganó la vida primero como militar y después de funcionario). Ambas obras maestras quedaron inconclusas y fueron completadas para su ejecución por Nicolai Rimski-Korsakov y Dimitri Shostakovich.

La trama argumental de *Jovánschina* evoca el histórico intento de modernización de la vieja Rusia por el zar Pedro I, a la que se oponían dos colectivos resistentes al cambio del viejo régimen, uno político-militar (los Streltsi, seguidores del príncipe Ivan Jovánschi) y otro religioso (los Viejos

Creyentes, liderados por Dosifei). El boyardo Shakloviti es el tercer vértice de un atípico triángulo de personajes encarnados por cantantes de la
cuerda vocal más rusa de todas: el bajo. A este trío se superpone otro más
convencional, formado por el hijo de Iván (Andréi), una alemana luterana a
la que persigue (Emma) y una vieja creyente (que no creyente vieja), Marfa,
con la que Andréi mantiene una relación de amor y odio.

El zar Pedro acaba triunfando, pero la suerte de sus oponentes es muy
distinta. Mientras que los rebeldes Strelsi son indultados de la pena de
muerte (lo que no ocurrió en realidad), los de Dosiféi, antes que abjurar de
sus viejas creencias y abrazar la reforma de la iglesia ortodoxa rusa del pa-
triarca Nikon, prefieren inmolarse. Tras perder definitivamente a Emma
y ante la derrota de los suyos, Andréi se une al suicidio colectivo de los
intransigentes Viejos Creyentes entrando en una ermita pasto de las llamas
tras haber sido animados al martirio por Dosiféi:

> En la cálida plegaria
> encontraréis la fuerza
> para presentaros ante la Fuerza Divina.

Y tan cálida.

Medea *(Medea)*

En el repertorio operístico coexisten
dos Medeas: la *Médée* de Marc-Antoine
Charpentier (1693), el autor de la sinto-
nía de Eurovisión, y la de Luigi Cherubini (1797). El argumento es el mismo,
basado en la tragedia homónima de Eurípides (431 a. C.), aunque con algunas
diferencias como el cambio de nombre
de Creusa por Glauce en la versión del
italiano.

Como en otros dramas griegos con
más de dos mil de años de antigüedad, la
trama podría resumirse en un titular tremendo de la prensa actual: «Una mujer
asesina a la amante de su marido y a los
hijos del matrimonio como venganza».
Pues tales tragedias pasionales han ocu-
rrido, ocurren y seguirán ocurriendo.

En la tragedia de Eurípides, el marido es Jasón, conquistador del vellocino
de oro con la ayuda de su esposa, la

Maria Callas como *Medea*, de Luigi
Cherubini.

maga Medea, a quien todos temen por sus poderes pero sobre todo por su mal carácter. A pesar de ser el padre de sus dos hijos, Jasón la abandona y pretende casarse con Creusa/Glauce y, temeroso de la reacción de Medea, el padre de Jasón y rey de Corinto, Creonte, la destierra. Simulando resignación, Medea solicita un día más «para que mi pobre corazón pueda prepararse a su destino» y Creonte comete el error de concedérselo, pues su nuera no pierde el tiempo y se venga del abandono de Jasón regalando una túnica envenenada a su rival que le produce la muerte y asesinando a sus hijos. El final de la historia difiere según las versiones, pero en las tres está presente el fuego. En Eurípides, Medea huye subida al carro del dios Helios, el sol, donde por fuerza perecerá abrasada aunque la obra finaliza antes de poder comprobarlo. En Charpentier, el carro está tirado por dragones que le pegan fuego al palacio de Corinto antes de despegar. Y en Cherubini, Medea no escapa sino que penetra en el templo envuelto en llamas.

Medea decayó en el repertorio hasta que Maria Callas, que adelgazó treinta kilos «para hacerle justicia», hizo de Medea el papelón de su vida incluso más allá de los escenarios. En plena desolación, cuando Aristóteles Onassis la abandonó por la viuda de J.F. Kennedy, aceptó actuar en el filme *Medea* de Pasolini. Unos años antes, ya en pleno declive vocal, la diva fue abucheada al final del primer acto de una *Medea* en la Scala. Maria no reaccionó en aquel momento pero más adelante, cuando Medea le reprocha a Jasón su «execrable repudio», se volvió hacia el púbico y con el puño en alto le dirigió las palabras

¡Cruel! ¡Te lo he dado todo!

Y entonces hasta los más despiadados *loggionistas* del templo milanés la aplaudieron a rabiar. Aquella noche la inmensa actriz Maria Callas demostró que la ópera también es teatro, y del bueno.

Norma y Polión (*Norma*)

En 1831 el dramaturgo Alexandre Soumet estrenó con éxito en el magnífico Teatro del Odeón de París —hoy *Odéon–Théâtre de l'Europe*— la tragedia *Norma, o El infanticidio*. Tuvo tanto éxito que aquel mismo año la Scala milanesa puso en pie una ópera con música de Vincenzo Bellini y libreto de Felice Romani titulada *Norma* a secas, ya que en su versión la sacerdotisa no asesina a sus dos hijos, como en la obra teatral.

Obra cumbre del bel canto, el esquema argumental de esta *tragedia lirica* en dos actos gira en torno a otro triángulo de mayoría femenina, formado por dos sacerdotisas galas, Norma (soprano) y Adalgisa (soprano o mezzo), liadas con el mismo procónsul romano, Polión (tenor).

Aunque Oroveso (bajo) es el sumo sacerdote de los druidas, en la tribu gala dominada por Roma la que manda es su hija Norma. Los celtas desean pelear para echar a los romanos, pero Norma prevarica tratando de evitarlo porque mantiene una relación secreta con Polión, de la que nacieron dos criaturas. Sin embargo, el romano ya no ama a Norma sino a otra sacerdotisa, Adalgisa, sujeta al mismo voto de castidad que su colega y ahora rival. Cuando Norma conoce su relación está a punto de acuchillar a sus hijos, como Medea para vengarse de Jasón, pero, torciendo la voluntad literaria de Soumet, les perdona la vida. Traicionada por Polión (*Pollione*), Norma ya no tiene inconveniente en animar a la guerra contra los invasores y el procónsul es apresado cuando intenta raptar a Adalgisa para llevársela a Roma contra su voluntad. Pero resulta que antes de partir a la batalla hay que ofrecer un sacrificio humano a los dioses, y Norma propone quemar en la hoguera a una sacerdotisa que ha incumplido sus votos sagrados y además ha traicionado a la tribu manteniendo relaciones con un romano. Polión piensa que acto seguido denunciará a Adalgisa pero, en un gesto de sublime generosidad, pronuncia su propio nombre y lo confiesa todo ante su pueblo, que la maldice horrorizado:

> Ve a la hoguera y que tu castigo
> purifique el altar y purifique el templo,
> ¡maldita seas en la hora de tu muerte!

Conmovido por su grandeza de espíritu, Polión decide acompañar a Norma al cadalso:

> Tu hoguera, Norma, es la mía;
> ¡más santo comienza en ella el eterno amor!

Es muy probable que a Polión lo hubiesen quemado de todos modos, pero técnicamente, su muerte y la de la madre de sus hijos es un suicidio. ¿Qué sería de las pobres criaturas?

Wotan y demás dioses (*El ocaso de los dioses*)

Por *El oro del Rin* sabemos que el Olimpo del *Anillo* wagneriano está integrado por los siguientes dioses:

- Wotan, el Odín de la mitología islandesa, el jefe de la banda.

- Fricka, su esposa, guardiana del orden doméstico y protectora del vínculo matrimonial, casada con el marido más infiel imaginable.

- Freia o Holda, diosa de la belleza, el amor y la eterna juventud que procura a los demás dioses con sus manzanas doradas.

- Donner, el Thor mitológico, señor de las tormentas cuyos truenos desencadena con su martillo.

– Froh, dios del buen tiempo tras la tormenta, simbolizado por el arco iris que tiende para que los dioses efectúen su entrada triunfal en el Valhalla.

– Erda o Wala, diosa primigenia del mundo o Naturaleza, sabia consejera y visionaria, madre de las tres Nornas y de las nueve valquirias que tuvo con Wotan.

– Loge, el Loki nórdico, semidiós del fuego y de la astucia, que se desmarca de los dioses y acabará ejecutando su destrucción.

Como hemos visto en otro capítulo, la intención inicial de Wagner era acabar *Der Ring des Nibelungen* (*El Anillo del Nibelungo*) con el ingreso en el Valhalla de Brunilda y Sigfrido, pero cambió de parecer y decidió que los dioses debían perecer para permitir la renovación de un nuevo mundo redimido por el amor, una vez que el oro volviese a las profundidades del Rin tras haber causado tanta muerte y destrucción. La resignación de Wotan ante el desarrollo de los acontecimientos y las facilidades que da a su propia destrucción convierten el final de El Ocaso en la inmolación por fuego más espectacular de la historia de la ópera.

Para llevar a cabo la combustión de la morada de los dioses, Wagner echó mano de Loge, cargado con el suficiente resentimiento combustible hacia ellos como para no dudar en prender fuego al Valhalla con todos ellos dentro. El modo como las llamas alcanzan la fortaleza es bastante complejo: como acabamos de ver, antes de pegarle fuego a su pira funeraria, Brunilda ordena a los cuervos de Wotan que vuelen hasta su roca, todavía rodeada por el círculo de fuego mágico, y le muestran el camino del Valhalla. Donde, como sabemos por Waltraute, dioses y héroes aguardan su final en torno a un Wotan silencioso y sombrío tras ordenar que talaran el Fresno del Mundo y apilaran los trozos de madera alrededor de la fortaleza. Así sucede y el fuego asciende hasta que

> *Las llamas van lamiendo paulatinamente la sala de los dioses. Cuando estos están cubiertos totalmente por el fuego, cae el telón.*

Con esta inmolación colectiva del panteón wagneriano, la obra musical para la escena más ambiciosa de la historia, *El Anillo del Nibelungo*, que había comenzado sumergida en las profundas aguas de un río, finaliza pasto de las llamas en las alturas.

Teatros incendiados

El fuego ha sido la mayor pesadilla de los teatros durante siglos. Particularmente en el XIX, cuando la alta burguesía en auge construyó los grandes coliseos operísticos europeos, raro es el que se salvó de la destrucción por incendio. Por un lado, tanto los materiales de construcción como los elementos decorativos eran altamente inflamables. Por otro, antes de la era de la electricidad, la iluminación del interior de un teatro, como cualquier otro edificio, se realizaba con las llamas de antorchas, velas de cera y lámparas de aceite. Hasta el advenimiento del gas a principios del siglo XIX, el proscenio se iluminaba con candiles («candilejas»), la sala con lámparas, luminarias y arañas y los espectadores podían encender sus propias velas para ojear el programa de mano. El resultado, hoy inimaginable en un teatro de ópera, era una densa humareda que entorpecía la visión e irritaba las mucosas y salpicaduras de cera o aceite a los asistentes. Mas lo peor era el riesgo de incendio, que no desapareció con la llegada del gas (el Covent Garden londinense ardió en 1856 y el Národní Divadlo de Praga en 1881) pero tampoco con la iluminación eléctrica: a finales del siglo XX ardieron como teas teatros tan emblemáticos como el Liceu de Barcelona (1994) y La Fenice de Venecia (1996) para renacer años después de sus cenizas, como el ave Fénix (Fenice, en italiano), tras sendas reconstrucciones tan admirables como costosas.

El omnipresente riesgo de incendio —que la prensa calificará inevitablemente de «pavoroso»— ha justificado el pánico al fuego de los teatros de ópera y su resistencia a la presencia de llamas reales en el escenario, aunque las igniciones nunca han sido atrevidas escenografías sino causas tan prosaicas como turbias negligencias o las chispas de un soldador. En la actualidad los medios audiovisuales permiten proyectar sobre el fondo del escenario espectaculares llamaradas tan terribles como inofensivas. Y en los teatros más modernos, dotados de los medios más eficaces para combatir el inicio de un incendio, cada vez más se permiten incluso jugar con fuego real.

Además del temor al incendio, las dificultades escénicas que planteaba la representación del fuego en el escenario restringieron al máximo las tramas operísticas que exigieran su presencia. Aún así, ya hemos visto que insignes óperas

En 1994 ardía el teatro del Liceu de Barcelona, para renacer pocos años después como un coliseo moderno y adaptado a los nuevos tiempos.

finalizan con el escenario envuelto en llamas, aunque la capacidad incendiaria de un operario sin escrúpulos[25] puede resultar más peligrosa que la del mismísimo Loge.

---

25 La justicia sentenció que el incendio de La Fenice lo provocaron dos electricistas para evitar el pago de 120 euros de penalización por el retraso de sus trabajos. La reconstrucción costó 90 millones.

MUERTE POR INTOXICACIÓN

FEDORA
(palpa la cruz bizantina que cuelga en su pecho)

ROUVEL
¿Es un talismán?

FEDORA
(Poniéndose seria súbitamente y señalando
un pequeño compartimento en la joya)
En esta antigua cruz,
había un santa reliquia,
yo he puesto un fármaco
que cura todos los males.

(Acto II de Fedora, de U. Giordano)

Personaje	Ópera	Muerte
Abigaille	Nabucco	Suicidio
Adriana	Adriana Lecouvreur	Asesinato
Bocanegra	Simón Bocanegra	Asesinato
Fedora	Fedora	Suicidio
Fedra	Hipólito y Aricia	Suicidio
Genaro y amigos	Lucrecia Borgia	Asesinato
Giulietta	Los cuentos de Hoffmann	Error
Lakmé	Lakmé	Suicidio
Magda	El cónsul	Suicidio
Mozart	Mozart y Salieri	Asesinato
Nueve personajes	La libertad de Bremen	Asesinato
Rodolfo	Luisa Miller	Suicidio
Sélika	La africana	Suicidio
Stolzius	Los soldados	Suicidio
Suor Angelica	Suor Angelica	Suicidio

El asesinato por intoxicación mediante una sustancia venenosa se ha considerado un arma propia de cobardes porque mata de un modo silencioso, sin esfuerzo y en muchos casos a distancia, lo que evita la agresión directa, el enfrentamiento y la lesión física. Por las mismas razones, el veneno se ha calificado como un «arma de mujer». Pues, a diferencia del homicidio por medios violentos, el envenenamiento no requiere fortaleza física ni un arma blanca o de fuego pero sí proximidad y hasta cierto grado de confianza con la víctima, cuando no de oportunidad para la seducción.

El veneno «se oculta fácilmente, tiene escaso volumen, se adquiere de un modo anónimo y con poco esfuerzo, no implica un desembolso económico importante, mata de pronto y ahorra el derramamiento de sangre» (G. B. Impallomeni).

El envenenamiento es casi tan antiguo como la humanidad y entre las grandes envenenadoras de la Antigüedad figuran nombres tan ilustres como Medea, Olimpia, Livia o Agripina. Esta última, segunda esposa del emperador romano Claudio y madre de Nerón, utilizó a la esclava Locusta para matarlo con un plato de setas envenenado con arsénico y después al hijo del primer matrimonio de Claudio y Mesalina, Británico, al refrescar con agua envenenada un caldo demasiado caliente ya probado por el catador.

Antes del desarrollo de la toxicología era imposible detectar una sustancia incolora, inodora e insípida como el agua pero tan letal como la cantarella o L'acquetta di Perugia, que los Borgia obtenían mezclando arsénico con vísceras de cerdo desecadas, o el agua tofana con la que la envenenadora siciliana Giulia Tofana mataba maridos por encargo y que antes de su ejecución por ocuparse del suyo confesó —bajo tortura— haber envenenado a 600 hombres. Lo cierto es que muchos envenenamientos se perpetraban con tal habilidad y discreción, dominando el arte de la dosificación para matar lentamente, que muchos fallecimientos se consideraban muertes naturales tras una larga enfermedad. Además, como ya en el siglo XVI sentenció el polímata Paracelso, «todo y nada es veneno, depende de la dosis», de manera que sustancias beneficiosas para el organismo en pequeñas cantidades pueden matarlo si se ingieren en demasía.

Por todo lo expuesto, el veneno es un arma idónea para liquidar a personajes de ópera de una manera limpia y ahorrándole desagradables escenas de violencia al respetable. Aunque la ingestión es el vehículo de administración más frecuente, la intoxicación por veneno no se realiza únicamente a través de pócimas o platos cocinados. Cualquier objeto impregnado, como las flores de *Adriana Lecouvreur*, puede matar con sus tóxicos efluvios. Además, dependiendo de las exigencias del libreto, el veneno operístico unas veces mata en segundos pero otras permite al envenenado cantar como si tal cosa su aria final e incluso aguantar un acto entero mortalmente envenenado, como *Simón Bocanegra*.

Igual que en las otras modalidades de muerte en la ópera, distinguiremos dos grandes modos principales de producción, el suicidio y el homicidio (un tercero, infrecuente, es el error). Comencemos por el primero, que es con mucho el más habitual.

Personajes que se envenenan

Abigail *(Nabucco)*

Giuseppe Verdi compuso dos óperas ambientadas en la Edad Antigua en cuyo triángulo amoroso las mujeres son mayoría: *Nabucco* y *Aida*. En la primera, el vértice del barítono o bajo está ocupado por una soprano, Abigail, y en la segunda por una mezzosoprano, Amneris. En ambas, las dos protagonistas femeninas se disputan el amor de los tenores, Ismael y Radamés, respectivamente.

Abigail es la supuesta hija primogénita del rey de Babilonia Nabuccodonosor, Fenena la segunda, y ambas aman al mismo militar hebreo, Ismael. Pero Abigail es en realidad un esclava adoptada por Nabucco, quien cegada por su resentimiento no duda en dar un golpe de estado, con apoyo del clero babilonio, para liderar la destrucción de Israel y la derrota de su dios Yahvé frente al babilonio Baal. La historia (es un decir) finaliza con Nabucco recuperando el poder, convirtiéndose casi al judaísmo, y Abigail súbitamente arrepentida hasta el suicidio por envenenamiento.

Además de antipático —es una de las grandes *malas* del repertorio–, el rol de *Abigaille* es uno de los más duros y exigentes para la voz de soprano. Su dilatada tesitura y la montaña rusa entre las notas extremas le han valido su fama de «rompevoces» y «tumba de sopranos», por haber arruinado la carrera de cantantes sin las cualidades o la preparación necesarias para afrontar este papel. En su descargo, inmediatamente antes del final de cada representación de Nabucco, Abigail se envenena y muere suplicando tanto el perdón divino como el humano por haber sido tan malvada.

El comerciante de Buseto Antonio Barezzi. al que hoy denominaríamos un «dinamizador cultural» de su pueblo, apoyó en los comienzos de su carrera a su joven paisano Giuseppe Verdi, con cuya hija Margherita acabaría casándose. Pero en poco más de un año ésta y los pequeños Virginia e Icilio fallecieron, lo que unido al fracaso de su ópera (cómica para más inri) *Un giorno di regno* lo hundieron en una depresión de la que lo salvó el gran éxito de Nabucco.

Precisamente la primera víctima de Abigaille fue Giuseppina Strepponi, la soprano belcantista para la que Donizetti compuso su *Adelia*, que acabaría siendo la segunda señora Verdi tras diecisiete años de difíciles relaciones (ella mantuvo otra relación extramatrimonial con un tenor, de la que nacieron dos hijos). Cuando Barezzi se lo reprochó, Verdi demostró ser una adelantado a la moral de su época al contestarle lo siguiente:

> Cierto, en mi casa vive una dama, libre e independiente, poseedora de una fortuna que la pone al abrigo de la necesidad, y que comparte mi amor por la vida retirada. Ni ella ni yo necesitamos rendir cuentas de nuestros actos a ningún ser humano.

A pesar de aquel desencuentro, Verdi mantuvo toda su vida un retrato de su «querido suegro» Antonio Barezzi sobre el piano donde componía sus óperas.

Escena de *Nabucco*, de Giuseppe Verdi.

Fedora Romazoff *(Fedora)*

Tras asistir a una representación de la ópera verista *Mala vita* de Umberto Giordano, el temible crítico antirromántico vienés Eduard Hanslick —a quien Wagner satirizó como Beckmesser en *Los Maestros Cantores de Núremberg*— dedicó a su autor estas ácidas palabras:

> Su sentido del drama es más fuerte que su talento musical, su temperamento más fuerte que su arte.

Lo cierto es que Giordano ya apuntaba maneras en su primera ópera, *Mala vita*. Va de un tintorero tuberculoso que le promete a una prostituta casarse con ella si se cura, aun siendo el amante de la mujer de un borracho y cliente habitual del burdel. Hoy solo se recuerdan dos óperas suyas: la todavía superviviente *Andrea Chénier* y la menos representada *Fedora*.

En las últimas grandes guerras europeas, muchos militares, espías, agentes especiales u otros colectivos con alto riesgo de ser detenidos y torturados por el enemigo siempre llevaban consigo en sus misiones la llamada «píldora del suicidio». Era una capsulita del tamaño de un guisante que contenía el cianuro de potasio suficiente para, llegada la ocasión, morir poco tiempo después de liberarlo mordiéndola (ingerirla no surtía efecto). Algo parecido a lo que la rica princesa viuda Fedora Romazoff lleva colgando del cuello durante los tres actos de *Fedora*: un voluminoso relicario con forma de lujosa cruz bizantina reconvertido en recipiente de «un fármaco que cura todos los males», es decir, de un veneno letal.

En esta ópera la muerte es omnipresente. Loris Ipanoff mata en defensa propia de un disparo al conde Vladimiro, prometido de la princesa, ignorante de que éste la engañaba con la esposa de aquél (la presencia escénica del conde herido se reduce al traslado a su dormitorio para morir, sin soltar ni un ay). La denuncia de Fedora provoca involuntariamente las muertes del hermano y la madre de Loris, del que acaba enamorándose, y cuando se da cuenta del daño que le ha ocasionado, incapaz de enfrentarse a su responsabilidad, vierte el contenido de su cruz sobre su taza de té y muere en brazos de su desesperado amante. Una decisión fatalmente precipitada, ya que en el último momento Loris la perdona. Podrían haberlo superado y seguir compartiendo una vida lujosa y despreocupada en sus residencias de San Petersburgo, París y los Alpes suizos, escenarios de sendos actos de la ópera.

El efecto anticipador que produce la revelación del contenido de la cruz colgante en el baile del segundo acto es el mismo que el del cuchillo que Butterfly transporta en su estuche en el primero: desde el principio el espectador sabe que, fatalmente, acabará utilizándolo. En el caso de la princesa Romazoff, presa de unos remordimientos incompatibles con la supervivencia. Lo que no se entiende bien es que incluso al comienzo de la ópera, cuando se sentía feliz por su inminente boda, ya llevara su particular píldora del suicidio pegada al pecho, como si se sintiera predestinada.

Estrenada en 1898, *Fedora* es una de esas óperas «de una sola aria», en este caso la apasionada *Amor ti vieta*. Son tan solo treinta palabras y un minuto y medio de duración, pero suficiente para cosechar la gran ovación de la velada. Una relación canto-aplauso insuperable.

Fedra *(Fedra)*

Jean-Philippe Rameau es un raro caso de vocación tardía por la ópera. En 1733 gozaba de buena reputación como clavecinista y teórico de la armonía pero, aparte de algunas cantatas, no había compuesto música para la escena. Y aquel año sorprendió al mundo musical parisino con la tragedia lírica o «tragédie en musique» *Hipólito y Aricia*, basada en el drama *Phèdre* de Jean Racine. El músico contaba cincuenta años y la *première* tuvo lugar en la mansión de su mecenas, Alexandre «Le Riche» de la Pouplinière, un nombre tan pomposo como el de la Francia de Luis XV donde imperaba la *tragédie lyrique* del compositor oficial de la corte del rey Sol, Jean-Baptiste Lully. Aunque el establishment operístico parisino no acogió bien las óperas de Rameau, éste se convirtió en la diana de los partidarios del estilo italiano que ya barría el resto de Europa. La paradoja era doble: los *ramistas* se oponían a los *lullistas* pero fueron blanco de los ataques de los padres de la Ilustración, partidarios de la corriente italianizante, en la célebre «Querelle des bouffons». Además, Lully (nacido Giovanni Battista Lulli) era italiano.

En una tragedia lírica francesa que se preciara no podían faltar dioses mitológicos, ninfas, parcas, pastores, tormentas, monstruos marinos, infiernos con puertas giratorias y, por descontado, trágicos amores, de modo que la Fedra de Eurípides-Racine resultó perfecta como argumento. En esta ópera barroca se da uno de los raros y más atípicos triángulos del repertorio: Hipólito, hijo de Teseo, está tan enamorado de Aricia como Fedra —segunda esposa de su padre— de él. Despechada por el rechazo de su hijastro, Fedra lo acusa de intentar seducirla y Teseo lo destierra. Cuando todo se aclara, Fedra no soporta sus remordimientos y se envenena.

En la *Fedra* de Racine, Hipólito perece luchando contra un monstruo marino y Teseo acaba prohijando a la desconsolada Aricia, a pesar de ser una de los cincuenta pallántides o hijos de los Pallas, sus mortales enemigos. Pero en *Hipólito y Aricia* el libretista Simon-Joseph Pellegrin echó mano del socorrido *deus ex machina* en forma de diosa Artemisa-Diana rescatando a Hipólito del inframundo y echándolo en los brazos de Aricia.

La verdadera protagonista de *Hipólito y Aricia* es Fedra, una madrastra enamorada del hijo de su esposo que pone fin a su vida envenenada por un amor tan apasionado como ilícito y fatalmente tóxico que, aún arrepintiéndose antes de morir, imposibilitará su rescate del infierno.

(El prolífico Hans Werner Henze estrenó en 2007 la «ópera de concierto» *Phoedre*, basada en el inagotable mito clásico.)

Lakmé (*Lakmé*)

El estramonio (*datura stramomnium*) es una planta abundante en el campo que posee propiedades alucinógenas pero cuya riqueza en alcaloides tóxicos puede resultar letal si se ingiere en altas dosis. Aunque despide un olor hediondo, la *datura* posee unas flores blancas agradables a la vista que le otorgan un aspecto falsamente inofensivo. Las partes más tóxicas de la planta son sus hojas y las semillas que contiene su fruto, una cápsula revestida de espinas.

En el primer acto de la ópera *Lakmé*, justo después del célebre *dúo de las flores* a cargo de la sacerdotisa y su esclava Mallika, los británicos llegan al jardín que rodea al templo de Brahma y se burlan de un país donde morder una flor —refiriéndose al estramonio— puede resultar fatal. Es otro aviso premonitorio al espectador: cerca de la última bajada de telón, alguien morirá por ese motivo (la anticipación del destino es característica de la tragedia griega).

En esta ópera, el triángulo TBS lo forman el oficial inglés Gérard (tenor), el sacerdote brahmánico Nilakantha (bajo) y la hija de éste, la sacerdotisa Lakmé (soprano). Gérard queda prendado de Lakmé en el interior de su templo y para identificar al profanador el sacerdote invita a su hija a cantar la famosa *aria de las campanillas*, que la soprano coloratura australiana Joan Sutherland bordó como nadie. Nilakantha apuñala al oficial pero no lo mata y cuando éste regresa con los suyos, Lakmé, confirmando el cínico comentario de Frédérik, otro oficial británico («estas niñas no saben sufrir») muerde una flor de estramonio y muere tras informar a su padre de que no se moleste en matar a Gérard porque ella y él han bebido de la misma copa sagrada de marfil y por tanto el oficial es ya uno de ellos.

Aunque escribió cinco más, Léo Delibes fue otro «compositor de una ópera». Además de Lakmé, le debe su fama a los ballets Coppélia y Sylvia (con su famoso *pizzicato*), pero sobre todo al empleo intensivo de la mencionada barcarola para dúo de soprano (Lakmé) y mezzo (su esclava Mallika) *Sous le dôme épais* o «de las flores» en bandas sonoras de filmes, sintonías de programas de radio y televisión y anuncios publicitarios de cosméticos, agencias de viajes e incluso entidades bancarias. Compón óperas para esto.

Magda *(El cónsul)*

Las veinticinco óperas que el compositor ítalo-americano Gian Carlo Menotti escribió a lo largo del siglo xx certifican no solo la capacidad de adaptación de un género multisecular a los nuevos tiempos sino incluso su poder de anticipación a los futuros. Buena muestra de ello es la breve ópera cómica de Menotti titulada *El teléfono* y subtitulada *El amor a tres*, en la que Ben trata de proponerle matrimonio a Lucy pero las constantes interrupciones de llamadas telefónicas se lo impiden hasta que él opta por marcharse a una cabina de la calle y declararse por el único medio posible. Un triángulo con un vértice tecnológico y una historia estrenada en 1947 pero de rabiosa actualidad por la movilmanía imperante.

En 1950 uno de los dos grandes regímenes totalitarios europeos, el de la Alemania nazi, llevaba cinco años desaparecido, mientras que al otro, el de la Unión Soviética estalinista, aún le quedaban tres. En tal contexto, Menotti estrenó su sexta ópera, *The Consul*, un drama en tres actos cuyo texto, del propio músico, parece más bien el guión de una película de terror político-burocrático.

John Sorel es un disidente, perseguido por un régimen totalitario, que trata de huir del país mientras su esposa Magda, a cargo de su suegra y del bebé del matrimonio, intenta conseguir un visado en el consulado de un país supuestamente libre. Allí descubre la insensibilidad frente al drama de la familia Sorel, encarnada en una implacable secretaria sin corazón:

Su nombre es un número. Su historia, un caso. Su necesidad, una petición.

Parapetada tras su máquina de escribir, la secretaria impide el acceso al cónsul, que siempre está muy ocupado y no recibe a nadie, ejerciendo sin piedad el larriano «vuelva usted mañana». Las trabas burocráticas, finalmente, desencadenan la tragedia: el pequeño muere de hambre y frío y John es apresado por la policía secreta cuando regresa de la frontera para reunirse con su esposa. Una mañana más perdida en la sala de espera, Magda descubre horrorizada que el cónsul sí recibe, pero al jefe de la policía. Ya sin esperanza alguna se encierra en la cocina, se cubre la cabeza con un chal negro, abre la espita del gas y se inclina sobre ella. Mientras la luz se desvanece lentamente, Magda alucina con la voz de la secretaria gritando «¡Siguiente!» sin levantar la vista del teclado.

La inhalación de suficiente volumen de gas de consumo doméstico (metano, butano, propano) acaba matando porque va enrareciendo el aire que se respira hasta impedir la aspiración de oxígeno. El cuadro clínico puede ser aparatoso: cefalea, náuseas, mareo, vómitos, agitación mental, convulsiones, etc., además del riesgo de explosión si se aplica una llama o salta una chispa. Pero el fuerte olor que despide alerta y evita muchos accidentes. En cambio, el gas producido por la combustión deficiente incompleta de sustancias como derivados del petróleo, carbón o incluso madera, el monóxido de carbono (CO), mata a traición porque es inodoro e incoloro. La «ventaja» del CO a la hora de matar es que intoxica sin producir síntomas, sumiendo a la víctima en un plácido sueño, la «muerte dulce», del que nunca despertará. De haberlo sabido, la desdichada Magda mejor habría echado mano de un buen brasero de cisco.

Sélika (*La Africana*)

La de *Adriana Lecouvreur* (ver más adelante) no es la única muerte de un personaje de ópera intoxicado por los efluvios de unas flores.

Eugene Scribe, el libretista de *Los Hugonotes* de Meyerbeer, revalidó su colaboración treinta años después escribiendo el texto de su última *grand opéra*, *L'Africaine*, inconclusa por la muerte del compositor. Meyerbeer pensaba titularla «Vasco de Gama» pero finalmente se estrenó como *La Africana* al considerar que la verdadera protagonista era Sélika, la reina convertida en esclava por el navegante portugués Vasco de Gama. La cual, por cierto, no procedía de África sino de algún país sudasiático. En esta ópera, el famoso marino portugués se muestra como un amante sin escrúpulos, capaz de unirse a su enamorada Sélika cuando cree que su querida Inés ha muerto, y de abandonarla cuando descubre que ésta vive. Resignada, la reina los deja marchar de su país (¿Madagascar?) y se abandona a los venenosos efluvios que emanaban de las flores de un manzanillo, el temido «árbol de la muerte» cuyas pequeñas manzanas pueden matar a veinte personas una sola.

En 1893 *La Africana* todavía gozaba de la suficiente fama en España como para que aquel año se estrenara en el madrileño Teatro Apolo una zarzuela cómica titulada *El dúo de La africana*. Con música de Manuel Fernández Caballero y libreto de Miguel Echegaray, hermano del nobel José, cuenta la descacharrante historia de una compañía de ópera de tercera dirigida por un empresario pesetero, el italiano Querubini, cuya esposa, la tiple andaluza Antonelli, se entiende con el tenor zaragozano Giuseppini, al que le echa los tejos la hija del matrimonio, Amina, quien a su vez atrae al Bajo. El explosivo ambiente que se respira en la compañía acaba estallando durante la representación del dúo del cuarto acto de *La Africana*, cuando Querubini interrumpe el efusivo abrazo de Sélika con Vasco y, para colmo, irrumpe en el escenario la avergonzada madre de Pepe (Giuseppini) para llevárselo a casa. Una curiosa historia de ópera dentro de la zarzuela donde la parodia ha sobrevivido al original.

Sor Angélica *(Sor Angélica)*

Hay una ópera sin sopranos, mezzos ni contraltos: *Billy Budd*, de Benjamin Britten, cuyos diecisiete personajes son masculinos. Y otra sin tenores, barítonos ni bajos: *Suor Angelica* de Giacomo Puccini, con las catorce cantantes femeninas. Y es que la primera transcurre en un barco de guerra y la segunda en un convento de monjas de clausura.

Puccini era tan minucioso ambientando sus óperas que en el preludio del tercer acto de *Tosca* reprodujo fielmente los toques de las campanas que se escuchan al amanecer desde lo alto del castillo Sant'Angelo. En el caso de *Suor Angelica* tuvo facilidades: su hermana Higinia era abadesa en un convento cercano a su Lucca natal, donde el compositor pasó unos días observando la vida de las monjas que serían las primeras en oír una versión de la ópera con una reducción de la partitura para piano.

Angélica es la herborista y curandera del convento que «tiene siempre una buena receta hecha con flores y siempre sabe encontrar una hierba bendita para calmar los dolores». Otro aviso más a espectadores. De alta cuna, lleva siete años enclaustrada como castigo, pero las hermanas desconocen el pecado: dar a luz a un hijo extramatrimonial que mancilló el honor familiar y al que sólo pudo ver y besar una vez antes de arrebatárselo. La tortura de no saber nada del niño desde entonces finaliza de modo cruel cuando su tía y tutora la visita para que firme unos papeles. Sor Angélica le implora noticias sobre su hijo y la despiadada anciana le da la peor posible: el pequeño había fallecido dos años antes.

Impaciente por morir también, Angélica prepara con sus hierbas benditas que calman todos los dolores una pócima mortal, pero nada más ingerirlo se da cuenta de que el suicidio es un pecado mortal que le impedirá reunirse con su hijito en el cielo. Desesperada, de madre a madre implora salvación a la Virgen y sin hacerse ésta mucho de rogar, anunciado por un coro angelical, se produce el milagro:

(La iglesia parece invadida de luz. La puerta se abre y entre un fulgor místico se ve la iglesia llena de ángeles. Aparece la Reina del Consuelo, dulcísima, y delante de ella un niño rubio, todo blanco. La Virgen, sin tocarlo, suspende al niño hacia la moribunda.)

Sor Angélica muere dulcemente y muchos espectadores lloran. Una vez más, el maestro del melodrama ha sabido cómo tocarles de lleno la fibra.

(*Il Trittico* no es el único trío de óperas en un acto con una de ellas protagonizada por las monjas de un convento. En su juventud creativa, Paul Hindemith compuso otro tríptico en plan *enfant terrible* que se saldó con sendos escándalos: *Asesino, esperanza de las mujeres* (1919), *El Nusch-Nuschi* (1920) y el más provocativo de los tres, *Santa Susana* (1921), que aborda la represión sexual de las monjas, en la que la protagonista acaba completamente desnuda retirándole las enagüillas a la imagen de Cristo crucificado de la capilla.)

Veamos a continuación dos casos en los que se dan al mismo tiempo el homicidio y el suicidio por envenenamiento.

Rodolfo *(Luisa Miller)*

Luisa Miller fue la penúltima ópera de las once que Giuseppe Verdi compuso durante sus siete «años de galeras» (1844-1850). Es una obra romántica por antonomasia y eso exige un cóctel dramático mezclando a partes iguales amor y odio, traición y lealtad, ambición y generosidad e inocencia y maldad, todo bien agitado y aliñado con una generosa dosis de muerte.

No obstante, en esta ópera no sólo destaca el amor por atracción sexual, que aquí no arma un triángulo sino otro cuadrado cuyos vértices son los mutuamente enamorados Rodolfo y Luisa, la duquesa Federica, que ama a Rodolfo, y el malvado Wurm («gusano», en alemán) que desea a Luisa. También brilla una modalidad de amor tan verdiana como el paternofilial. La figura del padre-barítono está muy presente en la producción verdiana, unas veces asociada al honor y el respeto (los Germont de *La Traviata*), otras a la rivalidad incluso amorosa (Felipe II y *Don Carlos*) y sobre todo al amor de hijas como Aida, Gilda o Luisa, o de hijo (*Los dos Foscari*).

Luisa Miller narra la trágica destrucción de una inocente pareja de enamorados como resultado de un vil chantaje. Para salvar de la ejecución al padre de Luisa, encarcelado por el de Rodolfo, el pérfido Wurm (tan malo que es un bajo) la obliga a mentir declarando por escrito que lo ama a él y no a Rodolfo. Éste, desesperado, y porque «el amor desdeñado es furia que no sabe perdonar», se saca del pecho una ampolla que vacía en una taza de la que bebe primero antes de invitar a Luisa a compartirla. Se trata de un veneno de acción lenta porque antes de matarlos a los dos, y para su desesperación, hay tiempo suficiente para aclarar el embrollo. La primera en morir es Luisa, técnicamente asesinada en realidad por su amado, quien antes de sucumbir extrae de su flaqueza la fuerza necesaria para atravesar con su espada al gusano causante de la tragedia. Pero antes de caer, Rodolfo le increpa a su padre, el conde Walter, que ese es su castigo. Y entonces sí, el grito de espanto del coro de aldeanos tiroleses, al que se unen los horrorizados padres de la pareja muerta, permiten a Verdi dar carpetazo al asunto con el característico acorde menor de los metales sobre redoble de timbales que los impacientes aplausos de un público entregado nunca permiten que se extinga en el silencio que exige tanta muerte.

Stolzius y Desportes (*Los soldados*)

En 1963 una banda formada por cuatro melenudos rockeros ingleses lanzó su primer álbum de estudio, *Please please me*. El mismo año, una emisora alemana dio a conocer la «Sínfonía Vocal» de una complicadísima obra escénica del compositor Bernd Alois Zimmerman titulada *Die soldaten*. Es solo una muestra de que durante la «década prodigiosa» de la música pop, los LPs de The Beatles, The Rolling Stones, The Doors, Pink Floyd o The Who vieron la luz mientras que compositores como Britten, Henze, Martinú, Barber, Ginastera o Penderecki continuaron produciendo obras enmarcadas en un género musical que parecía destinado a morir en el siglo xx.

Los soldados está considerada una de las óperas más importantes de la pasada centuria, pero su extraordinaria complejidad escénica la hacen difícilmente representable. En una reciente producción del Teatro Real de Madrid (2018) el foso resultó insuficiente para contener al auténtico ejército de instrumentistas que hubo que disponer en andamios sobre un escenario por el que actúan más de veinte personajes además del coro. En palabras del director artístico del teatro, esta obra es «tremendamente incómoda, un auténtico puñetazo en el estómago, de una violencia extrema y de una complejidad tal que ha sido considerada durante décadas como imposible de representar».

Sin embargo, el tema nuclear de *Los soldados* (estrenada en su forma definitiva en 1965, el año de *Help!*) es el viejo triángulo de siempre, en este caso formado por María (soprano), Desportes (tenor) y Stolzius (barítono), con la peculiaridad de que éste el bueno y aquel el malvado.

Desportes es un oficial de ascendencia noble que le roba la novia a un trapero para convertirla en una «puta de soldados». Stolzius, el antiguo novio, jura vengarse y para conseguirlo entra de incógnito al servicio doméstico de un oficial amigo de Desportes. En una cena de los camaradas vierte veneno matarratas en la sopa y, antes de morir Desportes, Stolzius revela su identidad y se suicida con un trago de su propio brebaje mortal. Un raro caso masculino en el catálogo de envenenadores.

Zimmermann murió con 52 años, tan solo tres meses después de la publicación del último álbum de estudio de The Beatles, *Let it be* (1970). Pero tras la separación del cuarteto, el rock siguió su camino a través del siglo XX. La ópera, también.

Finalizamos este recorrido por la intoxicación operística con algunos homicidios célebres.

Personajes a los que envenenan

Mozart (*Mozart y Salieri*)

Quién le iba a predecir al autor de óperas inmortales Johannes Chrysostomus Wolfgangus Theophilus Mozart[26] que, un siglo después de morir él, resucitaría como protagonista de la operita en un acto que Nikolái Rimski-Kórsakov compuso sobre el drama «menor» en verso de Alexander Pushkin titulado *Mozart y Salieri*. La primera representación, privada, redujo la ópera a la mínima expresión: dos cantantes (un tenor, Mozart, y un barítono, Salieri) acompañados al piano por Serguéi Rachmaninov, nada menos.

El argumento, ceñido a una falsa leyenda, es simple: el viejo compositor Salieri envidia la superior calidad musical de su joven colega Mozart hasta el punto de desear su muerte y envenenarlo. El mito recibió un gran impulso popular con el filme *Amadeus*, de Milos Forman (1984). Sin embargo, de las narraciones de testigos oculares de sus últimos momentos puede suponerse que Mozart sufrió un fallo multiorgánico por sepsis, probablemente estreptocócica. Su hijo menor Franz Xaver (y músico menor también) declaró años después que, en el delirio que precedió al coma, su padre decía que lo había envenenado con *acqua tofana* un misterioso hombre vestido de negro.

El tenor Pablo García-López como W.A. Mozart en la ópera *Mozart y Salieri*, de Nikolái Rimski-Kórsakov.

La segunda escena de la ópera transcurre en la célebre taberna vienesa «El león dorado», donde Salieri tiende su trampa mortal camuflada como una cena de dos viejos amigos. En un momento del diálogo entre los dos músicos, Mozart asegura que «el genio y la maldad son incompatibles». En su bonhomía, el salzburgués le concede su misma categoría de genio al véneto, pero se equivoca. Salieri no es un músico prodigioso como él y, por tanto,

---

26 Mozart utilizó como nombres de pila Wolfgang y Amadeus, traducción latina del griego Teophilus («que ama a Dios»).

es capaz de cometer un asesinato con alevosía. Las lágrimas que Salieri derrama cuando escucha a su víctima interpretar el comienzo del Réquiem que le ha encargado el hombre vestido de negro no lo redimen de su maldad, y cuando Wolfgang se despide de él, camino de la muerte, Antonio Salieri admite con amargura la terrible conclusión: es malvado, luego no es un genio.

Adriana *(Adriana Lecouvreur)*

Adriana Lecouvreur, con música de Francesco Cilea y libreto de Arturo Colautti —el libretista de Fedora—, es una de esas óperas casi olvidadas que resucitan gracias al empeño personal de una cantante, en este caso la soprano Renata Tebaldi, quien a principios de los sesenta impuso el título al Met neoyorquino. Pero también es una de esas óperas cuya inspirada música compensa con creces un libreto embrollado hasta el absurdo.

Se sospecha que la actriz francesa Adrienne Lecouvreur (1692-1730) pudo morir envenenada por la duquesa María Carolina Sobieska, Princesa de Bouillon, su rival en el amor de Mauricio de Sajonia, Mariscal General de Francia. La ópera amplia este triángulo enamorando al Director de la Comedia Francesa (Michonnet) de Adriana y al Príncipe, de una actriz (Duclos).

La mezzosoprano Anita Rachvelishvili como *Adriana Lecouvreur*, de Francesco Cilea.

Al principio de la obra, Adriana regala a su amado Mauricio un ramo de violetas que resultará fatal para la actriz, pues él se las regala a la Princesa, y cuando ésta descubre la identidad de su rival se las hace llegar impregnadas de veneno en un cofre el día de su cumpleaños.

La muerte por intoxicación de Adriana es uno de los puntos dramáticos más débiles de esta muestra de verismo atenuado. No resulta creíble que un veneno tan potente como para causar su efecto letal casi solo con ver el objeto al que impregna (las flores, en este caso) pueda ser manipulado sin consecuencias para la envenenadora, por muy aficionado a la química que sea su marido. Y desde que Adriana dice que «Al abrirlo (el cofre) me ha parecido percibir un aliento helado, casi de muerte» hasta que expira transcurren más de veinte minutos durante los cuales delira en una auténtica escena de locura, se desmaya, se reanima, vuelve a delirar creyéndose Melpómene y hasta canta una de las arias más célebres del verismo (*Poveri fiori*) sin mostrar el menor síntoma de intoxicación.

Genaro y sus amigos (*Lucrecia Borgia*)

En la Italia renacentista pocas familias ejemplifican la mezcla de ambición sin escrúpulos, ansia de poder, corrupción y esplendor como la Borgia, nombre italiano de los Borja de origen valenciano, de cuyo árbol genealógico cuelgan frutos tan diversos como príncipes, papas, nobles, cardenales y hasta algún santo. Mas, si hubiera que destacar a un Borgia como paradigma de aquella poderosa familia, el personaje sería sin duda la bella Lucrecia, hija de Rodrigo Borgia, futuro papa Alejandro VI, y hermana de César, que fue cardenal —a los dieciséis años—, capitán general de los ejércitos papales y, se dice, inspirador de *El príncipe* de Nicolás Maquiavelo.

La figura histórica de Lucrecia queda empañada por una leyenda que la muestra como despiadada asesina de sus enemigos en complicidad con su hermano y amante, del que habría quedado embarazada. A este leyenda, negra, contribuyó Victor Hugo con su drama *Lucrèce Borgia*, base del libreto de Felice Romani para la ópera homónima de Gaetano Donizetti, aunque durante años hubo que representarla bajo otros títulos por las reclamaciones de Hugo de sus derechos de autor y las protestas de los sucesores de los Borja.

El argumento de la ópera es de lo más inverosímil. El joven Genaro, miope quizás, se enamora de la odiada Lucrecia, esposa del duque de Ferrara, sin saber que es su madre. El duque cree que el amor es recíproco y ordena a su mujer que se lo cargue dándole a escoger, como Silva a *Ernani*, entre el veneno o la espada. Lucrecia prefiere lo primero porque le proporciona a Genaro el antídoto que lo salvará... de esta. La ópera concluye con una fiesta de los cinco amigos de Genaro —Orsini, Liverotto, Vitellozzo, Petrucci y Gazella— que se emborrachan con vino envenenado por Lucrecia tras disponer sendos ataúdes para vengarse de sus insultos. Genaro le advierte que deben de ser seis porque él también ha bebido. Entonces Lucrecia le ofrece el antídoto pero él prefiere morir con sus amigos, o sea suicidarse, lo que sucede nada más saber que Lucrecia es su madre. Resulta difícil de entender que, disponiendo del contraveneno, Genaro no solo salvara la vida de sus amigos sino la suya propia, pero en fin. Cosas de Romani.

Los nueve personajes envenenados por Gesche (*La libertad de Bremen*)

Entre las óperas con personajes que mueren envenenados, la palma se la lleva *Bremer Freiheit (La libertad de Bremen)* de la rumana Adriana Hölzsky, una de las poquísimas mujeres compositoras de óperas, basada en una obra teatral del cineasta y dramaturgo alemán Rainer Werner Fassbinder.

El trastorno facticio es una enfermedad mental que consiste en causar deliberadamente enfermedades o lesiones a otras personas o a uno mismo. Cuando el daño se inflige a otros, suelen ser miembros de la familia o del círculo social inmediato y el psicópata finge volcarse en atenderlos, de modo que resulta difícil descubrirlo. Antiguamente se denominó a este trastorno «síndrome de Münchausen» y uno de los casos más llamativos que se conocen tuvo lugar en la ciudad de Bremen a principios del siglo XIX.

A lo largo de quince años, en la ciudad alemana de Bremen, Gesche Margarethe Gottfried fue envenenando hasta la muerte con una «grasa de ratas» que contenía arsénico a quince personas, entre ellas a sus padres, dos esposos, un novio, tres hijos y varias amigas y sirvientas, lo que le valió el apelativo de «Ángel de la Muerte». Cuando enfermaban los cuidaba con abnegación y el pueblo se compadecía de su desgracia hasta que fue descubierta, condenada y decapitada a espada en una plaza de la ciudad en 1831[27].

Basándose en esta tremenda historia, Hölzsky estrenó en 1988 una «Obra cantada sobre la vida de una mujer» creando «acciones sonoras imaginarias» a base de sonidos asociados a los personajes como cadenas, campanas o rugidos de león. En esta obra, dodecafónica, la protagonista asesina a nueve personajes entre maridos, padres, hermanos, hijos y amigos. La «libertad» del título parece referirse a la liberación de la mujer oprimida por la sociedad más próxima. Aunque sea a base de matarratas.

Simón Bocanegra (*Simón Bocanegra*)

Ya hemos señalado que Verdi concedió gran importancia a la relación paterno-filial como eje emocional en torno al cual giran los argumentos de muchas de sus óperas. En la larga lista de padres verdianos (Nabucco, Rigoletto, Monforte, Germont, Amonasro, Miller) destaca Simón Bocane-

---

27 En el lugar de la plaza de Bremen donde se dice que la cabeza dejó de rodar se incrustó una baldosa de basalto, la *Spuckstein* («piedra de escupir») sobre la que aún estampan sus salivazos algunos bremenses en señal de repulsa hacia su antepasada.

gra como ejemplo de barítono —los padres siempre son barítonos— que desconoce su parentesco con la soprano protagonista, y/o viceversa, hasta que se aclara demasiado tarde, cuando sobreviene el fatal desenlace.

El ex corsario y ahora dux de Génova Simón Bocanegra descubre que la novia de Gabriel Adorno, Amelia Grimaldi, es su hija María, que había desaparecido misteriosamente cuando era una niña. Paolo Albiani, antiguo valedor de Simón, cuya elección como dux apoyó, quiere la mano de Amelia pero Bocanegra se la niega y el hasta entonces amigo se convierte en enemigo mortal. La ternura del dux hacia su hija es malinterpretada por Gabriel, quien trata de matarlo en dos ocasiones.

En el tercer acto, el resentido Paolo envenena el agua que bebe el dux, pero el tóxico debía de ser de acción muy lenta porque Bocanegra aguantará cantando todo el cuarto acto hasta que expira de un modo conmovedor tras aclarar su paternidad y bendecir la unión de Gabriel y Amelia, o sea María Bocanegra.

El tenor Plácido Domingo como *Simon Boccanegra*, de Giuseppe Verdi.

Después de *Il trovatore*, *Simon Boccanegra* fue la segunda ópera de Verdi inspirada en otro drama de Antonio García Gutiérrez, esta vez con libreto de Piave. La lección del tema pudo deberse al paralelismo entre la situación política de la república de Génova en el siglo XIV y la de la Italia en pleno proceso de unificación con la que el compositor se comprometió. Sin embargo, otra vez más, el genio musical y dramático de Verdi redime la mediocridad del libreto —fiel reflejo del de la obra original— dotando a esta ópera de magníficos números vocales como el concertante que cierra la gran escena del Consejo, que precisa de cinco cantantes (una soprano, un tenor, dos barítonos y un bajo) de primera clase.

Giulietta *(Los cuentos de Hoffmann)*

En ocasiones, la muerte por envenenamiento no es el resultado de un suicidio u homicidio sino de un error. Es el caso de la prostituta de lujo veneciana Giulietta en *Los Cuentos de Hoffmann*.

Tras convertirse en un ídolo del público parisino que aclamaba sus comedias en la Opéra-Comique, tras la derrota de Francia en la guerra contra Prusia que hundió el Segundo Imperio (1870), Offenbach cayó en desgracia al reconvertirse a los ojos de los franceses en un alemán, judío para más inri. Decepcionado, intentó hacer fortuna en Estados Unidos sin éxito y regresó a su patria de adopción decidido a componer una gran ópera seria adaptando varios relatos de Ernst Theodor Amadeus Hoffmann, que no llegó a concluir: *Les contes d'Hoffmann*.

Esta compleja obra está estructurada en un prólogo, un epílogo y tres actos, basados en sendos relatos de Hoffmann a quien los libretistas Jules Barbier y Michel Carré convirtieron en el personaje que hilvana las tres historias. Cada acto se ocupa de un amor imposible del histórico polímata prusiano: el primero, la muñeca autómata Olympia; el segundo (aunque el orden varía en distintas versiones), la delicada —y como sabemos, tísica— Antonia y el tercero la cortesana Giulietta. En los tres hay un malvado personaje que bajo distintas identidades se opondrá a las intenciones de Hoffmann: el doctor Coppelius, el doctor Miracle y Dapertutto, papeles habitualmente interpretados por el mismo bajo-barítono.

Kathleen Kim como Olympia y Joseph Calleja como Hoffmann en *Los cuentos de Hoffmann*, de Jacques Offenbach.

Siguiendo el relato de Hoffmann «La historia de la imagen del espejo perdida», Dapertutto obtiene las almas de sus víctimas a través de Giulietta cuando ésta les roba su imagen en el espejo. Hoffmann cae rendido a los encantos de la cortesana pero ésta acaba huyendo con su amante, el payaso Pitichinaccio, el cual, en una de las versiones de este acto, trata de envenenar a Nicklausse, el joven consejero de Hoffmann. Pero es Giulietta quien ingiere el brebaje fatal (en otra versión, el payaso muere apuñalado por Hoffmann en un lance que iba destinado a Giulietta).

El acto «Giulietta» de *Los cuentos de Hoffmann* se abre con la celebérrima barcarola que cantan Nicklausse (mezzosoprano) y Giulietta, la página más famosa de la ópera y una de las más conocidas del repertorio, que Ernest Guiraud, el músico que orquestó y completó la ópera, tomó prestada de la otra ópera seria de Offenbach, «Las hadas del Rin». Todo un homenaje póstumo a un personaje que nunca fue lo que pareció.

MUERTE POR CAUSA MISTERIOSA O SOBRENATURAL

ÁNGELES
¡Salvada!
¡Cristo ha resucitado!
¡Cristo acaba de renacer!
¡Paz y felicidad
a los discípulos del Maestro!
¡Cristo acaba de renacer!
¡Cristo acaba de renacer!
¡Cristo ha resucitado!

(Los muros de la prisión se han abierto.
El alma de Margarita sube al cielo.
Fausto la sigue con ojos cargados de
desesperación cae de rodillas y reza.
Mefistófeles, en el centro, es derribado
por la espada luminosa del arcángel.)

(Acto V de fausto, de Ch. Gounod)

Personaje	Ópera	Motivo
Don Carlos	Don Carlos	Desaparición
Don Juan de Alarcón	Margarita la tornera	Fulminación
Hunding	La Valquiria	Maldición
Judith	El castillo de Barbazul	Desaparición
Madeleine y Roderick	La caída de la casa Usher	Desaparición
Margarita	Fausto	Redención
Nekrotzar	El gran macabro	Desaparición

Las modernas crónicas de sucesos catastróficos distinguen tres clases de damnificados por el terremoto, el huracán, el incendio o el naufragio: muertos, heridos y desaparecidos. Lo habitual es que estos últimos también hayan fallecido, pero mientras no den señales de vida o, lo que suele ser más frecuente, se encuentre su cadáver, para las frías estadísticas seguirán siendo «desaparecidos».

Los protagonistas de algunas óperas abandonan el mundo de los vivos por causas inexplicables desde el punto de vista racional. Algunos «desaparecen» pero sin morirse claramente, y otros fallecen de un modo que podría calificarse misterioso o sobrenatural. A continuación, nos ocuparemos de algunos de estos personajes que salen del escenario de la vida —y del teatro— pero sin ingresar de forma palmaria en el reino de la muerte.

Don Carlos (*Don Carlos*)

En muchos casos, los retratos de protagonistas de óperas basadas en hechos históricos adolecen de falta de rigor histórico, pero quizá pocos tanto como el del primogénito del rey Felipe II de España en *Don Carlos* de Verdi. El propio compositor, en una carta a su editor Giulio Ricordi, confesó con toda claridad que:

> En este drama, espléndido por la forma y por la generosidad de concepto, todo es falso. Don Carlos, el verdadero Don Carlos, era un necio furioso, antipático. Elisabetta no se enamoró nunca de él. Posa es un ser imaginario que no habría podido nunca existir en ese reinado. No hay nada de histórico, ni existe la verdad y profundidad shakespeareana de los caracteres… Entonces una falsedad de más o de menos poco importa; y a mí no me desagrada la aparición final del viejo emperador.

A pesar de ello, esta *grand opéra* verdiana reposa en uno de los puntales culturales sobre los que se ha cimentado la llamada «leyenda negra» antiespañola. Carlos de Austria, hijo de dobles primos, fue un muchacho débil, enfermizo y con tendencias sádicas cuyo estado mental empeoró tras el traumatismo craneal que sufrió persiguiendo a una criada y la trepanación que le practicó el gran anatomista flamenco Vesalio. Su inestabilidad mental, unida a sus intrigas políticas contra su padre, motivó que éste lo recluyera incomunicado en sus aposentos, donde falleció seis meses después a los veintitrés años.

Sobre este desgraciado personaje, Friedrich Schiller escribió el drama del que dos libretistas franceses extrajeron el texto de la ópera para su estreno parisino. En esta falsa versión de la historia, el príncipe Carlos es un héroe romántico que apoya a los rebeldes flamencos y se enamora de la esposa de su padre, retratado como un déspota manejado por el Gran Inquisidor.

Don Carlo es la ópera más larga y modificada de todas las compuestas por Verdi. La primera versión en cinco actos, titulada *Don Carlos*, se estrenó en París en 1867 cantada en francés, y la segunda en la Scala en 1884, titulada *Don Carlo*, con cuatro actos (suprimiendo el primero parisino) y cantada en italiano. Ambas finalizan con la misma fantasía, en el monasterio de Yuste (Saint-Just en la francesa y San Giusto en la italiana), donde estuvo enterrado el abuelo del infante Don Carlos, el emperador Carlos V, hasta que Felipe II trasladó sus restos a El Escorial.

El desenlace tiene lugar en el claustro del monasterio, una noche de luna. El infante y su madrastra han quedado para cantar el «Dúo del adiós» antes de partir él a Flandes a rebelarse contra su padre. Pero son sorprendidos por el rey y el Gran Inquisidor, quien ordena a sus esbirros prender a Don Carlos, pero en ese momento se abre la reja del mausoleo del abuelo y aparece un misterioso monje con la voz del emperador que se lo lleva a la tumba. Un destino, «desaparecido», quizá más terrorífico aún que morir a manos del Santo Oficio.

Don Juan de Alarcón (*Margarita la tornera*)

El poeta y dramaturgo José Zorrilla fue un autor muy prolífico aunque su nombre ha quedado irremisiblemente asociado a su drama *Don Juan Tenorio*, la otra gran versión del mito de Don Juan tras *El burlador de Sevilla y convidado de piedra*, atribuida a Tirso de Molina. Sin embargo, Zorrilla anticipó su revisión en una de las «leyendas y tradiciones históricas» que recopiló bajo el título de *Cantos del trovador*. La leyenda, titulada *Margarita la tornera*, inspiró a Carlos Fernández Shaw el libreto de una «leyenda lírica en tres actos y ocho cuadros» a la que puso música el gran zarzuelista Ruperto Chapí.

Asistido en sus correrías seductoras por el criado Gavilán (trasunto del Leporello mozartiano), Don Juan de Alarcón logra que Margarita, la hermana tornera de un convento de Palencia, lo abandone por su amor. Antes de huir, la monja deposita las llaves que custodiaba ante la imagen de la Virgen. Con el tiempo, Margarita descubre que se ha entregado a un crápula mujeriego y pendenciero sin escrúpulos, así que dos años después de abandonar el convento decide regresar. Arrepentido, Don Juan pretende recuperarla pero Gavilán le da la extraña información de que a la monja nunca la echaron de menos en la comunidad. Él no lo cree y se encamina al convento, pero cae «como fulminado» en la escalinata de la entrada. Dentro, en la capilla, se aclara el misterio: la Virgen tomó forma humana y sustituyó a Margarita durante los dos años de su ausencia sin que nadie lo notara.

En sentido estricto, la muerte por fulminación es la que se produce por el alcance de un rayo, pero también define cualquier defunción ocurrida de modo súbito, inesperado e instantáneo, como un accidente vascular o un infarto agudo de miocardio. En el caso de Don Juan de Alarcón, joven y sano, su muerte parece un castigo divino en el momento y lugar oportunos. Años más tarde, sin embargo, Zorrilla se compadecería de su personaje dejando que Doña Inés gane su apuesta con Dios y redima a Don Juan Tenorio librándolo del infierno.

Hunding *(La valquiria)*

Entre las muertes en la ópera cuya explicación «excede los límites de la naturaleza» destaca un caso de muerte súbita de un humano por maldición divina directa, sin otra arma que un gesto despreciativo.

A simple vista —y escucha— Hunding es uno de los personajes más antipáticos de cuantos creó Wagner. Forzó a una muchacha a ser su esposa, es decir, su sumisa sierva, ya que a los ojos actuales Hunding es un «machista», aunque es de suponer que en aquellos tiempos remotos todos los hombres lo eran. De carácter autoritario e irascible, pertenece a un clan de «violentos», como llaman hoy a terroristas, matones, camorristas y bravucones. Trata a su mujer peor que a una criada y sus mejores amigos son la jauría de perros (Hunding puede traducirse como «Perrero») con los que sale de caza. Pero el personaje tiene dos pases, por lo menos.

Nada más iniciarse *La Valquiria*, Siegmund se refugia en casa de Hunding sin saber que es su enemigo. Éste lo descubre y, en lugar de echarlo o matarlo, pues va desarmado, respeta las sagradas leyes de la hospitalidad y le da cobijo hasta el día siguiente, en el que deberán luchar a muerte. Este gesto de nobleza obligada le permite a Siegmund dos cosas fundamentales para el devenir del *Anillo*: una espada (Nothung) y una amante, su hermana y futura madre de Sigfrido.

Horrorizada por la unión carnal de la pareja, Fricka le arranca a Wotan la muerte de Siegmund. Pero Brunilda, conmovida por su amor, decide desobedecer a su padre y ponerse del lado del velsungo. Llega Hunding con sus perros y los dos hombres luchan hasta que Wotan hace añicos con su lanza la espada que él mismo había proporcionado a Siegmund. Hunding lo mata de un lanzazo pero la venganza de Wotan no se hace esperar:

> ¡Ve allá, esclavo!
> Arrodíllate ante Fricka:
> anúnciale que la lanza de Wotan
> vengó lo que la escarneció. ¡Ve!... ¡Ve!

El último «¡Ve!» obra un efecto fulminante y Hunding cae desplomado sin vida junto al cadáver del velsungo que le había robado la mujer. Quizás no lo merecía. Además de un marido engañado y abandonado, solo cumplía la voluntad del dios. Aunque, en realidad, era la de la diosa Fricka, guardiana del vínculo matrimonial, tan harta de las infidelidades de su marido que vio con buenos ojos la construcción del Valhalla pensado que un hogar sería el mejor antídoto contra sus aventuras amorosas. Se equivocó de parte a parte porque, después de mudarse a la fortaleza, Wotan engendró al menos nueve valquirias y dos velsungos, que se sepa.

Judith *(El castillo de Barbazul)*

Los supuestos cuentos infantiles de Charles Perrault son en realidad atroces relatos: *Cenicienta* describe un caso de doble acoso, *mobbing* familiar y explotación laboral, que resultan impunes; *Pulgarcito* es un espeluznante relato de abandono reiterado de menores e infanticidio múltiple; en *Caperucita Roja* hay abandono de mayores, explotación infantil, cirugía veterinaria sin anestesia y muerte de un animal en peligro de extinción; *El Gato con Botas* es un facineroso culpable de fraude continuado, suplantación de identidad, apropiación indebida, ogrofobia, asesinato con premeditación y okupación de castillo. Y *Barba Azul* era un brutal asesino de esposas en serie que acaba linchado por la familia de la última al margen de la ley.

Sin embargo, el libreto de la ópera *A kékszakállú herceg vára (El castillo de Barbazul)* de Béla Bartók rezuma más poesía que sangre. Al contrario que en el cuento original, en el que la última esposa del monstruo sucumbe a la curiosidad de abrir la habitación prohibida en ausencia de su marido, en la ópera Judith consigue, por el amor que le profesa, que el duque le abra, una tras otra, las siete puertas que esconden sus secretos. La primera da acceso a una cámara de tortura, la segunda a una sala de armas, la tercera a la cámara del tesoro, la cuarta a un jardín, la quinta a un campo abierto y la sexta a un lago de lágrimas. Tras la última, Judith se encuentra con los espectros de las anteriores tres esposas de Barbazul, ricamente vestidas, que caen a los pies del duque. A la primera la encontró al alba, a la segunda a mediodía y a la tercera cierta tarde. A Judith la encontró «una noche estrellada, negra como el ébano» y tras encerrarla tras la séptima puerta, Barbazul exclama apretando los puños:

> Desde ahora todo será oscuridad, oscuridad, oscuridad...

mientras la luz se va desvaneciendo hasta sumir la sala del castillo en una «oscuridad fatal de soledad y tragedia».

Es de suponer que, como sus predecesoras, la pobre Judith se convertirá en fantasma. Habría que escuchar las cosas que dirían del Duque en cuanto cerrara la puerta.

Madeleine y Roderick *(La caída de la casa Usher)*

La caída de la casa Usher, uno de los relatos de terror mejores y más conocidos del escritor estadounidense Edgar Allan Poe, inspiró dos óperas a compositores tan distanciados estilísticamente como el impresionista Claude Debussy y el minimalista Philip Glass, si bien el francés, fan de Poe, murió sin concluirla debido a un cáncer de recto. La obra ha sido recientemente «reconstruida» e interpretada con una duración de veintidós minutos.

Como curiosidad vocal, los tres roles masculinos (Roderick, el médico y el amigo) son barítonos.

Siguiendo el cuento magistral de Poe, en *La chute de la maison Usher* los enfermizos hermanos mellizos Roderick y Madeleine —sobre los que planea la sospecha del incesto—, últimos descendientes de la familia Usher, sobreviven en su viejo caserón en una ambiente claustrofóbico poblado por sombras aterrorizantes. En una extraña noche, Roderick invita a su antiguo amigo William a visitarlos y éste, que actúa como narrador de la acción, asiste primero a la falsa muerte de Madeleine, enterrada viva bajo la bóveda de la casa, quien despierta de su catalepsia ensangrentada y arrastra a su hermano a una muerte definitiva de terror. William logra escapar de la tétrica casona antes de su derrumbamiento.

La versión del minimalista Philip Glass (*The Fall of the House of Usher*, estrenada en 1988) es una de sus óperas de cámara para orquesta reducida pero con nutrida percusión. El libreto del polifacético Arthur Yorincks añade un quinto personaje (el sirviente), enmudece a Madeleine y sugiere una atracción homosexual entre Roderick y su amigo.

En 1960 el director Roger Corman rodó *House Usher*, un filme gótico de serie B protagonizado por el gran Vincent Price en el papel de Roderick Usher.

Margarita *(Fausto)*

Publicada en dos partes, el escritor y científico alemán Johann Wolfgang von Goethe tardó medio siglo en poner punto final a su tragedia *Faust*, una de las obras literarias más influyentes de todos los tiempos en la cultura occidental.

La historia del viejo sabio frustrado que vende su alma al diablo para alcanzar el poder que otorgaría el conocimiento absoluto inspiró numerosas creaciones musicales a lo largo del siglo xix, entre las que destacan la Sinfonía Fausto (Liszt), la *Obertura Fausto* (Wagner), el oratorio *Escenas del Fausto de Goethe* (Schumann), la leyenda dramática *La condenación de Fausto* (Berlioz) y tres óperas: *Fausto* (Gounod), *Mefistófeles* (Boito) y *Doctor Fausto* (Busoni).

Aunque la obra de Berlioz no sea una verdadera ópera, admite perfectamente una representación escénica, por lo que la consideraremos como tal y la analizaremos junto con las de Gounod y Boito (aunque inspirada en el mito, *Doktor Faust* de Busoni se aparta bastante de la primera parte de la obra de Goethe en que se basan las demás).

Estructurada en el formato de la *grand opéra* (cinco actos y ballet, requisitos indispensables para darla en el suntuoso Palais Garnier), *Faust* de Charles Gounod es la ópera compuesta sobre este tema que más se representa en la actualidad. Jules Barbier y Michel Carré elaboraron el libreto basándose en la primera parte del Fausto de Goethe.

Gounod era muy religioso. Además de una docena de óperas, de las que sólo sobreviven en los escenarios *Fausto* y *Romeo y Julieta*—, compuso varios oratorios, misas, la célebre *Ave María* (una melodía superpuesta al Preludio nº 1 de *El Clave bien temperado* de J.S. Bach), el himno de la Ciudad del Vaticano y al final de su vida acarició la idea de ordenarse sacerdote. No es de extrañar que en su versión del mito fáustico al bueno se le perdonen los pecados y el malo obtenga su merecido. No importa que Margarita provocara —involuntariamente— la muerte de su madre al pasarse de dosis de narcótico para acostarse tranquila con Fausto, ni que ahogara al bebé recién nacido de resultas. La culpa de todo la tuvieron ellos, su seductor y el facilitador de la relación. Por eso, al final de la obra, los muros de la prisión se abren y

> *El alma de Margarita sube al cielo.*
> *Fausto la sigue con ojos cargados de*
> *desesperación, cae de rodillas y reza.*
> *Mefistófeles, en el centro, es derribado*
> *por la espada luminosa del arcángel.*

Aunque la última acotación del texto no lo menciona, parece claro que si el alma de Margarita sube al cielo su cuerpo sin vida (ajusticiado en *Mefistofele*) se queda en tierra, pero con la salvación en el bolsillo. El día de la resurrección de los muertos, su juicio final será un mero trámite. Y, eso sí, el demonio es un perdedor, como Dios manda.

El personaje de Margarita es el paradigma de una modalidad operística de salida de la existencia (de ahí el eufemismo técnico «exitus» con el que los médicos suavizan el nombre de la muerte en sus informes) que no es propiamente lo que se entiende por fallecimiento: la ascensión a los cielos, al menos de su alma.

Nekrotzar *(El gran macabro)*

El demonio como personaje operístico no es solo cosa del Romanticismo musical. En un año tan reciente como 1978, el compositor húngaro György Ligeti estrenó la versión definitiva de su ópera *Le Grand Macabre*, cuyo protagonista es Nekrotzar, el Ángel de la Muerte, personificación del Mal que se aparece en plan apocalíptico para anunciar el fin del mundo.

Basada en la obra del dramaturgo belga Michel de Ghelderode *La balada del gran macabro* (1934), la partitura exige una orquesta sinfónica enriquecida con «instrumentos» tan poco convencionales como 12 bocinas de auto, 6 timbres eléctricos, silbatos, sirenas, flexatonos, bolsa de papel, pistola y rugidos de león.

Además del rol protagonista, los personajes más importantes conforman una auténtica galería de la transgresión: una pareja de amantes adictos al sexo (Spermando y Clitoria, interpretados por una soprano y una mezzo), un alcohólico (Piet el Barril) al que Nekrotzar monta como a un caballo, una pareja sadomasoquista (Astradamors y Mescalina), un jefe de policía secreta (GePoPo), un príncipe demagógico (Go-Go) y sus dos ministros (Blanco y Negro) que no paran de insultarse, entre otros.

La acción es una serie de frases escatológicas y situaciones disparatadas que culminan con la reducción del Gran Macabro hasta la nada y el subsiguiente mensaje final del coro de personajes:

> ¡No temáis a la muerte, buena gente,
> ella vendrá, pero no por ahora!
> Y cuando llegue, dejadla pasar...
> ¡Que hasta entonces reine la alegría, adiós!

Una moraleja convencional para una anti-antiópera rompedora de modo tan provocador. La desaparición de su protagonista no podía ser menos:

> *(El sol asciende gradualmente. Nekrotzar*
> *comienza a encogerse, haciéndose más y*
> *más pequeño, transformándose en una especie*
> *de esfera y finalmente, desaparece hundiéndose*
> *bajo la tierra)*

MUERTE POR TRAUMATISMO

CYRANO
Es verdad, no terminé mi reseña...
Y el sábado veintiséis una hora antes de la cena,
el Señor de Bergerac ha muerto asesinado.
(Se quita el sombrero y deja ver su cabeza vendada.)

ROXANA
¿Qué dice? ¡Su cabeza envuelta!..

RAGUENEAU
Matado por detrás de un garrotazo...

ROXANA
¡Dios mío! ¡Dios mío!

(Acto IV de Cyrano de Bergerac, de F. Alfano)

Personaje	Ópera	Motivo
Cyrano	Cyrano de Bergerac	Asesinato
Don Antonio	El guaraní	Masacre
El marinero	El pobre marinero	Asesinato
Fasolt	El oro del Rin	Fratricidio
Federico	La arlesiana	Suicidio
Fenella	La muda de Portici	Suicidio
Floria Tosca	Tosca	Suicidio
Juan de Leiden	El profeta	Masacre
Sansón	Sansón y Dalila	Masacre
Senta	El Holandés errante	Inmolación
Wally	La Wally	Suicidio

Según la Biblia, el primer homicidio del género humano fue un fratricidio. Aunque la tradición asegura que Caín mató a Abel atizándole con la quijada (mandíbula) de un burro, el texto del Génesis no precisa cómo lo hizo, aunque se supone que a golpes. El motivo, los celos. Abel era ganadero y Caín agricultor con la mala suerte para éste de que, al parecer, Yahvé no era vegetariano y prefirió el suculento lechazo que le ofreció el hermano menor a las humildes legumbres del primogénito. En todo caso, la muerte de Abel se debió a un único traumatismo o «lesión producida por una violencia externa».

Muertes por traumatismo único

Por desgracia, los homicidios por palizas siguen siendo frecuentes en la sociedad actual. Con la ayuda de objetos contundentes o simplemente a base de patadas y puñetazos dirigidos es posible acabar con la vida de una persona si las lesiones ocasionadas revisten suficiente gravedad: fracturas múltiples, lesiones cerebrales y hemorragias internas son las causas de muerte más frecuentes.

Por su accesibilidad y por la importancia de la víscera que aloja, el cráneo suele ser el objetivo de los golpes propinados por el homicida. Las lesiones oscilan entre la simple contusión de la bóveda ósea craneal hasta la fractura pero el mayor peligro es la hemorragia intracraneal, que según el nivel donde se produzca puede permanecer sin dar síntomas durante días (hematoma subdural subagudo) para acabar dando la cara y ocasionando la muerte.

Quizá por lo cruel y visualmente desagradable de su ejecución, que exige tiempo, violencia y ensañamiento, este tipo de muerte por traumatismos cerrados (sin atravesar la piel) es infrecuente en la ópera.

Cyrano (*Cyrano de Bergerac*)

El músico italiano Franco Alfano es más conocido por concluir *Turandot* como Puccini le dio a entender, pero también compuso una docena de óperas de las que hoy apenas sobrevive una, *Cyrano de Bergerac*. Basada en la célebre obra teatral de Edmond Rostand, contiene una de las más conmovedoras historias de amor del género operístico.

El oficial mosquetero Cyrano es un hábil espadachín arrogante y pendenciero, «a una nariz pegado», como el personaje descrito por Quevedo en un célebre soneto, que alberga en su interior un espíritu sensible y un alma de poeta. Cyrano está enamorado de su prima Roxana pero ésta suspira por Christian, un cadete hermoso pero de verbo torpe. La chica le pide a su primo que proteja al joven al que ama y, para conquistar a Roxana, Cyrano propone al cadete asociarse, de modo que Christian aporte su atractivo físico y Cyrano su belleza interior. De este modo, el deforme Cyrano puede expresar en cartas y serenatas abiertamente y con plena pasión su amor por Roxana, aunque sea Christian quien se gane el premio del beso por sus bellas palabras. Un atípico triángulo (dos tenores y una soprano), armado sin tensión.

Al final Christian muere en la guerra contra España y Roxana se recluye en un convento al que su primo acudirá todos los sábados para visitarla. Quince años después de la muerte de Christian, Roxana recibe la última visita de Cyrano, por primera vez con retraso debido a cierta visita inoportuna. Está herido, aunque le resta importancia, y Roxana le muestra la herida que ella siempre lleva abierta: la larga y hermosa carta de despedida de Christian antes de la batalla. Cyrano le pide leerla, ella accede y lo hace tan despacio que la noche se echa encima oscureciendo la estancia. Pero él sigue recitándola en la oscuridad y entonces ella comprende que Cyrano fue el autor de aquella y de todas las palabras que la enamoraban, y por tanto que en realidad era del grotesco narigudo de quien se había enamorado. Pero es tarde para reconocerlo, porque a Cyrano le han golpeado por detrás con un tronco que le produce un traumatismo craneoencefálico mortal. En su delirio final cree batirse con la Muerte y antes de expirar declara que se lleva consigo algo sin pliegues ni manchas: su arrogancia.

Por el tiempo transcurrido entre el traumatismo craneal y la muerte, la lesión más probable fue un acúmulo de sangre o hematoma subdural (entre el cerebro y la membrana llamada duramadre que lo envuelve) como consecuencia de una fractura abierta (Cyrano aparece por última vez en escena «muy pálido y con el sombrero muy calado» bajo el que esconde un vendaje ensangrentado). Tal lesión era mortal en el siglo XVII pero hoy hubiera podido salvar su vida y disfrutar del resto en compañía de su amada Roxana.

El tenor Roberto Alagna como *Cyrano de Bergerac*, de Franco Alfano.

(Hay otras óperas con el mismo título y argumento, como la de Walter Damrosch, estrenada en el Met neoyorquino en 1913, veintitrés años antes que la de Alfano, y la de David DiChiera, estrenada en 2007 en la Ópera de Michigan).

El marinero *(El pobre marinero)*

El homicidio por traumatismo cráneoencefálico causado con un objeto contundente exige de éste dos características: que pese lo suficiente y que pueda manejarse con relativa agilidad. En los crímenes domésticos más corrientes, los parricidas suelen echar mano de objetos tan cotidianos como una herramienta (martillo, llave inglesa, gato, etc.), mientras que los más refinados pueden asestar el golpe con el atizador de la chimenea, una estatuilla de bronce o un candelabro. Cuando el arma ha desaparecido del escenario del crimen, averiguar con qué objeto el asesino le partió el cráneo a su víctima es uno de los retos más estimulantes en la investigación forense.

Puede que el caso más enrevesado de parricidio en una ópera suceda en *Le pauvre matelot*, una operita que dura una media hora, compuesta por Darius Milhaud con libreto de Jean Cocteau basado, según éste, en una noticia leída en la sección de sucesos de un periódico, aunque se han identificado fuentes literarias más antiguas.

244 FERNANDO SÁEZ ALDANA

El Marinero lleva quince años fuera de casa. La Esposa (ningún personaje posee nombre propio), que atiende un bar, le guarda fidelidad aunque su padre la anima a olvidar a su marido y unirse al Amigo, que lleva una tienda de vinos en la acera de enfrente.

Un día el Marinero regresa, muy cambiado, pero antes de volver a casa visita al Amigo, que le informa de la fidelidad de su esposa y le concede el alojamiento que le pide por esa noche. Al día siguiente se presenta en el bar como un conocido del Marinero, que en su falso relato permanece pobre y endeudado al haber rechazado los favores de una mujer rica que en cambio él sí aceptó, y muestra unas joyas. Ni la esposa ni el suegro lo reconocen y el Marinero, que quiere «observar la felicidad desde fuera», anuncia la próxima llegada del Esposo, perseguido por los acreedores, y pide pasar la noche en la fonda. Pretextando devolverle a la Esposa el martillo que le prestó días atrás, el Amigo pasa al bar para saber lo que está ocurriendo

Mientras el marinero duerme, la esposa le rompe el cráneo a martillazos para robarle y con la ayuda de su padre arrojan el cadáver a un depósito pluvial, feliz de poder solucionar los problemas económicos de su marido cuando regrese. Si el Amigo se hubiese aguantado las ganas de cotillear, quizá se hubiese evitado el asesinato. Pero la curiosidad mató al marinero. A martillazos.

Fasolt (*El oro del Rin*)

Desde un punto de vista estrictamente físico, el mayor de los tres traumatismos homicidas que analizamos en este apartado es el del gigante Fasolt a manos de Fafner en la última escena de *El Oro del Rin*. Los hermanos son los últimos de su estirpe, de modo que necesitan con urgencia una mujer para perpetuarla. Tan rudos y torpes como infatigables trabajadores, Fafner y Fasolt han construido para el dios Wotan y los suyos la suntuosa morada del Valhalla en un tiempo récord y sin necesidad de grúa. El pago estipulado era la encantadora Freia, pero en su ambición el irresponsable Wotan no previó las consecuencias, pues la diosa cultiva las manzanas de oro que otorgan eterna juventud a los dioses. Siguiendo el consejo del astuto semidiós Loge, Wotan consigue cambiar la forma de pago entregándoles el tesoro recién robado al Nibelungo. Demostrando su estupidez, los codiciosos brutos acceden pero se pelean por el botín y Fafner mata a su hermano a golpes, marcados por la fuerte percusión del timbal. Teniendo en cuenta lo que estaban haciendo, posiblemente le golpeó en la cabeza con parte del tesoro que se disputaban. La muerte instantánea de Fasolt hace pensar en una hemorragia intracraneal aguda y, por supuesto, gigantesca.

Transformado gracias al yelmo mágico en un temible dragón, pasará el resto de sus días custodiando su capital improductivo en una gruta del bosque, lo que algunos exégetas del Anillo han interpretado como una crítica a la avidez capitalista por parte del revolucionario Wagner.

La renuncia de los gigantes a procrear ahorra al espectador el esfuerzo de imaginar cómo se las apañarían para ponerse a ello un brutal gigante y una delicada diosa y de cuál sería el resultado del cruce.

Mary Evelyn Haugley (Woglinde), Alexandra Razskazoff (Wellgunde) y Nadia Fayad (Flosshilde) en *El oro del Rin*, de Richard Wagner.

Muerte por traumatismos múltiples

El conjunto de lesiones ocasionadas por varios traumatismos simultáneos se denomina politraumatismo. El daño corporal puede afectar a cualquier parte del organismo (cabeza, tronco, extremidades) y puede producirse bien por impacto del cuerpo desplazándose contra una superficie, como en la precipitación o, por el contrario, cuando el cuerpo recibe el impacto de agentes traumáticos en movimiento, como en un derrumbamiento. A continuación analizaremos ejemplos de ambos tipos de muerte en la ópera.

A. Muerte por precipitación

En términos médicos, una caída se produce cuando el cuerpo pierde el equilibrio y da contra el suelo que lo sustentaba. La precipitación, en cambio, es una caída desde un plano superior al que recibe el impacto.

En la antigüedad, la precipitación se utilizaba como método de ejecución de malhechores (desde la romana Roca Tarpeya) o de eugenesia (en lo alto del monte Taigeto, los espartanos despeñaban a los recién nacidos malformados). Hoy día, la mayoría de las precipitaciones son accidentales, pero otras obedecen a una voluntad suicida o, con menos frecuencia, homicida. Si no se dispone de otro dato aclaratorio, es posible saber si el precipitado se cayó o lo tiraron por la distancia entre el cuerpo y la vertical del precipicio, menor en el suicidio ya que suelen dejarse caer sin tomar impulso.

La muerte se produce por lesiones musculoesqueléticas y viscerales cuya cantidad y gravedad dependerán de factores como la altura de caída y la dureza de la superficie de impacto. En el caso del agua, es preciso caer desde una gran altura para que el cuerpo adquiera una velocidad suficiente para garantizar la muerte casi instantánea al impactar sobre una superficie «blanda». Los saltadores desde acantilados al mar para turistas no superan los 30 metros de desnivel y saben ralentizar la caída adoptando la «postura del ángel».

Federico (*La arlesiana*)

El 7 de julio de 1862 un joven enamorado rechazado por la chica se arrojó desde una ventana de la casona provenzal Mas du Juge, cuna y residencia del escritor Frédéric Mistral. El cuerpo se estampó contra una mesa de piedra y el muchacho falleció. Cuando Mistral, que era tío del suicida, se lo contó a su colega y gran admirador Alphonse Daudet, no sabía que estaba cavando la tumba de su amistad, pues uno de los relatos que el autor de *Tartarin de Tarascon* reunió con el título *Cartas desde mi molino*, titulado L´Árlésienne (o «La chica de Arlés»), cuenta la historia del desventurado muchacho, y eso lo enemistó con Mistral para siempre.

Más tarde, Daudet convirtió el cuento en una obra de teatro cuya música incidental confió a Georges Bizet. La pieza fracasó, pero la música, articulada en dos suites, fue y sigue siendo muy apreciada en la actualidad. Casi treinta años después, el libretista Leopoldo Marenco y el compositor Francesco Cilea estrenaron en el Teatro Lírico Milán la ópera verista *L´Arlesiana*, basada en la misma funesta historia, con Enrico Caruso en el papel de Federico.

Esta ópera presenta la rareza de que la protagonista que le da nombre, «una mujer de Arlés», no forma parte del reparto y, por tanto, jamás aparece en escena. El meollo de la trama se sustenta en un cuadrilátero amoroso: Vivetta (s), ahijada de Rosa (ms), está enamorada de su hijo Federico (t) y éste de la Arlesiana, la prometida del caballerizo Metifio (bt). Ya en el primer acto sucede una escena premonitoria del trágico final: el Inocente, hermano discapacitado psíquico de Federico, está sentado peligrosamente al borde de la ventana del granero y Rosa, la madre, advierte: «¡Si alguien cayera desde esa altura!..»

Cilea es un «compositor de una ópera», *Adriana Lecouvreur* en este caso, y *La Arlesiana* es una «ópera de una aria», esta vez el célebre «lamento de Federico» (*É la solita storia del pastore*), página de lucimiento que los tenores líricos suelen incluir en sus recitales de arias operísticas. El lamento surge de las cartas de amor que evidencian la relación entre la Arlesiana y Metifio, que planea secuestrarla. Trastornado por la visión de su amada en brazos de otro, al final del tercer acto Federico sale en dirección al granero y, fuera de escena, «se escucha un ruido sordo». Era el espantoso ruido seco del impacto que ningún testigo de una precipitación olvidará jamás.

Fenella *(La muda de Portici)*

La muda de Portici de Daniel-François Auber reúne notables curiosidades. Fue la primera *grand opéra* de la historia, marcando la senda que habrían de seguir el *Guillermo Tell* de Rossini, *La judía* de Halévy y el *Rienzi* de Wagner, que ha sido calificada como «la mejor ópera de Meyerbeer», todo un agravio al autor de ejemplos del subgénero tan acabados como *Roberto el diablo*, *Los Hugonotes* y *El profeta*. Por otro lado, arrastra la leyenda de que una representación en Bruselas en agosto de 1830 incitó la revolución que culminó con la independencia de Bélgica de los Países Bajos. Pero lo más curioso de esta ópera es que su protagonista no dice ni pío en toda la representación porque es muda y tiene que recurrir a la mímica para expresarse. El libreto, de Germain Delavigne, fue revisado por Eugène Scribe.

En 1647 Nápoles era un virreinato de España. Aquel año «el mal gobierno» provocó una insurrección popular en la que destacó un pescador llamado Tomasso Aniello d'Amalfi, conocido como Masaniello, que acabó asesinado. Sobre esta base histórica, *Masaniello ou La muette de Portici* se inventa una hermana muda del pescador, Fenella, seducida por Alfonso, el hijo del virrey, que se casa con la princesa Elvira. Masaniello, erigido en líder de la revuelta, quiere vengar a su hermana pero ésta, que sigue enamorada del seductor, intercede y el nuevo amo de Nápoles se compromete a proteger a Alfonso y Elvira, lo que lo convierte en un traidor a los ojos de sus camaradas.

Ya en el segundo acto, Fenella da claras muestras de querer suicidarse arrojándose al mar, pero desiste cuando su hermano la sorprende. No lo conseguirá hasta el final del quinto, cuando Masaniello, tras ser envenenado por los suyos, salva a Elvira y muere luchando contra el ejército, capitaneado por Alfonso, que acabará con la efímera República Napolitana, restableciendo el poder español. La escenificación del triste final de Fenella no puede ser más espectacular: justo antes del final, el cercano Vesubio entra en erupción y cuando las llamas alcanzan el palacio virreinal Fenella se arroja a ellas desde una terraza. La gran ópera no podía comenzar mejor que con un volcán escupiendo su lava sobre el escenario. Qué mataría antes a la pobre Fenella, ¿el calor o el impacto de la caída?

En sus 89 años de vida, Auber estrenó casi cincuenta óperas, la mayoría cómicas, ninguna de las cuales interesa ya a los programadores de temporadas.

Floria Tosca *(Tosca)*

Si hablamos de muerte en la ópera, la *Tosca* de Giacomo Puccini Tosca es otro de esos melodramones en los que perece «hasta el apuntador»: una ejecución de preso político, un homicidio —justificado por acoso sexual insuperable— y dos suicidios, uno de ellos el de la protagonista. Una historia de amor, celos, sadismo, desesperación y sobre todo muerte, mucha muerte, que los personajes comparten en un mismo destino trágico y sin redención posible.

Los detractores de Puccini en general y de *Tosca* en particular destacan su efectismo teatral pero juzgan esta ópera como «particularmente desagradable» (B. Williams), debido sobre todo al detestable personaje del barón Scarpia, uno de los villanos más grandes del repertorio, si no el mayor, y a la crudeza de dos escenas. La de la tortura, a pesar de que el verdugo se ensaña fuera de escena, resulta de una violencia brutal no sólo por la acción que describe sino también desde el punto de vista musical y vocal. Por su parte, la del fusilamiento de Cavaradossi y el inmediato suicidio de Tosca mientras la orquesta explota con el *leitmotiv* de Scarpia, anonada al espectador aunque lo haya visto mil veces porque los trucos del mago Puccini siempre funcionan a la perfección.

La soprano Lyudmila Monastyrska (Floria Tosca) y el barítono Erwin Schrott (Scarpia) en *Tosca*, de Giacomo Puccini.

En *Tosca* hay un triángulo TBS de libro: un pintor de generosas ideas liberales (Mario Cavaradossi, el tenor), una actriz y cantante extremadamente celosa (Floria Tosca, la soprano) y un jefe de policía criminal que la desea sexualmente (Scarpia, el barítono). La ayuda que Mario presta a un fugitivo permite al barón trazar su diabólico plan: chantajear a Tosca prometiéndole librar a su amante de la muerte simulando su fusilamiento si cede a sus lascivas intenciones. Tosca le exige antes un salvoconducto y cuando Scarpia se abalanza sobre su presa lo mata con el cuchillo de la cena. Pero el fusilamiento es auténtico y Mario cae ante el pelotón.

En una grabación de la ópera filmada en los escenarios imaginados por los libretistas Illica y Giacosa, interpretada por Plácido Domingo y Raina Kabaivanska, se comprende muy bien el trágico final de Floria Tosca. Acorralada por sus perseguidores en la terraza de la torre del castillo Sant'Angelo, e imaginando lo que harían con ella los esbirros de Scarpia, no le queda otra salida que arrojarse al vacío tras emplazar a Scarpia a encontrarse ambos ante Dios. Como es una película y no una representación, el último plano sí nos muestra el cadáver de la suicida estampado contra una escalinata junto a un reguero de sangre. Una escena literalmente impactante pero inexacta desde el punto de vista forense: el cadáver yace demasiado lejos de la vertical[28].

Senta *(El holandés errante)*

Redimir a alguien significa liberarle de una situación penosa, desdichada o dolorosa. Todos los dramas musicales del canon wagneriano, desde *El holandés errante* hasta *Parsifal*, persiguen obsesivamente la redención, al principio solo de sus atormentados protagonistas pero finalmente de la Humanidad entera.

Wagner inició su carrera redentora con una leyenda fantástica y romántica a más no poder, protagonizada por el fantasmagórico capitán de un barco mercante condenado a navegar eternamente hasta que la fidelidad en el amor hasta la muerte lo libere de la maldición. Puede intentarlo cada siete años y *El holandés errante* narra la historia de su última escala en un pueblo noruego refugiándose de una tormenta como la que casi acabó con la vida de Richard y Minna. «Abras la partitura por donde la abras, el viento te golpea el rostro», afirmó el gran director Felix Mottl.

Nada más desembarcar, el holandés negocia con el codicioso lugareño Daland la entrega de su hija Senta a cambio del tesoro que almacena en el barco. Senta, que conoce el trágico destino del holandés, lo reconoce e inmediatamente le jura el amor hasta la muerte que lo redimirá. Pero su pretendiente Erik, un cazador en un pueblo de pescadores, le reprocha su

---

28 Con lo riguroso que fue Puccini ambientando sus óperas, sorprende que «arrojase» a Tosca al vacío desde el borde de la terraza del castillo, ya que éste no remata la fachada sino una especie de balcón situado a escasa altura desde la que, como mucho, Tosca se hubiese torcido un tobillo.

antigua promesa de fidelidad y, sintiéndose traicionado, el holandés ordena embarcar a su tripulación y el «buque fantasma» leva anclas por otros siete años. Para demostrar al capitán maldito que su promesa encerraba algo más que hernosas palabras, se encarama a una roca, se lanza al mar y en ese instante el buque del holandés se hunde. Como Wagner no precisa la altura del acantilado es difícil saber si Senta muere estrellada o ahogada.

En su primera versión el final era así de trágico y abrupto: el suicidio de Senta provoca la muerte del Holandés y con ella el fin de la maldición que le permite el descanso eterno. Pero tras la composición de *Tristán e Isolda* nada sería como antes y, como vimos en el capítulo dedicado al Holandés, Wagner modificó el sombrío final de *El Holandés* añadiéndole el tema de la transfiguración, acompañado de la siguiente acotación del libreto:

(Se precipita en el mar y en ese mismo instante, la nave del holandés se hunde. Se ve elevarse de entre las olas al Holandés y a Senta, transfigurados y abrazados. Senta se estrecha contra el pecho del Holandés y con la mano señala al cielo.)

Esto sí es una redención como Wagner manda.

Wally *(La Wally)*

Resulta sorprendente que, pudiendo haberlos llamado Tristán y Manon, o Radamés y Leonora, un director de orquesta de la talla de Arturo Toscanini bautizara a dos de sus hijos Wally y Walter, como los personajes de la ópera *La Wally* de Alfredo Catalani, uno de ellos, además, secundario. Tan grande debió de ser el aprecio del maestro por una obra de la que solo ha sobrevivido la célebre aria *Ebben?.. Ne andrò lontana*, que pocas sopranos se han resistido a incluir en sus grabaciones y recitales.

La acción se desarrolla en una aldea del Tirol cubierta de nieve y la imagen del alud planea desde el principio, en forma de una canción de Wally que canta su joven amigo Walter —interpretado por una soprano para dejar claro que entre ellos no hay nada— con ribetes del *jodeln* tirolés. La trama es convencional: el autoritario padre de la chica quiere casarla con un cazador (Vicenzo Gellner) pero ella ama a otro (Giuseppe Hagenbach) por lo que la echa de casa. Muerto el padre, Wally regresa pero su amado no sólo se ha liado con la tabernera sino que se burla de ella delante de todos robándole un beso por una apuesta. Wally, una mujer con carácter, le pide a su pretendiente que se lo cargue, pero éste sólo consigue magullarlo tirándolo por un barranco. Al final, Giuseppe acude a la cabaña de montaña de Wally, la perdona por haber deseado su muerte y le asegura que lo de la tabernera solo era un desahogo y que sólo la quiere a ella. Los amantes se las prometen con una nueva vida juntos «en los prados, entre rosas y violetas», pero cuando inician el descenso el fatídico alud sepulta a Giuseppe y Wally, deseperada, se arroja al abismo con los brazos abiertos.

La precipitación al supuesto vacío es un recurso escénico muy agradecido porque solo se necesita una buena colchoneta oculta detrás del punto de lanzamiento y la sensación de caída que proporciona el pequeño salto suele resultar convincente. Además, el hecho de que el teórico impacto contra el suelo se produzca fuera de la vista del espectador le ahorra el tremendo espectáculo de un cuerpo politraumatizado en un charco de sangre. Todas las dudas al respecto se disipan cuando, instantes después de hacer que se despeña, la soprano recibe intacta y con su mejor sonrisa la agradecida ovación del público por su interpretación.

B. Muerte por derrumbamiento

Una masacre es una «matanza conjunta de muchas personas», por lo general indefensas. La espectacularidad de estas tragedias las hizo aptas para la representación operística de gran formato, bajo modalidades tan distintas como el suicidio colectivo, la escabechina religiosa, el castigo divino o la explosión provocada. Aunque también puedan perecer algunos protagonistas, la auténtica víctima de la masacre operística suele ser el coro e incluso, como comprobaremos a continuación, el cuerpo de ballet.

Don Antonio de Mariz (*El guaraní*)

El compositor y organista manchego Tomás de Torrejón y Velasco fue el autor de la primera ópera escrita y representada en la América Latina. Con texto de Calderón de la Barca, nada menos, *La púrpura de la rosa* fue estrenada en 1701 en el palacio limeño del Virrey del Perú que le había encargado la obra. Diez años después, el compositor barroco novohispano (mexicano) Manuel de Sumaya (¿Zumaya?) dio a conocer *La Parténope*, primera ópera compuesta en América por un nativo. Tanto estas como las del colombiano José María Ponce de León (*Ester*, 1874) y la del chileno Eliodoro Ortiz de Zárate (*La florista de Lugano*, 1895) son óperas de temática bíblica, mitológica o ajena al continente americano. Pero existe todo un subgénero de óperas meso y sudamericanas cuyos argumentos abordan el choque entre las civilizaciones indígenas y los conquistadores, europeos o criollos. Así,

- La ópera argentina más antigua, *Chaquira Lieu* (1879), de Miguel Rojas, trata de la resistencia mapuche a la conquista del desierto.

- *Liropeya* (1912), del uruguayo León Ribeiro, de la resistencia de los charrúas frente a los españoles.

- *Guatimotzin* (1871), del médico compositor y pianista mexicano Aniceto Ortega del Villar versa sobre el caudillo Cuauhtémoc (Guatimotzin) apresado por Hernán Cortés.

– La novela nacional ecuatoriana *Cumandá* o «Un drama entre salvajes», de Juan León Mera, inspiró tres óperas protagonizadas por jíbaros y záparos, y el poema épico *Tabaré*, del uruguayo Juan Zorrilla de San Martín, nada menos que cuatro sobre la lucha entre españoles e indios charrúas.

Pero la única ópera basada en la lucha entre conquistadores e indígenas que aún se programa, y de la que existe una grabación en disco compacto —protagonizada por el omnicantante Plácido Domingo— es *El guaraní*, del brasileño Antônio Carlos Gomes, con libreto en italiano y estrenada en la Scala de Milán en 1870.

Está ambientada en la Suramérica del siglo xvi y narra las aventuras del indígena Peri (el guaraní) y de Cecilia, la hija del noble portugués Don Antonio de Mariz, a la que rescató de las garras de los aymaras. Además de Peri, casi todos los otros personajes principales de esta ópera se enamoran de Cecilia: los cazadores españoles Don Álvaro y Gonzales y el jefe aymará Cacico, pero Don Antonio se inclina por Álvaro. Los aymará acaban secuestrando a Cecilia para su jefe y cuando Peri se aventura a rescatarla lo apresan y condenan a muerte. Según la costumbre, los ancianos de la tribu se comerán su cadáver, con lo que Peri está apunto de convertirse en el único personaje de ópera víctima de canibalismo. Para llevarse por delante a los antropófagos, Peri ingiere un veneno pero puede beber el antídoto a tiempo, cuando Don Antonio y sus hombres atacan el poblado con el resultado de la muerte de Don Álvaro y de Cacico. El último rival de Peri, el malvado Gonzales (barítono, por supuesto) asalta el castillo de Don Antonio, quien facilita la huida de su hija con el guaraní y hace explotar su castillo pegándole fuego a unos barriles de pólvora con él, los suyos y sus enemigos dentro.

Juan de Leiden *(El Profeta)*

El personaje histórico Juan de Leiden (nacido Jan Beukeszoon) fue un cabecilla anabaptista extremista que en 1534 estableció en la ciudad alemana de Münster una teocracia polígama —tuvo dieciséis esposas— que lideró con crueldad y apego al lujo hasta que con veinticinco años fue derrotado y torturado salvajemente hasta la muerte. Sus despojos, junto a los de dos correligionarios, fueron expuestos durante medio siglo en sendas jaulas, izadas sobre la fachada de la catedral, que aún pueden contemplarse.

Sobre Juan de Leiden y los anabaptistas, Eugène Scribe escribió el libreto de *Le Prophète*, gran ópera de Meyerbeer con sus cinco actos, su ballet, sus marchas y procesiones y hasta una escena de patinaje sobre hielo, que se había puesto de moda en París a mediados del siglo xix. El argumento no guarda ninguna relación con aquellos trágicos hechos históricos.

Juan y Berta se aman pero, ejerciendo un derecho feudal, el conde Oberthal se opone a su unión y amenaza con ejecutar a la madre de Juan si éste no entrega a su novia, lo que hace por salvarla. Mientras tanto, los anabaptistas convencen a Juan de que es un enviado celestial, lo convierten en su Profeta y se apoderan de la ciudad de Münster. Tras diversas peripecias —cinco actos dan para mucha acción— el Profeta cae en desgracia ante los anabaptistas y deciden acabar con él. Berta se dispone a asesinarlo pero reconoce a Juan y opta por suicidarse. En el último acto, en connivencia con su madre, Juan ordena bloquear las salidas de la gran sala del palacio, repleta de anabaptistas, cortesanos y sirvientes, y cuando sus enemigos, con Oberthal a la cabeza, se disponen a capturarlo, provoca una explosión que hace brotar del suelo «Un abismo de salitre y sulfuro». No se sabe cómo lo consigue pero el hecho es que «las llamas penetran por todas partes y el palacio se derrumba». Un final espectacular que a buen seguro no defraudó a los amantes de la *grand opèra*.

Esta no es la única matanza masiva de personas en su mayoría inocentes en obras de Meyerbeer. En el último de los cinco actos de *Los hugonotes* suena la campanada que anuncia el inicio de uno de los mayores genocidios religiosos ocurridos en Europa, la de protestantes calvinistas franceses que comenzó con la matanza de San Bartolomé en París durante la noche del 23 al 24 de agosto de 1572. Abordamos esta ópera en el apartado de la muerte por violencia doméstica dedicado a Valentina.

Sansón, Dalila y los filisteos (*Sansón y Dalila*)

A finales del siglo XIX en países como Inglaterra y Francia no se veía con buenos ojos escribir una obra teatral o componer una ópera de temática bíblica. Por eso, cuando el prolífico Camille Saint-Säens abordó la creación de un drama musical titulado *Samson et Dalila* escogió el oratorio, cuya interpretación carece de decorados, vestuario ni actuación de los cantantes, como en las representaciones de ópera en forma de concierto.

El *Libro de los Jueces* cuenta que Yahvé, enfadado con su pueblo elegido por adorar a otros dioses, los castigó a cuarenta años de sumisión a los filisteos. Para liberarlos del yugo, un ángel anunció a un matrimonio israelita estéril que engendrarían al futuro libertador de Israel, al que no debían cortarle nunca el cabello. Ya crecido, el joven Sansón dio muestras de una fuerza sobrehumana despedazando a un león con las manos, utilizando trescientas zorras como teas para quemar las mieses del enemigo y matando a mil filisteos con la quijada de un burro, méritos que le valen ser Juez de Israel durante veinte años. Pero Sansón comete el error de enamorarse de una filistea a la que compran para que le sonsaque el secreto de su fuerza invencible. Tras escuchar el aria irresistible de Dalila «*Mi corazón se abre a tu voz*» —una de las más programadas por las mezzosopranos en sus recitales— Sansón le revela que reside en su larga cabellera y mientras duerme se la corta. Siguiendo la historia bíblica, a Sansón le arrancan los ojos y lo utilizan como bestia atada a una rueda de molino hasta que un día a los filisteos se les ocurre llevarlo a un templo de Dagón abarrotado para mofarse de él, sin darse cuenta de que le ha vuelto a crecer el pelo y con ello la fuerza. Sansón espera pacientemente a que los bailarines ejecuten la célebre Bacanal, después implora venganza a Yahvé

El tenor Gregory Kunde y la mezzosoprano Anita Rachvelishvili protagonizan *Sansón y Dalila*, de Camille Saint-Saëns.

entre las risas de quienes lo escuchan y luego pide al lazarillo que lo guíe hasta situarlo entre las dos columnas de mármol que sustentan el templo y lanza su última súplica al dios verdadero:

> ¡Dígnate por un instante, Señor,
> a darme mi antigua fuerza!
> ¡Deja que por ti me vengue, oh Dios,
> aplastándolos en este lugar!
> *(Las columnas ceden y el templo*
> *cae en medio de gritos y llantos.)*

Todos mueren, incluidos Sansón y Dalila. Menudo era Yahvé vengando.

MUERTE POR VIOLENCIA DOMÉSTICA Y DE GÉNERO

DON JOSÉ
(con violencia)
¡Así que he perdido la salud de mi alma
para que tú te vayas, infame,
entre sus brazos riendo de mí!
¡No, por la sangre, no irás!
¡Carmen, es a mí a quien seguirás!

(Acto IV de Carmen, de G. Bizet)

Personaje	Ópera	Muerte
Arturo	Lucía de Lammermoor	Parricidio
Boris	Lady Macbeth de Mtsensk	Parricidio
Caesonia	Calígula	Uxoricidio
Carmen	Carmen	Pasional
Clitemnestra	Electra	Parricidio
Egisto	Electra	Parricidio
Fernando	Goyescas	Duelo
Francesca	Francesca de Rimini	Uxoricidio
Gilda	Rigoletto	Asesinato
Gitano	Aleko	Pasional
Heliane	El milagro de Heliane	Uxoricidio
Hijo de Jenufa	Jenufa	Infanticidio
Hijo de Margarita	Fausto	Filicidio
Hijos de Medea	Medea	Filicidio
Leonora	La fuerza del destino	Fratricidio
Luigi	El tabardo	Asesinato
Marie	Wozzeck	Uxoricidio
Nedda	Payasos	Uxoricidio
Paolo	Francesca de Rimini	Fratricidio
Pelleas	Pelleas y Melisenda	Fratricidio
Scarpia	Tosca	Homicidio
Sebastián	Tierra baja	Pasional
Semíramis	Semíramis	Parricidio
Silvio	Payasos	Pasional
Tamare	Los estigmatizados	Pasional
Valentina	Los hugonotes	Filicidio
Vladimiro	Fedora	Pasional
Turiddu	Cavalleria rusticana	Duelo
Zemfira	Aleko	Uxoricidio
Zinovy	Lady Macbeth de Mtsensk	Parricidio

La violencia ejercida contra individuos de la propia familia o contra la pareja sentimental, sea cónyuge o amante, es tan antigua que, como ya se ha comentado, el primer asesinato descrito en la Biblia fue un fratricidio.

Aunque un homicidio es la muerte que una persona proporciona a otra, existen diversas modalidades de matar y todo un glosario que intenta diferenciarlas según la relación del homicida con su víctima o dependiendo de las causas del crimen.

En cuanto a la víctima, se distinguen los siguientes tipos, que ilustramos con ejemplos de personajes operísticos:

- *Conyugicidio*: matar a un cónyuge, sea el marido a su esposa (*Otelo* a Desdémona) o viceversa (*Katerina Ismailova* a Zinovy).

- *Infanticidio*: dar muerte a un niño, sobre todo recién nacido o en edad neonatal, sin relación de parentesco con el homicida (Kostelnička al hijo de *Jenufa*).

- *Feminicidio*: matar a una mujer (como Tancredo a Clorinda).

- *Filicidio*: matar un padre o una madre a su/s hijo/s o hija/s (*Medea* a sus hijos).

- *Fratricidio*: es la muerte que se da a un hermano o hermana (Golaud a Pelleas en *Pelleas y Melisenda*).

- *Parricidio*: el término se refiere principalmente a la muerte dada al padre o la madre pero también a los suegros (como Boris de *Lady Macbeth de Mtsensk*), abuelos y otros parientes consanguíneos.

- *Magnicidio*: causar la muerte a un gobernante (regicidio si se trata de un rey o reina, como el de Gustavo a manos de Renato en *Un baile de máscaras*).

- *Matricidio*: matar a la propia madre (Orestes a Clitemnestra en *Elektra*).

- *Suicidio*: darse muerte uno mismo (*Gioconda*).

- *Tiranicidio*: dar muerte a un tirano (La guardia pretoriana a *Calígula*).

- *Uxoricidio*: muerte causada por un hombre a su esposa (Canio a Nedda en *Payasos*).

Aunque como vamos a comprobar, analizando la manifestación del fenómeno en la ópera de todos los tiempos, estos crímenes se han cometido siempre, la terminología que los califica ha cambiado, sobre todo desde la irrupción de la llamada «ideología de género» en el debate social:

- Crimen pasional: durante mucho tiempo se aplicó este calificativo al homicidio debido a un arrebato súbito de violencia generado por un ataque incontrolado de ira, desengaño amoroso o, con más frecuencia, de celos. Como en muchos casos se trataba del asesinato no premeditado de una mujer sorprendida con su amante, hasta bien entrado el siglo xx se le aplicaron atenuantes que reducían las penas.

- Violencia de género: modernamente se ha impuesto este término, que desde el punto de vista del movimiento feminista es la violencia ejercida contra la mujer por el mero hecho de serlo aunque, en una visión más amplia, la ONU considera que es la ejercida sobre una persona en razón de su género. Esta violencia puede ser física, psicológica, sexual o económica y cuando el resultado es la muerte de la mujer a manos de su pretendiente, su pareja o su ex masculino, se habla de crimen o violencia machista.

• <u>Violencia doméstica</u>: es la que tiene como escenario el hogar. Además de la violencia contra las mujeres, el término engloba otras formas como la violencia contra el hombre, la filioparental (de hijos hacia sus padres) y el maltrato a los más pequeños o a los mayores de la casa.

Los libretos de muchas óperas rebosan de ejemplos de esas modalidades de homicidio que hoy consideraríamos crímenes pasionales, domésticos y de género. De los casos que mencionaremos a continuación, una mitad de las víctimas adultas son hombres y la otra mujeres, pero mientras que los asesinatos de éstas son mayormente uxoricidios, la mayoría de los hombres mueren a manos de otros, de modo que, como en la vida real, el homicida de género operístico suele ser un varón que mata a su mujer y/o a su amante. La causa más frecuente, de lejos, son los celos, unas veces justificados (como los de Canio en *Payasos*) y otras no (como los de *Otelo*).

Dependiendo del género de asesino y asesinado, en la ópera pueden darse las siguientes situaciones, ilustradas con ejemplos que se analizarán por separado:

– Varón mata a mujer, como Don José a *Carmen*, *Wozzeck* a Marie o el Gobernador a Heliane (*El milagro de Heliane*).

– Varón mata a varón: Pedro a Sebastián (*Tierra baja*), Michele a Luigi (*El tabardo*) o Loris Ipanoff a Vladimiro (*Fedora*)

– Varón mata a pareja: Tonio a Nedda y Silvio (*Payasos*), *Aleko* a Zemfira y Gitano, y Gianciotto a Francesca y Paolo (*Francesca de Rímini*)

– Mujer mata a varón: Katerina Ismailova a Boris y a Zinovi (*Lady Macbeth de Mtsensk*), *Tosca* a Scarpia o Lucía a Arturo (*Lucía de Lammermoor*).

– Mujer mata a niños, suyos: *Medea*, Margarita (*Fausto*) o de otra, como Kostelnicka al hijo de *Jenufa*.

– Varón mata a madre: Orestes a Clitemnestra (*Electra*), Arsace a *Semíramis*.

– Varón provoca la muerte de su hija (o hijastra), no directamente por lo general, como Herodes a *Salomé*, Saint Bris a Valentina (*Los Hugonotes*) o *Rigoletto* a Gilda.

Mujeres asesinadas por varones

Carmen (*Carmen*)

Una de las tres óperas preferidas por el público operístico, *Carmen* de Bizet, narra un caso de celos posesivos con resultado de crimen pasional o, en términos actuales, «machista» de libro.

La historia es patrimonio de la cultura general: en la Sevilla de principios del XIX la cigarrera Carmen, una gitana de amores caprichosos, le echa los tejos al cabo del ejército Don José lanzándole una flor después de cantar la célebre habanera en la que se lo deja bien claro:

> El amor es un pájaro rebelde,
> que nadie puede enjaular (…)
> Si tú no me amas, yo te amo.
> Pero si yo te amo, ¡ten cuidado!

A pesar de la advertencia, Don José se enamora tan locamente de ella que cuando la detienen por armar una trifulca en la que Carmen hiere a otra cigarrera la deja escapar, por lo que lo arrestan y encierran en el calabozo. Don José acaba desertando y convirtiéndose en contrabandista por seguir a su Carmen cuando ésta ya ha puesto sus ojos en el siguiente amante, el torero Escamillo, por el que lo abandona. Insensible a sus súplicas, Carmen le dice que ya no le ama y, aplicando el principio rector de la actitud criminal machista, «o mía o muerta», Don José la apuñala ante la puerta de la plaza de toros donde Escamillo tiene una buena tarde.

Magdalena Kožená (Camen) y Jonas Kaufmann (Don José) en *Carmen*, de Georges Bizet.

Hoy a Don José le caerían de 15 a 20 años, pero en la España donde Prosper Mérimée ambientó la novelita que, según él, escribió para poder comprarse unos pantalones (en 1845) la pena oscilaría entre 7 y 12 años. Como una de las circunstancias atenuantes de la responsabilidad criminal reconocidas en el Código Penal español de entonces era «la de obrar por estímulos tan poderosos que naturalmente hayan producido arrebato y obcecación», y teniendo en cuenta que la víctima era una gitana con antecedentes que había obligado a un cabo a desertar para dejarlo tirado por un matador, posiblemente Don José no hubiera pasado en la cárcel ni cinco años. Sin embargo, como sabemos por Merimée, a Don José le esperaba el garrote vil.

Cesonia *(Calígula)*

Detlev Graner es un compositor de óperas del siglo xxi. Compuso *Calígula* (2006), sobre un libreto de Hans Ulricht Treichhel basado en la obra dramática de Albert Camus sobre los últimos días del emperador romano más depravado, lo que es mucho decir. Cayo Julio César Augusto Germánico, apodado con el diminutivo de las sandalias de cuero (cáligas) que calzaban los legionarios, estaba casado con Cesonia pero su verdadera amante era su hermana, Drusila. Cuando ésta muere, Calígula desaparece y al cabo de unos días reaparece convertido en un enloquecido monstruo de crueldad y extravagancia. El emperador dicta leyes absurdas, asesina, viola y exige la luna con la que acaba casándose.

Hartos de sus excesos y crueldades, sus guardias pretorianos lo asesinaron y después mataron a su cuarta esposa, Milona Cesonia, y a la pequeña hija de ambos, Julia Drusila, a la que rompieron la cabeza contra un muro. En la ópera de Glanert, sin embargo, Cesonia —que fue una digna compañera del monstruo— se deja estrangular por Calígula para demostrarle su amor. Inmediatamente después, el emperador cae asesinado.

Calificada por algunos críticos como «la mejor ópera alemana del siglo xxi», la Calígula de Glanert es la música de una historia a la que Camus calificó de «un suicidio superior», ya que el emperador más depravado trama su propia muerte «armando a quienes lo asesinarán». El resultado escénico y musical seguramente hubiera satisfecho las expectativas dramáticas del escritor.

Heliane *(El milagro de Heliane)*

Erich Wolfgang Korngold era uno de los músicos mejor dotados en la Europa de entreguerras. Fue un niño prodigio que asombró a Mahler o a Zemlinski y con veintitrés años estrenó su gran éxito para la escena, *Die Tote Stadt* (La ciudad muerta*)*. Aunque él consideró que su siguiente ópera, *Das Wunder der Heliane*, era mejor, la crítica y el público la rechazaron por *kitsch* y ante la presión del nazismo, en 1934 Korngold salvó su vida y la de su familia emigrando a Estados Unidos, donde para disgusto de su padre se dedicó a componer bandas sonoras de películas en Hollywood, alguna oscarizada, como *Las aventuras de Robin Hood*, de Michael Curtiz.

Heliane es la mujer del despótico Gobernador de un país imaginario, tan triste, que condena a quien ose mostrarse alegre. Un Extranjero lo hace y es condenado a muerte pero Heliane lo visita en la mazmorra y le concede su última voluntad: verla desnuda. Aunque no se produce contacto físico entre ellos, el Gobernador lo sospecha y somete a su esposa a un juicio de Dios: si el Extranjero, que se ha suicidado con el puñal destinado a Heliane, para protegerla, resucitase, su inocencia quedaría probada. Entonces se produce el milagro: el cadáver del Extranjero, transfigurado, cobra vida. Heliane corre a abrazarlo y el Gobernador la ensarta con su espada. El Extranjero la recoge en sus brazos y ambos ascienden a los cielos.

Sólo por su origen judío, Korngold fue anatemizado por el nazismo como autor de «música degenerada». Mas, por si fuera poco, *El milagro de Heliane*, estrenada cinco años antes de la toma del poder por Hitler, está ambientada en un país sometido a un brutal régimen totalitario, premonitorio del nacionalsocialista. Cuando después de la guerra regresó a Europa, se topó con el rechazo de su música por «desfasada». Korngold consideraba esta ópera su mejor obra y no superó ese rechazo, así que regresó a Hollywood, donde murió a los 60 años.

Nedda y Silvio *(Payasos)*

El caso del matrimonio de cómicos ambulantes formado por Canio y Nedda, en cambio, sí encajaría en el concepto de crimen pasional. La joven y vital Nedda, casada sin amor con un hombre mayor que ella, tiene un amante llamado Silvio que la sigue por los pueblos en los que la troupe se detiene para montar su escenario al aire libre y actuar *a ventitrè ore* (las once de la noche). En la famosa ópera verista que narra su trágica historia, *Pagliacci*, con música y texto de Ruggero Leoncavallo, el fatídico triángulo amoroso presenta en uno de los vértices no uno sino dos barítonos: el mencionado Silvio y Tonio, el deforme miembro de la compañía que desea sexualmente a la mujer de su extremadamente celoso patrón.

Nedda rechaza con violencia las proposiciones de Tonio y éste se venga demostrándole a Canio que su mujer tiene un amante. Roto de dolor, el payaso hace de tripas corazón vistiéndose y enharinándose el rostro para la función. Pero la historia que representan es la de la infidelidad de Colombina a Payaso por el amor de Arlequín y poner en escena ante el público su propio drama desquicia a Canio. Enajenado por la rabia, y olvidando que se trata de una actuación, Payaso/Canio exige a la cada vez más asustada Colombina/Nedda que le revele el nombre de su amante. La tensión llega al clímax cuando Nedda se lo niega aún a riesgo de perder la vida. Entonces Canio apuñala a Nedda y a continuación se arroja «como una fiera» sobre Silvio cuando acude en su auxilio y lo apuñala también.

Leoncavallo siempre defendió que los hechos sucedieron realmente y que su padre, que era juez, se lo había contado. Pero parece que no fue cierto y el compositor seguramente copió la idea del drama *La femme de*

Tabarin de Catulle Mendès (1887), quien, a su vez, pudo tomar prestada la idea de otra obra teatral, *Un drama nuevo* de Manuel Tamayo y Baus (1867). Los argumentos de ópera no se crean ni se destruyen: se adaptan. Cuando no se plagian.

Semíramis *(Semíramis)*

En los argumentos de las óperas del «cisne de Pésaro» no cabe el término medio. O componía comedias, óperas bufas y regocijantes farsas jocosas como *El barbero de Sevilla*, *La cenicienta*, *El conde Ory* o *El viaje a Reims*, o dramones tan serios como *Tancredi*, *Guillermo Tell*, *El asedio de Corinto* o *Semíramis*, si bien el favor del público —y de los teatros— siempre se ha inclinado por aquellas.

La ópera en dos actos *Semiramide* de Gioacchino Rossini comparte con Elektra el tema del asesinato de un rey a manos de su esposa y un amante. El libreto, obra de Gaetano Rossi inspirado en la tragedia homónima de Voltaire, narra la historia de la mítica reina de Babilonia, constructora de los jardines colgantes, que en el pasado envenenó a su esposo Ninos con la colaboración de Assur, llamado a ocupar el trono. El hijo de Ninos y Semíramis, Ninio, desapareció y todos lo creen muerto, pero vive con el nombre de Arsace y es capitán del ejército asirio. Tanto él como Assur pretenden a una hija de la reina llamada Azema, mientras que Semíramis ama a Arsace —rol confiado a una mezzosoprano—sin saber que es su hijo. Así, sobre el escenario tenemos un antecedente de parricidio y una doble relación incestuosa. El lío empieza a resolverse cuando el sacerdote de Baal, Oroe, exhibe los documentos que lo aclaran todo y el propio rey Ninos se ve obligado a salir de la tumba para exigir venganza.

En la oscura escena final, Arsace se lanza contra Assur pero su madre se interpone y es ella quien recibe la estocada mortal. El telón baja mientras los guardias se llevan a Assur, con lo que nos quedamos sin saber qué hacen con él y sobre todo en qué queda el amor entre Arsace y Azema.

Como curiosidad, la escena de la locura que incluye esta ópera belcantista no está protagonizada por una soprano sino por un bajo (Assur).

Como hemos dicho, el «sentimiento que experimenta una persona cuando sospecha que la persona amada siente amor o cariño por otra, o cuando siente que otra persona prefiere a una tercera en lugar de a ella», es decir, los celos, son la causa principal de los crímenes pasionales. Analicemos algunos ejemplos de óperas en los que la víctima de este sentimiento negativo y con frecuencia destructivo es un varón, a manos de otro o de una mujer.

Varones asesinados por varones

Fernando *(Goyescas)*

Los aficionados a la música clásica conocen bien la historia de *Cuadros de una exposición*, una serie de diez piezas para piano que Modest Mussorgski compuso inspirándose en sendos cuadros de su amigo Viktor Hartmann, y que posteriormente fue objeto de varias orquestaciones, la más grabada e interpretada en concierto de las cuales es la de Maurice Ravel. Pero es menos conocido el itinerario similar que condujo a *Goyescas* desde una serie de pinturas a una ópera, pasando por una suite pianística.

Enrique Granados compuso la suite en 1911, como homenaje a su admirado Francisco de Goya, describiendo con música su impresión ante una serie de pinturas para tapices del genio aragonés. El éxito de la suite *Goyescas* animó a la Ópera de París a encargar al compositor una obra y así surgió la ópera *Goyescas* en tres cuadros y nueve escenas que recrean pinturas como *El pelele*, *Los requiebros* o la joya de la colección, el *Dúo de amor y la muerte*, más conocido como *La maja y el ruiseñor*.

El argumento consiste en un convencional enredo de amores, pullas y celos cruzados entre las parejas formadas por el torero Paquiro (barítono) y la tonadillera Pepa (mezzo), y por el capitán de la Guardia Real Fernando (tenor) y la dama de alta cuna Rosario (soprano). El texto del tonadillero Fernando Periquet, hizo de la ópera de Granados un tardío producto de verismo castizo que finaliza con un duelo de honor entre Paquiro y Fernando que se resuelve, naturalmente, con el triunfo del matador.

El estreno de *Goyescas* estuvo señalado por la fatalidad. Previsto en París, la Gran Guerra obligó a suspenderlo y el compositor norteamericano Ernest Schelling logró incluir la ópera en la temporada del Met neoyorquino de 1915-16, donde la obra cosechó sus primeras ovaciones. Lo más aplaudido fue —y sigue siendo— el célebre *Intermedio*, compuesto allí mismo a toda prisa para entretener el cambio de escenario entre dos cuadros.

El presidente Wilson quiso conocer al músico de moda en Nueva York y la recepción en la Casa Blanca forzó un retraso del viaje de vuelta a España que sería funesto. El 24 de marzo de 1916 el vapor Sussex que trasladaba a Granados y a su esposa Amparo desde Inglaterra al continente fue torpedeado por un submarino alemán. Amparo cayó al agua, el músico se lanzó a rescatarla y ambos perecieron.

(No todos los duelos operísticos acaban con la muerte de uno de los enfrentados. En otra ópera española, *Pepita Jiménez*, de Isaac Albéniz, el seminarista Luis de Vargas sólo hiere al conde Genazahar, su rival en el amor por la joven y rica viuda Pepita.)

Luigi *(El tabardo)*

En los capítulos dedicados a las muertes por causas naturales e intoxicación nos hemos ocupado de Buoso Donati y Suor Angelica, respectivamente. En la tercera ópera corta que integra *Il trittico* de Puccini, *El tabardo* (Il tabarro[29]) se produce otro homicidio pasional de un hombre a manos de otro. En esta ocasión, el marido de la soprano (Giorgetta) es un barítono (Michele) y el amante un tenor (Luigi).

Con *El tríptico*, Puccini pretendió crear una trilogía dantesca que desde el dramático infierno de *Il tabarro* condujera al cielo cómico de *Gianni Schicchi* pasando por el purgatorio melodramático de *Suor Angelica*. Como *Goyescas*, se estrenó en el Met en 1918, debido a la guerra europea, y desde entonces *Gianni Schicchi* es la preferida del público. Aunque Puccini desautorizó el troceado de su obra, los teatros rara vez la programan completa y prefieren incluir alguna de las tres óperas en programas dobles con otras veristas en un acto como *Cavalleria rusticana* o *Payasos*.

El tabardo narra las miserias de un triángulo TBS sobre una barcaza, amarrada en un muelle del Sena parisino, donde malvive un matrimonio sin amor. Michele, el patrón, dobla en edad a Giorgetta y ésta se lía con Luigi, uno de los estibadores que trabajan para aquél. Un núcleo argumental calcado al de *Payasos*. Los encuentros nocturnos de los amantes comienzan cuando ella le da luz verde prendiendo un fósforo, remedando la antorcha de Brangania en otra ópera centrada en el adulterio. Michele sospecha que su mujer lo engaña pero solo descubre con quién cuando tras cantar su desesperación mientras vela en cubierta enciende su pipa y Luigi lo confunde con la señal de Giorgetta. Michele le agarra el cuello con sus manazas y le obliga a confesar apretando cada vez más hasta que Luigi se desploma sin vida. Giorgetta sube a cubierta y Michele oculta el cadáver bajo su amplio tabardo. Ella le confiesa que tiene miedo y su marido le ofrece acurrucarse junto a él cubriéndola con el tabardo, como antes hacían, y Giorgetta le recuerda que él siempre decía que

> Todos llevamos
> un tabardo que, algunas
> veces oculta una alegría,
> otras veces oculta un dolor...

Esta en esta ocasión Michele apostilla: ¡Y otras veces oculta un delito! al tiempo que abre su prenda y el cadáver de Luigi rueda a los pies de su horrorizada amante. Para él, por supuesto, el delito no era el asesinato sino el adulterio.

---

29 Aunque traducimos *tabarro* como «tabardo» por homofonía, la prenda en cuestión es más bien una capa, un capote o una hopalanda (de hecho la ópera se basa en una «pieza negra» del dramaturgo Didier Gould titulada *La houpelande*).

Sebastián *(Tierra baja)*

Resulta curioso que la principal contribución alemana a una corriente operística tan italiana como el verismo fuese obra de un músico de origen escocés. Aunque escribió veinte, Eugen d'Albert pertenece al catálogo de «compositores de una ópera», *Tiefland*, traducción de *Terra baixa* (*Tierra baja*), la obra teatral de Àngel Guimerà adaptada para el libreto de la ópera.

Tierra baja muestra dos mundos moralmente contrapuestos, la montaña pirenaica, cuyos moradores son sencillos, inocentes y buenos, y el valle donde reside lo peor del ser humano. El pastor Pedro es el arquetipo del primero y su amo, el rico hacendado Sebastián, del segundo. La amante de Sebastián, Marta, completa el triángulo pasional. Los negocios no van bien y, para rehacerse, Sebastián decide casarse con una rica *pubilla* (hija mayor y heredera en la antigua sociedad catalana). Con el fin de guardar las apariencias, y que la gente dejase de murmurar, casa por la fuerza a Marta con Pedro, a quien ella rechaza por su simpleza. Pero, con el tiempo, descubre que su marido por conveniencia posee un corazón de oro y acaba correspondiendo a su amor. Cuando Sebastián requiere a Marta para darse un revolcón con ella, Pedro se enfrenta a él y acaba estrangulando «al lobo». La pareja huye

> ¡Arriba, a mis montañas, a la luz y a la libertad!
> ¡Subamos desde las tierras bajas!
> ¡La majestuosidad de aquellos parajes nos traerá la paz!

Pero cuesta trabajo creer que, tratándose Sebastián de un hombre importante de la comarca y Pedro de un humilde pastor a su servicio, el homicidio quedara impune. Al día siguiente el Cuerpo de Carabineros comenzaría su búsqueda, aunque seguramente Pedro conocería bien los pasos pirenaicos a Francia, donde quizá la pareja comenzó una nueva vida.

Tamare *(Los estigmatizados)*

El régimen político más degenerado de la historia, el nazismo, decretó que había un arte degenerado y creó la etiqueta *Entartete Musik*, música degenerada, para estigmatizar la obra de compositores de ascendencia judía, pero también a los simpatizantes con el marxismo (Eisler) y a los que utilizaban estilos musicales relacionados con la cultura africana como el jazz (Krenek). Grandes compositores como Schönberg, Korngold o Goldschmidt se exiliaron a tiempo pero otros, como Schulhoff y Ullman fueron detenidos y murieron en campos de concentración. A otro de los músicos más brillantes de aquella generación, Franz Schreker, lo libró de peor suerte el infarto que acabó con su vida en Berlín en 1934.

En la época entre guerras, Schreker gozó de tanto o más éxito que Richard Strauss, pero la condena de su obra por los nazis, como la de tantos

colegas «degenerados», fue efectiva hasta en que los años noventa la discográfica DECCA grabó muchas de sus obras, incluyendo óperas tan magníficas como *Die Gezeichneten*, que precisamente significa *Los estigmatizados*.

Génova, siglo XVI. El feo y deforme noble Alviano crea en una isla un
paraíso de belleza, Elysium, que acaba convirtiéndose en un centro de orgías sexuales para nobles disolutos que raptan y asesinan a las chicas. Alviano decide donar su isla a la ciudad de Génova y se enamora de Carlota pero
ésta, inicialmente fascinada por él, acaba encaprichándose de Tamare, uno
de los nobles más crápulas, al que Alviano asesina por celos. Poco antes,
Tamare había proclamado ante la muchedumbre:

> ¡No sé qué es preferible:
> Si una vida sin alegría, una lenta decadencia...
> o una muerte en el delirio y la vorágine.
> ¡Morir feliz, embriagado por una profunda pasión!

El propio Schreker escribió el libreto basándose, al igual que Alban
Berg para su *Lulu*, en una obra del dramaturgo Franz Wedekind, quien a
principios del siglo XX se atrevió a escribir sobre la liberación sexual de los
adolescentes reprimidos por la moral burguesa y sobre lo que hoy denominamos «machismo». Todo un precursor.

Turiddu (*Cavalleria rusticana*)

Otro caso operístico de barítono que acaba matando al tenor que le pone
los cuernos es el de *Cavalleria rusticana*, de Pietro Mascagni, que por la corta duración de ambas habitualmente comparte cartel de sesión doble con
la otra joya del verismo italiano, *Payasos* de Leoncavallo. Ambas historias
ocurren en aldeas de la Italia meridional y ofrecen «uno squarcio di vita»
(un tajo de vida) arrancado con crudeza de la vida real de sus moradores,
que en eso consiste el verismo en la ópera.

Un concurso literario tiene la virtud de estimular la creación en jóvenes
escritores ávidos de reconocimiento, y su plazo de entrega es el acicate que
obliga a terminar obras que de otro modo nunca hubiesen visto la luz. A
finales del XIX la ópera causaba tal furor en Italia que al editor milanés
Sonzogno se le ocurrió convocar un certamen de óperas en un acto para
jóvenes compositores desconocidos, al que se presentaron nada menos que
setenta y tres trabajos. La obra ganadora fue *Cavalleria rusticana* (tradu-
cible al castellano como «Caballerosidad rústica») que Pietro Mascagni,
acuciado por las bases del concurso, compuso sobre un texto verista de
Giovanni Verga en menos de dos meses. Era su primera ópera y el exitazo
que cosechó, perdurable hoy en día, no se repetiría en ninguna de las trece
que compondría después.

No hay ópera verista que se precie sin su *intermezzo*, una breve pieza orquestal cargada de emoción musical que suele extraerse del teatro de ópera para la sala de conciertos. O, como el de *Cavalleria rusticana*, para el cine (*El Padrino III*).

Turiddu, el vinatero de un pueblo siciliano, tenía una novia llamada Lola que le prometió amor eterno pero se casó con el arriero Alfio mientras el mozo hacía la mili. En venganza, Turiddu seduce a Santuzza, por lo que el pueblo la excomulga, y de ese modo consigue que Lola vuelva con él pero ya en calidad de amante adúltera. Despechada, Santuzza se lo cuenta a su marido. Alfio rechaza delante de todo el pueblo el vino que le ofrece Turiddu y entonces éste comete un error fatal. Cuando Alfio ya se iba a casa con su mujer Lola, como diciendo: tengamos la fiesta en paz, Turiddu le da un mordisco en la oreja, lo que en el viejo código de honor siciliano significaba retarlo a un duelo a muerte que podía haberse evitado o que se entendería mejor que lo hubiese provocado el marido burlado. El impetuoso Turiddu le asegura que sabrá clavarle el cuchillo en el corazón y Alfio, muy tranquilo, lo cita detrás del huerto. Turiddu dedica una angustiosa despedida a su *mamma* y corre en busca de su destino. Al poco tiempo, un grito desgarrador cruza la plaza del pueblo llena de curiosos y acongoja a los espectadores:

¡Han matado al compadre Turiddu!

Santuzza y la *mamma* se desmayan. Cae el telón.

Turiddu (Bryan Hymel) y Lola (Martina Belli) en una escena de *Cavalleria rusticana*, de Pietro Mascagni.

Vladimiro *(Fedora)*

No resulta rebuscado relacionar *Tierra baja* con nuestra siguiente ópera, la *Fedora* de Umberto Giordano, ya que en ambas un marido mata al amante de su mujer. El conde Vladimiro Andrejevich, hijo del jefe de policía de San Petersburgo, debe demasiado dinero a demasiadas personas y confía en su salvación económica casándose con una viuda muy rica, la princesa Fedora Romazoff. Pero Vladimiro muere de un disparo y Fedora jura encontrar al asesino de su prometido y vengarse. Todos los indicios apuntan a Loris Ipanoff, un vecino de mansión, al que Fedora logra engatusar hasta enamorarlo para arrancarle la confesión.

En una fiesta en el salón parisino de la princesa, Loris se lo cuenta todo: su Vladimiro se la pegaba a los dos con su mujer, Wanda. Para vencer su incredulidad, Loris muestra a Fedora las cartas que lo demuestran:

Piensa en mi fortuna (…)
¡Con la que me casaré no será tu rival;
mi única mujer eres tú, Wanda adorada!

Loris supo por una criada dónde se encontraban los adúlteros. Cierta noche se armó de valor —y de una pistola—, se presentó en el nidito de amor y allí los pilló con las manos en la masa. Según Loris, Vladimiro le disparó primero hiriéndolo en un costado y entonces él le devolvió el pistoletazo. Cuesta creer que el conde le hiciera el amor a Wanda pistola en mano, pero en todo caso la ley rusa de entonces amparaba al marido engañado que mataba a los amantes sorprendidos en flagrante adulterio. Y Loris sólo se lo cargó a él. Ya sabemos qué ocurrió al final con Fedora. En cuanto a Wanda, «huyó… cayó enferma… languideció… murió».

En el capítulo de protagonistas masculinos muertos a manos de mujeres destacaremos tres, por causas bien diferentes.

Varones asesinados por mujeres

Arturo *(Lucía de Lammermoor)*

En todo el repertorio hay pocos roles para tenor más brevemente ingratos o más ingratamente breves que el del noble Arturo de Bucklaw, pretendiente de *Lucía de Lammermoor*, con la que acaba casándose a pesar de ella cuando cree que su amado Edgardo se ha ido con otra. En el primer acto, ni aparece. En el segundo, comparece para firmar el contrato nupcial y cantar él solo un poco, aunque participa en el glorioso sexteto *Chi mi frena in tal momento* al que nos referimos en el capítulo dedicado a Edgardo, en el que los seis personajes expresan sus emociones por separado aunque coinciden en que «como rosa marchita», ella (Lucía) se encuentra entre la vida y la muerte. Pero el pobre Arturo ignora que se encuentra mucho más próximo a su trágico final, pues al comienzo del siguiente acto su ya esposa lo apuñala en un rapto de locura. El asesinato ocurre fuera de escena, pero el capellán protestante Raimundo se lo cuenta con crudeza a los espantados invitados cuando irrumpe en la gran sala del castillo de Ravenswood para aguarles la fiesta:

> Desde la estancia a la que Lucía
> se había retirado con su consorte,
> un lamento, un grito, surgía,
> ¡como de un hombre próximo a la muerte!
> Corrí veloz a la habitación.
> ¡Ay, terrible desgracia!
> Yacía en el suelo Arturo
> mudo, frío, ¡ensangrentado!...
> ¡Y Lucía sostenía en su manos
> el acero del propio asesinado!

Dado que Lucía acuchilla a su infortunado marido víctima de un brote psicótico, en sentido estricto no podría considerarse un caso de parricidio, sino de homicidio con eximente. Aunque no sabemos qué ocurrió exactamente en la alcoba nupcial, es posible que el infortunado Arturo ni llegara a comsumar el matrimonio.

Scarpia (*Tosca*)

Aunque, como sabemos, en la *Tosca* de Puccini el malvado barón Scarpia muere acuchillado, tiene sentido incluir su caso en el capítulo de la violencia de género ya que pocos personajes operísticos como él encarnan lo que en la sociedad actual se conoce como violencia de género y acoso sexual. Para no dejar duda sobre su condición de sátiro libidinoso que disfruta violando mujeres, el propio jefe de la temible policía romana lo confiesa con cinismo mientras espera noticias de sus esbirros:

> Sabe mejor la conquista violenta
> que el melifluo consentimiento.
> (…)
> Deseo.
> Persigo el objeto deseado,
> me sacio, la desecho y busco una nueva presa.
> Dios creó bellezas y vinos diversos.
> ¡Yo quiero degustar cuanto pueda
> de la obra de Dios!

No obstante, el carácter obscenamente cínico del jefe de policía de Roma se manifiesta sobre todo en la impresionante escena del *Te Deum* que culmina el primer acto. Un solemne cortejo presidido por el cardenal se dirige al altar mayor de la iglesia de San Andrés del Valle. Entre campanadas y cañonazos, el coro entona su himno de acción de gracias por la supuesta derrota de Napoleón, pero Scarpia sólo piensa en matar a sus dos pájaros de un tiro, «el uno, al potro (de tortura), la otra entre mis brazos» hasta que el climax muscial lo despierta de su sueño y le obliga a hincar la rodilla ante el Santísimo y santiguarse proclamando su particular oración blasfema:

¡Tosca, me haces olvidar a Dios!

En el segundo acto, Scarpia está cenando solo en su despacho del palacio Farnesio y no puede sospechar que el cuchillo con el que está cortando el filete acabará con su vida tan solo media hora más tarde, cuando se abalance sobre su última presa para poseerla. Floria Tosca es una mujer de carácter y lo demuestra prefiriendo matar a su acosador antes que ceder a su miserable chantaje: una vida por un instante de placer. Scarpia debía de estar dando cuenta de un buen entrecot porque el cuchillo es «afilado y de punta» y a Tosca le basta con un golpe para acabar con él en segundos, «ahogado en su sangre», lo que indica una diana en pleno mediastino, la cavidad torácica donde se alojan órganos tan vitales como el corazón y sus grandes vasos, la tráquea y los bronquios principales. Las conquistas violentas también encierran sus riesgos.

Boris Timoféyevich y Zinovi *(Lady Macbeth de Mtsensk)*

En la ópera *Lady Macbeth de Mtsensk* de Shostakovich ocurre el único *suegricidio* conocido del repertorio: el de Boris Timoféyevich Izmailov, padre de Zinovi Borísovich Izmailov, marido de Katerina Lvovna Izmailova, amante de Serguéi.

Boris es un patrón brutal, amante de los champiñones con puré de trigo negro, que culpa a su nuera Katerina de no haberle dado en cinco años el nieto que desea. Ella replica que el culpable es su hijo Zinovi, incapaz de engendrar, y a Boris le entran ganas de fertilizarla él mismo. En ausencia del marido llega a la fábrica un nuevo empleado llamado Serguéi, especializado en liarse con las esposas de sus amos, en cuyos brazos cae la fogosa Katerina. Cuando Boris lo descubre ordena que lo azoten y para librarse de él su nuera lo envenena echando matarratas a su plato de champiñones. El siguiente obstáculo de la relación adúltera es el marido, así que los amantes lo asesinan al alimón en cuanto regresa.

Katerina y Serguéi son deportados a Siberia y por el camino él la abandona por otra mujer a la que Katerina arroja a las aguas heladas del río al que ella también se ve arrastrada.

Además de la formada por Nedda y Silvio, comentada más arriba, otras ilustres parejas del gran repertorio mueren violentamente a manos del tercer elemento de un triángulo fatal:

Parejas asesinadas

Clitemnestra y Egisto *(Electra)*

En la historia de la ópera hay pocos argumentos más atroces que el del odio mortal de una hija hacia su madre, asesina de su padre, al que acaba vengando cuando su hermano mata a la madre y a su cómplice y amante al precio de su propia vida, carente ya de sentido. Se trata de *Elektra*, la línea roja a la que llegó Richard Strauss después de *Salomé* y que no se atrevió a traspasar.

La ópera fue el primer fruto de la fecunda colaboración entre el músico y Hugo von Hoffmansthal, cuyo libreto es una adaptación de la tragedia de Sófocles.

Strauss fue un operista con una clara preferencia por las voces femeninas. El enorme peso dramático de *Electra* reposa en tres cantantes, dos sopranos (las hermanas Electra y Crisotemis) y una mezzo o contralto (Clitemnestra, su madre). Los personajes masculinos, Egisto (tenor) e incluso Orestes (barítono) son secundarios.

En esta ópera se producen nada menos que tres parricidios. Como antecedente, Clitemnestra y su amante Egisto sorprenden a Agamenón en la bañera, lo inmovilizan con una red y lo matan a hachazos. Desde entonces Elektra solo vive para vengar ese asesinato, de manera que cuando Orestes regresa y mata a los asesinos de su padre su vida ya no tiene sentido y expira exhausta tras una orgiástica danza triunfal.

La primera en caer es Clitemnestra, cuando Orestes entra en el palacio y la mata con su espada. Egisto no está en casa y su hijastra le espera en la puerta. Cuando llega, en un tono sarcástico Electra le invita a entrar en palacio, donde le esperan unos visitantes que se están divirtiendo con Clitemnestra. Egisto recela pero finalmente entra e inmediatamente se une a la fiesta.

Después de Elektra, Strauss dio un volantazo en su trayectoria operística componiendo *El caballero de la rosa*. No obstante, el cambio de la brutalidad de la Grecia arcaica por la refinada Viena del siglo XVIII, no impidió otra terna de voces femeninas: la Mariscala (s), Octavian (ms) y Sophie (s) uniéndose al final en el trío operístico posiblemente más sublime de la historia.

Escena de una representación de *Elektra*, de Richard Strauss.

Joven gitano y Zemfira *(Aleko)*

Entre los ejercicios de graduación en el Conservatorio de Moscú, los estudiantes tenían que componer una ópera en un acto. Sergéi Rachmaninov tenía 19 años cuando compitió con dos compañeros sobre el poema *Los gitanos*, de Pushkin, y su ópera, titulada *Aleko*, fue la elegida.

Rachmaninov compuso Aleko en diecisiete días, entre los estrenos de *Payasos* (1890) y *Cavalleria rusticana* (1892) y tanto por su argumento como por su estructura musical, con el obligado *intermezzo*, puede considerarse la aportación rusa al verismo. Algunos teatros ya han alterado el doblete *Cav/Pag*[30] sustituyendo una de las dos óperas italianas por Aleko.

A pesar de las imperfecciones de toda ópera prima, el ejercicio fin de carrera —que obtuvo la máxima calificación— subiría al escenario del Bolshoi con gran éxito y mereció la interpretación del mítico Feodor Chaliapin en el papel titular.

Aleko es un joven ruso aburrido de su vida urbana que decide unirse a un clan de gitanos nómadas, ideal de la libertad romántica en la Rusia de la época. Él y la joven Zemfira, cuyo padre las abandonó por otra mujer, viven un romance del que nace un niño. Pero para la gitana, como para Carmen, el amor es libre y se acaba liándose con uno de los suyos. Aleko los descubre y los acuchilla mortalmente. Pero los gitanos no lo castigan, sino que lo expulsan del campamento, y Aleko vuelve a encontrarse solo y más hastiado de la vida que nunca.

---

30 Así se denomina la tradicional oferta operística de un programa doble formado por Cavalleria rusticana y Pagliacci.

Además de Aleko, Rachmaninov finalizó otras dos óperas, *El caballero avaro* y otra historia de crimen pasional con resultado de asesinato de los amantes, *Francesca de Rímini*, que veremos a continuación. Se ve que el tema le atraía.

Veinte años después del estreno de *Aleko* tuvo lugar el de *Gitanos (Zingari)*, de Ruggero Leoncavallo, basada en el mismo poema de Pushkin pero con nombres distintos de los protagonistas. En la versión del autor de *Payasos*, el payo se llama Radu y la pareja de gitanos amantes Fleana y Tamar, a los que aquel abrasa vivos pegándole fuego a la cabaña donde se refugian.

Fratricidios

El repertorio operístico no es pródigo en fratricidios, quizá porque matar a un hermano no resulta tan interesante desde un punto de vista dramático como asesinar a la esposa o el amante. Destacaremos tres casos que ocurren en grandes óperas de los repertorios italiano, francés y alemán.

Paolo y Francesca (*Francesca de Rímini*)

En el canto V del Inferno de la Divina Comedia, Dante se ocupa de la historia de los cuñados Paolo Malatesta y Francesca de Rímini, esposa de su hermano Gianciotto. En plena guerra entre güelfos y gibelinos (s. XIII), el padre de Francesca la obliga a casarse con «el Cojo» Gianciotto, al que no ama pero se enamora de «el Bello» Paolo. El hermano menor, Malatestino «el Tuerto», cruel y malvado, desencadenará la tragedia.

La relación íntima entre Francesca y Paolo comienza leyendo un libro de caballerías. En el momento en que Lancelot besa a Ginebra, la esposa del rey Arturo, Paolo besa a su cuñada, «y ya no seguimos leyendo», confesará ella a Dante y Virgilio cuando se encuentren con ella en su visita al Círculo de los Lascivos.

El papel de Malatestino es similar al de Melot en *Tristán e Isolda* cuando informa al rey Marke de su relación. Gianciotto finge salir de viaje pero regresa esa noche para sorprender a los amantes en el lecho. Furioso, se lanza sobre la pareja abrazada y los atraviesa de una misma estocada.

Francesca les resume su película *El cojo, el bello y el tuerto* a los ilustres visitantes del averno con esta frase:

> Amor nos condujo a la misma muerte

Pero como ella y Paolo van a parar al mismo Círculo infernal, su amor perdura más allá de esa muerte. Como dijo Mark Twain, el cielo es preferible por el clima y el infierno por la compañía.

Ocho años después del estreno de esta ópera dantesca de Rachmaninov (1906), el compositor Riccardo Zandonai, patriota italiano y epígono verista, estrenó otra sobre el mismo tema y con idéntico título.

Leonor *(La fuerza del destino)*

Otro fratricidio acontece en *La fuerza del destino* de Giuseppe Verdi, cuando Don Carlos de Vargas termina apuñalando a su hermana.

A Verdi le atraían los libretos con tema español (*Alzira, El trovador, Ernani, Don Carlos*) pero también los argumentos absurdos, así que no pudo resistirse a crear una ópera romántica a partir de la tragedia *Don Álvaro o la fuerza del sino* del Duque de Rivas. En *La forza del destino* Piave prescindió del otro hermano de Leonora, Don Alfonso, otorgando más protagonismo a Don Carlos.

El indiano Don Álvaro y la noble Leonor se aman pero el padre de ella se opone y cuando los sorprende tratando de huir él arroja la pistola al suelo, que se dispara, matando accidentalmente al Marqués de Calatrava. Leonor ingresa en un eremitorio y Don Carlos jura vengar a su padre. Cuando descubre la identidad del que cree asesino de su padre ambos se enfrentan, pero logran separarlos y Don Álvaro ingresa como «padre Rafael» en un monasterio casualmente vecino al eremitorio de Leonor. En la última, e inverosímil escena, Don Carlos provoca a duelo a Don Álvaro y cuando éste lo hiere mortalmente llama al eremitorio en busca de ayuda y aparece Leonora, que muere apuñalada por su hermano cuando trata de socorrerlo. Piave y Verdi quizá consideraron que ya había bastante muerte en su ópera y bajan aquí el telón, pero no así don Ángel de Saavedra y Ramírez de Baquedano porque, tras la muerte de su amada, hace que Don Álvaro se arroje al vacío gritando que es un ángel exterminador enviado del infierno.

De hecho, en la primera versión de *La fuerza del destino*, estrenada en 1862 el el actual Teatro Mariinski de San Petersburgo, Don Álvaro se precipitaba desde un acantilado. Pero la censura italiana no toleraba escenificar el suicidio de un religioso, así que Verdi le pidió a Piave que revisara el libreto procurando descargarlo de muertes, pero fue Antonio Ghislanzoni quien acabaría librando al padre Rafael de la condenación eterna.

Pelleas *(Pelleas y Melisenda)*

En el segundo caso se trata más bien de un *hermanastricidio*, ya que Pelleas y Golaud son nietos del mismo rey de un país imaginario llamado Allemonde, pero no hermanos de padre y madre. Golaud se encuentra en el bosque a una muchacha misteriosa llamada Melisande y en lugar de dejarla allí se la lleva a casa y la convierte en su esposa. Pero Melisande se enamora de su cuñadastro Pelleas y cuando Golaud lo descubre lo mata y hiere a Melisande, que muere poco después de dar a luz a un bebé cuyo padre nunca sabremos quién fue.

Pelleas y Melisenda, la única ópera de Claude Debussy, está considerada un hito fundamental en la historia del género, aunque nunca haya sido un título muy programado por los museos de óperas, ni apreciado por los públicos. El músico prefirió calificar su obra como «drama lírico», consciente de que no había creado una ópera al uso sino una extensa y hermosa página sinfónico-vocal teñida de una melancolía de claro de luna, de exasperante hieratismo escénico y con un canto plano más parecido a la salmodia.

Se estrenó en 1902 en la *Opera Comique* de París y se cuenta que, cuando en el segundo acto Melisande le confiesa a su esposo: «no soy feliz aquí…», un espectador exclamó: «¡Nosotros tampoco!». Debussy profetizó que su obra solo sería apreciada por los nietos de aquel público, pero se equivocó porque siglo y pico después su *Pélleas et Mélisande* permanece incomprendida.

El caso del gigante Fasolt, asesinado por su hermano Fafner en la última escena de *El oro del Rin*, lo analizamos en el capítulo de muertes por traumatismo craneal.

Christopher Purves (Golaud) y Jurgita Adamonyte (Melisanda) en *Pélleas et Mélisande*, de Claude Debussy.

Infanticidios

Todos los asesinatos son abominables, pero los calificativos se agotan cuando la víctima es el ser humano más indefenso imaginable, es decir, un niño recién nacido o de corta edad. Sin embargo, el horror provocado por el infanticidio alcanza el cenit cuando el asesino es uno de sus progenitores.

En la ópera no abundan estos crímenes cometidos contra niños y los tres que mencionaremos se deben también a causas bien diferentes:

• Despecho: **Medea** mata a los dos hijos que tuvo con Jasón para vengarse de él por abandonarla por Glauce. Después se va de rositas volando en un carro de fuego.

• Locura: **Margarita** ahoga al recién nacido de su relación con *Fausto* en un acceso de enajenación mental. Condenada a muerte, las paredes de la prisión se abren para permitir el ascenso de su alma al cielo.

• Compasión: **Kostelnicka** abandona en la nieve al bebé de *Jenufa* para eliminar el obstáculo que le impide casarse y ser feliz. Acaba en manos de la justicia pero logra su objetivo de emparejar a su hijastra con Laca.

Aunque no se llegue al trágico extremo de matarlos, muchos niños son víctimas colaterales de los asesinatos de sus madres a manos de sus parejas. Esta dramática modalidad de orfandad se muestra con crudeza en la ópera *Wozzeck* de Alban Berg. En otro momento se ha tratado de la muerte por ahogamiento del soldado Franz Wozzeck en el estanque donde arrojó el cuchillo con el que ha asesinado a Marie por serle infiel con el Tambor Mayor. En la última escena de la ópera, el pequeño hijo de la pareja juega con otros niños en la calle, montado en su caballito de madera, al que espolea sin cesar, «¡Hop, hop!». Cuando descubren el cadáver de Marie, uno de los niños le espeta con inconsciente crueldad infantil: «¡Eh!, tú, ¡tu madre está muerta!» antes de salir corriendo con los demás para ver el cadáver. El pequeño duda un momento pero les sigue, «¡Hop, hop!», a lomos del caballito.

Cuando el hijo asesinado ya es mayorcito no se habla de infanticidio sino de filicidio. Tampoco hay demasiados casos en la ópera, pero destacan dos que comparten una misma trágica circunstancia: directa o indirectamente, el padre da muerte a su hija sin ser consciente de ello:

Gilda *(Rigoletto)*

Al día siguiente del estreno del drama de Victor Hugo *El rey se divierte*, el gobierno francés prohibió la obra por «inmoral». No toleraban presentar en escena a un rey Francisco I libertino espoleado por Triboulet, un bufón que en el fondo, palabras de Hugo, «odia al rey porque es rey; odia a los nobles porque son nobles, y odia a los hombres porque no todos tienen una joroba... Él corrompe al rey y lo maltrata, lo incita a la tiranía, la ignorancia y el vicio, lo arrastra a través de las familias de los caballeros, señala a una mujer para seducir, a una hermana a quien secuestrar, a una muchacha a quien deshonrar....». Hasta que los nobles descubren, sin explicárselo, que el bufón jorobado tiene una amante, que en realidad es una hermosa hija a la que que raptan y el rey deshonra.

Verdi se entusiasmó con la historia y encargó un libreto a Piave, que fue de nuevo vetado por la censura austríaca. El gobernador Gorzowski deploró que «el poeta Piave y el célebre músico Verdi no hayan sabido escoger otro campo para hacer brotar sus talentos, que el de la repugnante inmoralidad y obscena trivialidad del argumento del libreto titulado *La maldición*». Pues así se titulaba una ópera que, tras sustituir al rey por el duque de Mantua, lograron estrenar con el título de Rigoletto, nombre diminutivo del francés *rigolo*, gracioso.

El libreto contiene situaciones tan absurdas como la escena del rapto de Gilda que poco importan al espectador u oyente de uno de los mayores prodigios líricos surgidos del genio de Verdi. Pero el desenlace es lo más inverosímil: Rigoletto contrata al asesino a sueldo Sparafucile para que se cargue al duque, al que el matón y su hermana preparan una encerrona en su casa. Pero Gilda sigue enamorada de su seductor y sacrifica su vida para salvarlo. Sparafucile acaba apuñalando a la chica mientras el duque sucumbe a los encantos de su hermana mientras canta el aria posiblemente más popular de todas las óperas, «La donna è mobile»:

> La mujer es voluble,
> como pluma al viento
> cambia de ideas
> y de pensamiento...

Escena de una representación de *Rigoletto* de Giuseppe Verdi en el Teatro Real de Madrid.

No fue el caso de Gilda, fiel hasta la muerte hacia quien no lo merecía. Si hay algo verdaderamente inmoral en Rigoletto es que un personaje tan detestable como el Duque de Mantua resulte impune.

Valentina *(Los hugonotes)*

Cuatro años después del frustrado estreno parisino de la versión original de *Rigoletto*, Meyerbeer y sus libretistas Scribe y Deschamps no tuvieron problemas para estrenar *Les Huguenots*, una *grand opéra* ambientada en la histórica guerra de religión que culminó con la matanza de protestantes franceses a manos de católicos en la noche de San Bartolomé (23-24 de agosto) de 1572. Que hasta finales del siglo xix la Ópera de París montase la obra mil veces demuestra la fortaleza de un teatro para poner en escena una obra que dura cuatro horas y requiere un gran despliegue escénico, además de un elenco de siete cantantes entre los que destaca un papel inclemente para tenor (Raúl).

Valentina es hija del católico conde de Saint-Bris, quien la obliga a casarse con un correligionario, el conde de Nevers, pero ella acaba no solo uniéndose al protestante Raoul de Nangis sino abrazando su fe. En la fatídica noche de la matanza, Saint-Bris ordena al coro de asesinos —así lo denomina el libreto— disparar contra un grupo de hugonotes entre los que se encuentran Raúl, su escudero Marcel y su propia hija Valentina, que mueren mientras los criminales católicos dan la bienvenida a la reina cantando:

> ¡Por el acero y el fuego
> exterminemos a esa raza impía!
> ¡No habrá piedad! ¡No habrá inocentes
> ¡Soldados de la fe católica, persigamos al hereje!
> ¡Dios exige su sangre!

Los fanáticos siempre metiendo a Dios por medio.

«ZOÓPERA». LOS ANIMALES EN LA ÓPERA

LA ZORRITA
¡Hermanas, vaya líder que tenéis!
Os quiere (el gallo) sólo para satisfacer su lujuria.
Los hombres lo mantienen por eso.
(arengando a las gallinas)
¡Amigas, hermanas, hay que abolir el viejo orden!
Cread un nuevo mundo donde obtendréis
vuestra cuota de placer y felicidad.

(Acto I de La zorrita astuta, de L. Janácek)

Silvestres o domesticados, los animales son compañeros inseparables de sus parientes más aventajados, los humanos. Las primeras manifestaciones artísticas conocidas de la humanidad son pinturas rupestres que representan a los animales que cazaban nuestros antepasados cavernícolas. Desde entonces y hasta la actualidad, los animales han sido objeto de atención en innumerables cuentos populares, leyendas, relatos y obras de artes plásticas y musicales, óperas incluidas.

Un animal puede aparecer en una ópera de dos modos: sin parte cantada o como un personaje más del reparto vocal. En ambos casos, los hay que mueren y que no. Veámoslo.

En primer lugar, algunos animales no cantan, pero mueren, como el caballo Grane y el cisne de Monsalvat.

Grane (*El ocaso de los dioses*)

Las Eddas son recopilaciones en prosa y en verso de leyendas de la mitología islandesa, escritas en los siglos XII-XIII. Gracias a ellas sabemos que los dioses escandinavos, liderados por Odín, aguardaban en su residencia, el Valhalla, su destino final: el Ragnarök o batalla contra un enemigo de fuego, gigantes y monstruos. Para contar con un buen ejército, los dioses enviaban a las valquirias —palabra que significa «seleccionadoras de caídos»— a los campos de batalla humanos para reclutar a los mejores guerreros muertos en combate, a los que recuperaban a base de cuidados médicos, sexo y una bebida alcohólica llamada hidromiel: lo mejor de la tierra como fantasía celestial.

Según dichas leyendas, las valquirias se desplazaban a lomos de lobos salvajes, pero la imaginería romántica, que tanto debe a la Tetralogía wagneriana, prefirió representarlas cabalgando por los aires sobre caballos alados. El tercer acto de *La Valquiria* se inicia con la célebre cabalgata que ilustra la imposibilidad de poner sobre un escenario todo lo que dicta el libreto, en este caso nueve caballos y además con alas, de los que solo conoceremos el nombre de uno, Grane, el de Brunilda.

La presencia escénica de Grane en el Anillo es importante. Al final de La Valquiria permanece junto al círculo de fuego mágico que rodea a Brunilda dormida. Allí los encontrará *Sigfrido* cuando la despierte y con Grane marchará el héroe en busca de aventuras surcando el Rin sobre una barcaza en *El ocaso de los dioses*, que finaliza con la inmolación de Brunilda lanzándose sobre su caballo —obligado así a suicidarse— al fuego que consume el cadáver del héroe:

> Heiajoho! ¡Grane! ¡Saluda a tu señor!
> ¡Sigfrido! ¡Sigfrido! ¡Mira!
> *(ha subido al caballo y ahora lo hace encabritarse para prepararlo para el salto)*

> ¡Tu alegre esposa te saluda!
> *(se lanza con el caballo de un salto a la ardiente pira)*

Sin embargo, los escenógrafos rara vez acceden a poner al caballo en escena, no ya de carne y hueso. Ni de cartón.

El cisne *(Parsifal)*

En el lenguaje cinematográfico actual se diría que la última ópera de Wagner, *Parsifal*, es una precuela de *Lohengrin*, ya que este es hijo de aquel, pero el «festival escénico sagrado», como Wagner denominó a su despedida musical, se estrenó treinta y dos años más tarde. En ambas obras, relacionadas con el mito del Grial, aparece un cisne sobre el escenario. Empezando por el final, en el primer acto de *Parsifal* el «puro necio» mata de un flechazo a un cisne en los dominios de Monsalvat, donde lo consideran un animal sagrado. Cuando Gurnemanz le reprende por ello, Parsifal rompe su arco como el adolescente impulsivo que es.

En *Lohengrin*, en cambio, el cisne que transporta al caballero del Grial tirando de una barquilla por el Escalda en realidad es el pequeño Gottfried, el heredero del Ducado de Brabante convertido en cisne por la magia de la malvada Ortrud para acusar a su hermana Elsa de haberlo asesinado. Antes de regresar a Monsalvat, Lohengrin lo desencanta para consuelo de Elsa y su pueblo. Ahora la encargada de tirar de la barquilla será la paloma que cada año desciende del cielo para infundir nueva fuerza al poder milagroso del Grial.

Fiel a su técnica del *leitmotiv*, Wagner identifica a ambos cisnes con el mismo motivo, una simple segunda mayor descendente, suficiente para que el oyente iniciado sepa que se está hablando del cisne, aunque desconozca el idioma alemán.

Otros animales cantan y mueren, como:

Bystrouška *(La zorrita astuta)*

Leos Janáček creó sus obras maestras para la escena a partir de los 50 años y ya tenía 70 cuando estrenó *Las aventuras de la zorra Orejas Afiladas*, conocida en español como *La zorrita astuta*. Inspirada en unas tiras de cómic, posiblemente se trate de la ópera con más personajes animales que cantan: un tejón, un grillo, un saltamontes, una rana, un perro, un gallo, unas gallinas y, por supuesto, una familia entera de zorros. La zorrita es como la metáfora zoológica de la gitana Terynka, de la que todos en la aldea —incluso el cura— andan enamorados.

El guardabosques captura a la zorrita y se la lleva a casa, donde sufre los malos tratos de los niños y del gallo y las gallinas hasta que se harta, mata al gallo y escapa. En el bosque conoce a un zorro, se enamoran y al quedarse preñada el pájaro carpintero los casa. Pero cierto día, un cazador furtivo la mata de un disparo y con su piel confecciona un manguito para su futura esposa, Terynka, que nunca aparece en escena.

La obra finaliza con el guardabosques reflexionando en soledad sobre el ciclo de la vida cuando ve a una cría de la zorrita.

El zorro (Zorro)

Menos conocido que Charles Perrault, el ruso Alexander Afanásiev fue otro recopilador y redactor de cuentos, eslavos en su caso, de transmisión oral. Sobre uno de estos, titulado «El gallo, el gato y la zorra», compuso Igor Stravinski una «ópera-ballet» protagonizada por un zorro. *La fábula del Zorro, el Gallo, el Gato y el Carnero*, más conocida como *Renard* (zorro), es una «burlesque para la escena con canto y música» estrenada en 1922 por los Ballets Rusos, con Bronislava Nijinska al frente, y cuyos protagonistas son los cuatro animales citados, cuyos respectivos cantantes no ocupan el escenario sino el foso orquestal.

La obra es una sátira social y anticlerical en la que el zorro engaña por dos veces al gallo, al que rescatan sus amigos el gato y el carnero, hasta que los tres acaban estrangulándolo.

Aunque *Renard* no obtuvo demasiado éxito, Stravinski se mostró satisfecho con la representación de su «pequeña bufonada de saltimbanquis» y en particular con la actuación de la hermana del mítico Nijinsky en el papel del zorro.

Tom (El gato inglés)

Hay varias óperas protagonizadas por un gato. Dos de ellas llevan el mismo título, *El gato con botas*, basadas en el célebre cuento de Charles Perrault aunque con alguna diferencia. En la «ópera infantil» de Xavier Montsalvatge, con libreto de Néstor Luján, los personajes son: el gato (mezzo), el molinero y el rey (barítonos), la princesa (soprano) y el ogro (bajo). En la de César Cui no aparece el molinero sino sus tres hijos, el menor de los cuales es el falso marqués de Carabás. El argumento sigue fielmente al cuento, por lo que el astuto gato no muere.

Sin embargo, y a pesar de sus siete vidas, Tom, *The English Cat* de Werner Henze, perece asesinado. Basada en *Las aflicciones de una gata inglesa*, de Balzac, esta «historia para cantantes e instrumentos en dos actos» es una mordaz crítica social escrita por el dramaturgo Edward Bond, también inglés.

Un grupo de gatos pacifistas crea la Real Sociedad para la Protección a las Ratas (R.S.P.R.), a cuya presidencia aspira el viejo y corrupto Lord Puff. Pero la señora Halifax, la única «humana» del reparto, le aconseja tomar esposa antes y Puff se casa con la encantadora Minette. La señora

Puff y un gato vagabundo llamado Tom —un rico heredero en realidad— se enamoran y el insólito y atípico triángulo gatuno —pues Puff es el tenor y Tom el barítono— se rompe trágicamente cuando Minette es acusada falsamente de adulterio y arrojada en un saco al Támesis. Finalmente, Tom cae acuchillado de modo que parezca un suicidio y su fortuna se traspasa a la R.S.P.R.

Fafner (*Sigfrido*)

Como ya sabemos, en la última escena de *El oro del Rin* el gigante Fafner mata a su hermano Fasolt mientras se disputan el tesoro del Nibelungo, cuyas piezas más valiosas son dos: el anillo y el yelmo mágico. El primero otorga un poder omnímodo pero el segundo es mucho más práctico, pues permite hacerse invisible, trasladarse con gran rapidez y transformarse en cualquier criatura a voluntad. Para demostrarles esta última utilidad a Wotan y a Loge, en la segunda escena de *El oro del Rin*, el nibelungo Alberich se transforma primero en una gigantesca serpiente y después, para su perdición, en un minúsculo sapo que los dioses atrapan. Gracias al yelmo, el gigante Fafner custodia su tesoro en una gruta del bosque convertido en un terrible dragón entregado a su placer favorito: dormir.

El elfo Mime, hermano de Alberich, recogió al recién nacido de su madre muerta y, conocedor de su destino, lo cría como futuro instrumento de recuperación del tesoro, ya que Sigfrido desconoce el miedo que en cambio paraliza al enano ante la mera evocación de Fafner.

En el segundo acto de *Sigfrido*, Wagner abandona al héroe echado bajo un tilo para dedicarse a componer *Tristán e Isolda* primero y *Los Maestros Cantores* después. Que doce años después lo levantara para enfrentarse a Fafner como si musicalmente nada hubiera sucedido es uno de los prodigios creativos más asombrosos del compositor.

Sigfrido intenta imitar el canto de un pájaro del bosque fabricándose una flauta con una caña pero el resultado es lamentable y se desquita del ridículo ofreciendo una soberbia interpretación al cuerno de sus *leitmotive*, con tal energía que acaba despertando a Fafner. La lucha es inevitable y el muchacho clava su invencible Nothung en el corazón del dragón, que muere advirtiéndole de una traición. La escenificación de este duelo constituye un reto para los escenógrafos y con frecuencia logra arrancar las risas del público en el momento más inoportuno del gran drama. Al lamer la sangre del monstruo, Sigfrido comprende el lenguaje del pajarillo, que le informa de la existencia del tesoro en la cueva. El velsungo toma el anillo y el yelmo mágicos y echa a correr hacia la roca donde la ex valquiria Brunilda duerme su sueño infinito rodeado por una columna de fuego. Por poco tiempo.

A propósito de flautas, pocas muertes tan tempranas en una ópera como la de la monstruosa serpiente que persigue a Tamino nada más izarse el telón de *La flauta mágica* de Mozart. Apenas ha transcurrido un minuto del primer acto cuando las tres damas de la Reina de la Noche acaban con ella atravesándola con sus jabalinas de plata.

Y otros, en fin, cantan y no mueren:

Coro de animales

Como ya comentamos en *Las desgracias de Orfeo* de Darius Milhaud, intervienen tres coros e cámara, uno de ellos integrado por cuatro animales salvajes del bosque: un zorro, un lobo, un jabalí y un oso.

El pájaro del bosque *(Sigfrido)*

Acabamos de ver cómo, en el segundo acto de *Sigfrido*, el ladino Mime conduce al muchacho, que desconoce el miedo, hasta la guarida de Fafner con la esperanza de que lo mate con su espada Nothung recién restaurada para luego él envenenarlo con un brebaje y quedarse con el tesoro. Cuando el héroe clava su espada en el corazón del gigante convertido en dragón, el chorro de sangre desatado debió ser formidable. Sigfrido se la sacude como puede y cuando se lleva la mano ensangrentada a la boca se da cuenta de que puede entender el canto del pajarillo, con tesitura de soprano lírica de coloratura, que se lo cuenta todo: en la cueva hay un tesoro, del que le recomienda tomar solo el anillo y el yelmo mágico, y Mime piensa envenenarlo con su brebaje. Después de hacerse con el preciado botín, Sigfrido mata a Mime e introduce su cadáver en la cueva, cuya entrada obstruye con el de Fafner. El pájaro pasa a informarle de que en lo alto de una roca rodeada de fuego, duerme una virgen a quien «solo quien no sepa temer podrá despertar». Ese soy yo, piensa el atolondrado Sigfrido, y el pajarillo se ofrece a guiarlo hasta Brunilda.

El muchacho no sabe que le saldrá al camino su abuelo Wotan lanza en ristre para cortarle el paso al lugar donde abandonó a su hija preferida tras despojarla de la divinidad. O sea que la valquiria en realidad es una tía carnal de Sigfrido al que le dobla la edad, pero eso no parece importarles; ni a él, porque es la primera mujer a la que ve en su vida, ni a ella, como se desprende de las cosas que le canta cuando la despierta de un beso en los labios:

> ¡Héroe infantil!
> ¡Joven sublime!
> Ingenuo tesoro
> de hazañas supremas.
> Riendo he de amarte,
> risueña, me ciega el amor,

riéndonos caeremos
en el mortal abismo.

Huginn y Munnin

El anónimo pajarillo de *Sigfrido* no es la única ave que sobrevuela el Anillo del Nibelungo. Están también los dos cuervos de Wotan —Wagner los tomó de la mitología odínica— que informan al dios de cuanto sucede en el mundo: Huginn («pensamiento») y Munnin («memoria»). En *Sigfrido*, cuando el héroe llega a la roca de Brunilda, los cuervos ahuyentan al pájaro del bosque; en el *Ocaso de los dioses*, Hagen distrae a Sigfrido con su vuelo para lancearlo por la espalda, y en la escena final Brunilda les ordena llevar a Wotan la noticia de su fin y, a su paso por la roca, recojan a Loge, el fuego que destruirá el Valhalla.

Resultan curiosas las coincidencias entre el drama wagneriano y la versión Disney del cuento de Perrault *La bella durmiente*. En este filme de animación (1959) también hay una chica sumida en un sueño mágico del que la despierta el primer beso de un chico después de matar a un terrible dragón, en el que se había transformado la malvada hada Maléfica, quien tenía a su servicio un fiel cuervo-espía que la tenía al tanto de lo que acontecía tras los muros de su castillo y descubre el refugio donde las tres hadas buenas protegían a la princesa Aurora.

El ruiseñor

Otro pájaro operístico que canta y no muere lo encontramos en el «cuento lírico» en tres actos *El ruiseñor*, de Stravinski, que narra una preciosa historia protagonizada por un pajarillo difícil de ver, porque vive en la espesura del bosque, pero fácil de escuchar incluso caída la noche, cuando los otros pájaros enmudecen hasta el amanecer (en las lenguas anglosajonas la palabra «noche» forma parte del nombre de este pájaro cantor: nightingale en inglés, nachtigall en alemán, nachtegaal en holandés.)

Un ruiseñor —rol encomendado a una soprano coloratura— accede a mejorar con su canto el ánimo decaído del Emperador, pero los embajadores del Japón le regalan un ejemplar mecánico —los nipones siempre a la vanguardia tecnológica—, al que nombra primer cantante de la corte, y el ruiseñor regresa a su bosque. Cuando el Emperador (bajo) recibe la visita de la Muerte (contralto) para llevárselo, el ruiseñor de carne y hueso regresa para revivirlo con su canto. El Emperador le perdona que se marchara y lo nombra primer cantante. El ruiseñor le promete cantar para él todas la noches.

El corral, en fin, está representado en la ópera por un ave doméstica que además resulta ser magnicida: *El gallo de oro*. Sobre un libreto de extraña trayectoria (Vladimir Belski adaptó un poema de Pushkin basado en un relato de los Cuentos de la Alhambra, del estadounidense Whasington Irving), Rimski-Korsakov compuso una rabiosa sátira antizarista que la censura le impediría ver representada. Afectado por la brutal represión a tiros de una manifestación pacífica ante el Palacio de Invierno (el «domingo sangriento» de principios de 1905), Rimski ridiculizó en escena al zar Nicolás II disfrazado bajo la falsa personalidad del rey Dodón. Al final del tercer acto, el gallo —protagonizado por una soprano— se tira literalmente a la yugular del rey/zar Dodón, que muere desangrado en uno de los mecanismos de muerte más insólitos del repertorio.

Insectos

La criatura del reino animal más pequeña que aparece (es un decir, pues resulta invisible) en una ópera es la pulga de *Passaggio* de Luciano Berio (pantomima para mezzo y coro)

Una pulga amaestrada escapa del circo y se cuela en una reunión de mandatarios a los que fastidia tanto que acaban declarándose la guerra. A propósito de su estreno (1963), el músico confesaría que:

> Sabía que el público perdería la cabeza, así que informé al coro de que debían unirse tan pronto como la audiencia comenzara a gritar, repetir la última palabra e improvisar. Y eso es exactamente lo que pasó: algunas personas gritaron: ¡buffoni! y el coro hizo eco de la palabra de inmediato, la aceleró, la susurró, alargó la «o» y convirtió la improvisación en parte de la actuación. La audiencia se puso completamente histérica porque habían perdido la oportunidad de protestar.

En la mencionada *La zorrita astuta*, unas moscas y una libélula bailan mientras que algunos saltamontes y mosquitos, además, cantan.

Pero el insecto operístico de mayor protagonismo es, sin duda, el abejorro en el que la princesa-cisne convierte al zarévich Gvidon en *El cuento del zar Saltán*, de Rimski-Korsakov, con libreto basado en otro poema de Pushkin inspirador de una obra musical. Esta ópera se representa con frecuencia en Rusia, pero en el resto del mundo solo se conoce el fragmento conocido como «el vuelo del moscardón», aunque en el cuento original el príncipe se transforma sucesivamente en mosquito, tábano y zángano, pero nunca en moscardón.

V. LA ÓPERA EN LA ACTUALIDAD

MUSEOS DE ÓPERAS

El número de óperas que se han compuesto durante más de cuatro siglos es incalculable, pero se cuentan por millares. En la actualidad, sin embargo, los más de novecientos teatros que ofrecen temporadas de ópera en los cinco continentes solo programan unos trescientos títulos que superen las diez representaciones, de los que unas setenta óperas alcanzan las cincuenta funciones.

En su época dorada, el siglo XIX, la ópera era algo parecido al cine de nuestros días. El público exigía continuamente nuevas obras y los estrenos se sucedían sin descanso, pero ocurría como hoy con las películas: la gran mayoría de las obras que llegaban a estrenarse solo conocían unas pocas representaciones antes de caer en el olvido. Otras vivieron años de éxito antes de desaparecer para siempre y solo han sobrevivido las mejores, convertidas en «clásicas» como en las demás disciplinas artísticas.

De este modo, los teatros de ópera actuales se han convertido en auténticos «museos de óperas» a los que sigue acudiendo un público atraído por los títulos más famosos, apreciados y trillados del repertorio. El proceso es un bucle: las producciones son muy costosas, para llenar y los teatros programan lo que más le gusta al público y el gusto del público —traducido en compra de abonos y localidades— condiciona las programaciones. Así se explica que escenarios para ópera de masas como la Arena de Verona, con un aforo de 22.000 espectadores, llene verano tras verano todas las tardes programando las *Aida*, *Turandot*, *Cavalleria rusticana/Payasos*, *Carmen* o *La traviata* de siempre. A saber cuál sería la ocupación de las gradas si un año programasen otras grandísimas óperas como *Jenufa*, *Lady Macbeth de Mtsensk*, *Pelleas y Melisenda*, *La mujer sin sombra* o *Peter Grimes*, por ejemplo.

En la temporada 2018-19, el compositor con más óperas representadas en todo el mundo fue Verdi (2.941), seguido de Puccini (2.118) y Mozart (1.965), y a considerable distancia les siguen Rossini, Donizetti, Wagner y Bizet (quien ocupa el séptimo lugar, 709 representaciones, ¡con una sóla ópera!, naturalmente *Carmen*). Estas cifras confirman el perfil conservador de la mayoría de los «museos de óperas». La siguiente tabla muestra el ránking de las 50 obras que más se exponen en estas «operatecas», demostrativo del conservadurismo generalizado imperante en todos los teatros de ópera.

Óperas programadas en las temporadas 2019-2020 de todo el mundo

(datos obtenidos de www.operabase.com)

Nº	Título	Compositor	R	P
1	La traviata	Verdi	694	153
2	Carmen	Bizet	632	152
3	La bohème	Puccini	549	126
4	Rigoletto	Verdi	491	124
5	Don Giovanni	Mozart	487	105
6	Madama Butterfly	Puccini	482	114
7	*La flauta mágica*	*Mozart*	479	91
8	*El barbero de Sevilla*	*Rossini*	476	107
9	Tosca	Puccini	437	138
10	*Las bodas de Fígaro*	*Mozart*	422	89
11	Aida	Verdi	333	93
12	Turandot	Puccini	286	67
13	*El elixir de amor*	*Donizetti*	277	79
14	Nabucco	Verdi	275	67
15	Eugenio Oneguin	Chaikovski	271	79
16	Payasos	Leoncavallo	258	79
17	Hansel y Gretel	Humperdinck	257	50
18	*Fidelio*	*Beethoven*	205	43
19	Rusalka	Dvorak	192	31
20	Los cuentos de Hoffmann	Offenbach	191	37
21	*La Cenicienta*	*Rossini*	186	43
22	Cavalleria rusticana	Mascagni	186	55
23	*Cosi fan tutte*	*Mozart*	185	42

24	El trovador	Verdi	170	48
25	Lucia de Lammermoor	Donizetti	165	44
26	Faust	Gounod	164	37
27	Un ballo in maschera	Verdi	163	43
28	*Don Pasquale*	*Donizetti*	148	36
29	Don Carlo	Verdi	138	28
30	Salomé	Strauss, R.	131	29
31	La dama de picas	Chaikovski	123	38
32	Orfeo y Eurídice	Gluck	117	26
33	El holandés errante	Wagner	117	28
34	*Falstaff*	*Verdi*	115	24
35	Macbeth	Verdi	114	35
36	Gianni Schicchi	Puccini	106	34
37	Tristán e Isolda	Wagner	103	27
38	La Valquiria	Wagner	98	32
39	*El caballero de la rosa*	*Strauss, R.*	97	16
40	Otelo	Verdi	95	27
41	*El rapto en el serrallo*	*Mozart*	94	21
42	Lohengrin	Wagner	91	21
43	La ópera de los tres peniques	Weill	86	7
44	*La novia vendida*	*Smetana*	85	15
45	El cazador furtivo	Weber	82	17
46	El oro del Rin	Wagner	82	23
47	Romeo y Julieta	Gounod	81	23
48	Los pescadores de perlas	Bizet	68	20
49	Dido y Eneas	Purcell	68	18
50	Norma	Bellini	67	23

(**R**: representaciones. **P**: producciones. En cursiva, las óperas sin muertes)

El ránking de los diez compositores por representaciones de sus obras programadas en el mismo período es el siguiente:

	Compositor	**Rep.**
1º	Verdi	2941
2º	Puccini	2118
3º	Mozart	1965
4º	Rossini	943
5º	Donizetti	773
6º	Wagner	721
7º	Bizet	709

8º	Chaikovski	486
9º	Strauss	420
10º	Händel	342

Con diferencia, el país donde se programa más ópera es Alemania. Solo entre Berlín y Múnich se ofrecen más de 1000 representaciones cada año, las mismas que suman dos ciudades rusas, Moscú y San Petersburgo. La tercera y la cuarta ciudades del ranking, Hamburgo y Dresde, representan más óperas que París o Nueva York. Pero nada menos que otras veinticuatro ciudades alemanas ofrecen más de cien representaciones anuales. A mucha distancia, solo seis ciudades italianas y cinco austríacas sobrepasan el centenar de funciones.

Únicamente dieciséis ciudades en todo el mundo ofrecen más de 200 representaciones anuales, pero atendiendo al número de habitantes —sin contar las áreas metropolitanas— la ciudad más operística del mundo es Dresde, con una función de ópera por cada 1.534 habitantes, frente a los casi 32.000 de Nueva York. Zúrich y Viena acompañan a la capital sajona en el podio.

LA ÓPERA EN ESPAÑA Y LATINOAMÉRICA

España

Hasta hace relativamente pocos años, en España había pocas capitales dotadas de teatros que ofreciesen temporadas estables de ópera. De hecho, el único «teatro de ópera» merecedor de tal nombre fue durante mucho tiempo el Gran Teatro del Liceo de Barcelona, que todavía está considerado como uno de los más prestigiosos templos líricos de Europa. Antes del rescate para la ópera de un Teatro Real de Madrid utilizado durante décadas como sala de conciertos, la capital programaba sus temporadas operísticas, ironías del destino, en el Teatro de la Zarzuela. Fuera de las dos más importantes del país, sólo ofrecían temporadas de ópera ciudades con tradición operística como Oviedo (la segunda ópera más antigua, después del Liceo), Bilbao, Sevilla, Sabadell o Jerez de la Frontera.

El auge de la edificación de auditorios a partir de la década de los noventa permitió, por un lado, un cambio de sede a veteranas temporadas de ópera, como la bilbaína ABAO-OLBE del Coliseo Albia (un cine) al Palacio Euskalduna, o la sevillana del viejo Teatro San Fernando (demolido en 1973) al de la Maestranza, y por otro la posibilidad de ofrecer grandes producciones operísticas en las ciudades dotadas de estas modernas salas multiuso, como el Palacio de los Festivales de Santander, el Palau de les Arts Reina Sofía, el Palacio de la Ópera de A Coruña, los Auditorios Adán

Martín de Tenerife y Alfredo Kraus de Las Palmas de Gran Canaria, el Auditorio de Zaragoza, el Ciudad de León, el de Galicia, el Kursaal de San Sebastián, el Palacio de Festivales de Cantabria, el Baluarte de Pamplona o el Riojaforum de Logroño, por citar algunos ejemplos repartidos por la geografa nacionalan Canariatander, el Palau deuskalduna o repartidos por la geografía nacional. Estos magníficos auditorios, sin embargo, no son «teatros de ópera» y, si bien ofrecen mayor comodidad y mejor visibilidad al espectador que los viejos teatros de herradura, platea y palcos, también adolecen de desventajas como lejanía, frialdad y una acústica inapropiada para la integración entre voces e instrumentos que la ópera exige.

En febrero de 2005 se creó Ópera XXI, la asociación representativa del sector lírico nacional. Actualmente está integrada por los veinticinco teatros, temporadas y festivales de ópera y zarzuela estables más importantes del país[31]. Su misión es actuar como entidad interlocutora entre organismos oficiales o privados, nacionales e internacionales con el fin de potenciar la ópera y acercarla al alcance de todos los públicos.

Además de las Asociaciones de Amigos de la Ópera con infraestructura y recursos suficientes para montar sus propias temporadas de ópera, como ABAO-OLBE de Bilbao, Fundación Ópera de Oviedo, Associació Amics de l'Òpera de Sabadell o Amigos Canarios de la Ópera, por ejemplo, en las últimas décadas han proliferado por toda España numerosas agrupaciones de entusiastas aficionados a la ópera, constituidos en Asociaciones de Amigos sin ánimo de lucro, con el desinteresado objetivo de apoyar y divulgar actividades relacionadas con el arte lírico, tales como conferencias, presentaciones de óperas en formato audiovisual, asistencias a eventos operísticos y organización de recitales[32].

En 2019 se ofrecieron en los teatros de ópera españoles más de cuatrocientas representaciones de ópera, con una media cercana a las cuatro funciones por producción. Son unas cifras ciertamente lejanas de las que ofrecen otros países europeos en relación a su población, pero más alejadas aún de las que ofrecía España hace tan sólo treinta años.

---

31 Amics de l'Òpera de Sabadell, Amigos Canarios de la Ópera, Amigos de la Ópera de A Coruña, Amigos de la Ópera de Mahón, Asociación Bilbaína de Amigos de la Ópera, Asociación Gayarre Amigos de la Ópera de Navarra, Asociación Ópera de Cámara de Navarra, Festival Internacional de Música Castell de Peralada, Fundación Baluarte, Fundación Ópera de Oviedo, Gran Teatre del Liceu, Gran Teatro de Córdoba, Teatre Principal de Palma, Teatro Arriaga de Bilbao, Teatro Calderón de Valladolid, Teatro Campoamor, Teatro Cervantes de Málaga, Teatro Circo Albacete, Teatro de la Maestranza, Teatro de la Zarzuela, Teatro Real, Teatro Villamarta y Teatro Colón de Buenos Aires.

32 Existen Asociaciones de Amigos de la Ópera de Santiago de Compostela, de A Coruña, de Vigo, de Santa Cruz de Tenerife, de Málaga, Riojana (ARAO), de Bilbao (ABAO-OLBE), Gayarre de Pamplona (AGAO), Manchega (AMAO), Donostiarra (ADAO), Sevillana (ASAO), Canaria (ACO), Aragonesas Miguel Fleta y Pilar Lorengar, Vitoriana (AVOZ), Asturiana, de Mérida, de Granada, de Ibiza, de Madrid, de Getafe, de Aranjuez, de Santiago de Compostela, de la Comunidad Valenciana, de Palma de Mallorca, de Barcelona y Cataluña, de Granada, de Albacete, de Sabadell, de Girona, de Tarragona, de Lleida y de Sarriá, que el autor sepa.

Todo esto permite afirmar que en España el interés por una manifestación artística de primer nivel, como es la ópera, goza de una buena salud que los aficionados esperamos se mantenga en el futuro.

Latinoamérica

Por lo que respecta a la América Latina, la ópera desembarcó en los virreinatos americanos de España un siglo después de su invención en Italia. Como vimos en el capítulo dedicado a *El guaraní*, la primera representación operística del Nuevo Mundo tuvo lugar en el palacio virreinal de Lima en 1701, y diez años después se estrenó en el de México la primera obra compuesta por un latinoamericano. A partir de entonces, el fenómeno operístico se extendió por todo el continente iberoamericano y, al igual que en Europa y Norteamérica, alcanzó su máximo desarrollo a lo largo del siglo xix, tanto en la construcción de teatros adecuados para ofrecer ópera como en la composición de numerosas obras, la mayoría de las cuales tampoco se representan en la actualidad.

El auge de la ópera fue mayor en Argentina, debido a la inmigración de españoles e italianos, que impulsó la construcción de uno de los principales coliseos del mundo, el Teatro Colón de Buenos Aires[33], que posee una acústica excelente para la representación operística. Otros grandes teatros de ópera destacables son el palacio de Bellas Artes de Ciudad de México, el Teatro Colón de Bogotá, el Teatro Municipal de Santiago de Chile, el Teatro Nacional Sucre de Quito y el Teatro Amazonas de Manaos, Brasil.

A pesar de que en el siglo xxi compositores latinoamericanos continúan creando nuevas óperas, los pocos teatros que ofrecen temporadas líricas estables también pueden considerarse «museos de óperas», ya que sus programaciones se nutren principalmente de las mismas traviatas, cármenes, lucías, toscas, y flautas mágicas que los demás teatros del mundo. La siguiente tabla muestra los datos de la temporada 2019-2020, recogidos por Operabase.

País	Repr.	Prod.
Brasil	63	15
Argentina	63	14
Chile	37	6
México	15	6
Perú	13	5
Colombia	13	4

33 Con el objetivo de aficionar a todos los públicos, la Ópera de Cámara del Teatro Colón ofrece representaciones en otros escenarios bonaerenses, como el Parque Centenario, el Centro de Experimentación o el recuperado Centro Cultural 25 de Mayo.

Estas cifras exiguas, sin embargo, no reflejan el creciente interés por la ópera existente en estos países. Como analizaremos a continuación, las nuevas tecnologías en materia audiovisual han convertido la ópera en un fenómeno global que los países latinoamericanos están aprovechando para incrementar la difusión y el conocimiento de la ópera sin tener que acudir físicamente a un teatro. Hoy en día un aficionado argentino, colombiano o mexicano puede disfrutar viendo y escuchando ópera en su televisor, ordenador, tableta o teléfono inteligente, no sólo a través de plataformas europeas o norteamericanas sino en las integradas por teatros e instituciones de sus propios países.

En 2007 se creó en Santiago de Chile la organización sin ánimo de lucro Ópera Latinoamericana (OLA), que agrupa teatros de ópera iberoamericanos con la misión de difundir y promover el arte lírico en la región, mediante el trabajo en red. Está integrada por instituciones de Argentina, Brasil, Chile, Colombia, Ecuador, España, México, Perú y Uruguay, que celebran reuniones anuales para fijar nuevos objetivos.

En 2020, nueve teatros de América Latina se han unido para transmitir por *streaming* (retransmisión directa) óperas, conciertos y ballet: los argentinos Teatro Colón y Bicentenario de San Juan, los uruguayos Teatro Solís y Sodre, los chilenos Municipal de Santiago y Centro de Extensión Artística y Cultural de la Universidad de Chile (Ceac TV) y Teatro del Lago, el ecuatoriano Teatro Nacional de Sucre y el colombiano Teatro Mayor.

El desarrollo de Asociaciones y Clubes de Amigos de la Ópera en Argentina, Chile, Colombia y Perú es otro signo inequívoco de que, como en los demás continentes, la ópera en Latinoamérica también está viva.

La ópera en casa

Si no existieran las grabaciones en formatos de audio y vídeo; si únicamente se pudiesen conocer óperas asistiendo a sus representaciones en vivo, sólo sería posible disfrutar del reducido catálogo de títulos que temporada tras temporada programan los teatros, con escasas excepciones. El aficionado más entusiasta necesitaría dedicar mucho tiempo, emprender mucho viaje y desde luego gastar mucho dinero para ampliar su repertorio y, aún así, difícilmente lograría completar la lista de las cien óperas más representadas. Por fortuna, las modernas tecnologías en materia audiovisual permiten asistir en el cuarto de estar, con buena definición y excelente sonido, a numerosas representaciones operísticas a las que no fue posible asistir en vivo y en directo. Las posibilidades de disfrutar de la ópera en una pantalla, sea la enorme de un cine, la intermedia de un televisor de 60 pulgadas o la menor de un ordenador portátil, una tableta o un teléfono inteligente son varias. Hoy en día, un aficionado a la ópera puede instalar en su casa un magnífico equipo audiovisual por menos dinero del que emplearía en un solo viaje de turismo operístico para dos personas.

Las posibilidades de disfrutar una representación operística sin disponer de un asiento en el teatro son varias.

- Lo más parecido a asistir en persona a la ópera es verla y escucharla en directo y en comunidad a través de una gran pantalla, en alguno de los cines que han incorporado este producto a la programación de sus salas. Gracias a estas iniciativas, los aficionados pueden disfrutar, por ejemplo, a la exclusiva función inaugural de la temporada de la Scala el día de San Ambrosio (7 de diciembre) o a representaciones en el Covent Garden londinense, el Liceu barcelonés o el Met neoyorquino sin moverse de su ciudad, en una butaca más cómoda que las de muchos coliseos y por unos pocos euros.

- Las grabaciones en DVD o Blu-ray permiten realizar proyecciones divulgativas en salas de centros culturales con el fin de fomentar la afición a la ópera a cargo de asociaciones de amigos del género, pero su mayor ventaja es el disfrute casero de óperas. Las ventajas de estos soportes audiovisulaes son grandes:

  - Ofrecen un menú que permite seleccionar escenas, subtítulos (prácticamente todas las grabaciones los contienen en español), el formato de la pantalla y la calidad del sonido.

  - Los contenidos extras, como entrevistas a los protagonistas y directores o reportajes de «así se hace» (*backstage*) favorecen la comprensión de la obra y desentrañan los entresijos de la producción.

  - El espectador puede «moverse» por la ópera avanzando, retrocediendo o recreándose en determinadas escenas, así como detener la reproducción y reanudarla a voluntad.

  - La ópera filmada ofrece primerísimos planos que permiten apreciar en los rostros con el máximo detalle la expresión de sus emociones, lo que no es posible ni desde la primera fila de platea ni con los modernos unos binoculares que sustituyen a los los viejos impertinentes con manija.

  - La adquisición de discos permite al aficionado crearse su propio repertorio de títulos acorde a sus gustos y a un precio razonable.

  - Internet ha puesto al servicio del aficionado a la ópera la mayor y más variada oferta de títulos «a la carta», a través de varios medios de difusión digitales:

    ◊ Canales de pago, a través de webs especializadas o directamente por medio de plataformas de retransmisión de los propios teatros (el llamado «palco digital»), que ofrecen al aficionado un amplio catálogo de óperas grabadas o emitidas en directo cuya suscripción anual es inferior al coste de la entrada más barata de algunos teatros.

◊ Plataformas generalistas gratuitas, como YouTube, que ofrecen tanto fragmentos como óperas completas, aunque en muchos casos adolecen de baja calidad audiovisual o de ausencia de subtítulos en español[34].

Excelentes realizaciones televisivas en alta definición a cargo de grandes especialistas, unidas al sonido en alta fidelidad y a la traducción simultánea del libreto mediante subtítulos, pueden suponer una emocionante experiencia, incluso superior a una asistencia, vetada a la mayoría de los aficionados. Como hemos comentado, los primeros planos de los cantantes proporcionan un disfrute que resulta imposible incluso desde la primera fila del patio de butacas. Salvando todas las distancias, ocurre algo parecido en las modernas retransmisiones deportivas, donde los aficionados pueden disfrutar tanto o más en su cuarto de estar que encaramados en la grada, a muchos metros del «escenario» donde los jugadores se disputan el balón o los corredores la llegada a la meta.

En conclusión, las modernas tecnologías audiovisuales están propiciando una segunda época dorada de la ópera como espectáculo popular al alcance de todos los amantes del género, obviamente desprovista del glamur que proporciona la asistencia física a una velada operística, pero dotada de unas ventajas (accesibilidad, diversidad, comodidad y gratuidad) que hacen de la «ópera en casa» una opción irresistible —y perfectamente válida— para el melómano aficionado.

Si a esto se añade la suspensión de la actividad operística —como de todas las demás— por una situación de emergencia sanitaria como la ocasionada por la reciente pandemia vírica, o las incómodas restricciones impuestas a su continuidad, la ópera en casa se convierte en un recurso no ya interesante sino imprescindible y, de hecho, el único para continuar disfrutando del mayor espectáculo del mundo en situaciones de confinamiento o limitación de la movilidad.

---

34 La página web *kareol.es*, confeccionada con las aportaciones desinteresadas de numerosos colaboradores, ofrece traducciones al castellano de los libretos de más de cuatrocientas óperas.

ÍNDICE DE PERSONAJES

ÍNDICE DE ÓPERAS

Armonía del mundo	*Die Harmonie der Welt*	Hindemith	1957
Ascenso y caída de la ciudad de Mahagonny	*Aufstieg und Fall der Stadt Mahagonny*	Weill	1930
Asesinato en la catedral	*Assassinio nella cattedrale*	Pizzetti	1958
Asesino, esperanza de las mujeres	*Mörder, Hoffnung der Frauen*	Hindemith	1921
Así hacen todas	*Cosi fan tutte*	Mozart	1790
Atila	*Attila*	Verdi	1846
Bánk Bán	*Bánk Bán*	Erkel	1861
Beatriz de Tenda	*Beatrice di Tenda*	Bellini	1833
Beatriz y Benedicto	*Béatrice et Bénédict*	Berlioz	1862
Billy Budd	*Billy Budd*	Britten	1951
Boris Godunov	*Борисъ Годуновъ (Borís Godunov)*	Musorgski	1874
Buondelmonte	*Buondelmonte*	Donizetti	1834
Caballerosidad rústica	*Cavalleria rusticana*	Mascagni	1890
Calígula	*Caligula*	Glanert	2006
Capriccio	*Capriccio*	Strauss, R.	1942
Capuletos y Montescos	*I Capuletti e i Montecchi*	Bellini	1830
Cardillac	*Cardillac*	Hindemith	1926
Carmen	*Carmen*	Bizet	1875
Cástor y Pólux	*Castor et Pollux*	Rameau	1737
Cenicienta	*Cendrillon*	Massenet	1899
Cyrano de Bergerac	*Cyrano de Bergerac*	Alfano	1936
Cyrano de Bergerac	*Cyrano de Bergerac*	Damrosch	1913
Cyrano de Bergerac	*Cyrano de Bergerac*	DiChiera	2007
Dafne	*La Dafne*	Peri	1598
Dálibor	*Dalibor*	Smetana	1868
Diálogos de carmelitas	*Dialogues des Carmélites*	Poulenc	1957
Djamileh	*Djamileh*	Bizet	1872
Doctor Atómico	*Doctor Atomic*	Adams	2005
Doctor Fausto	*Doktor Faust*	Busoni	1925

El cuento del zar Saltán	*Сказка о царе Салтане (Skazka o Tsare Saltane)*	Rimski-Korsakov	1900
El Demonio	*Демон (Demon)*	Rubinstein, A.	1875
El Dictador	*Der Diktator*	Krenek	1928
El elixir de amor	*L'elisir d'amore*	Donizetti	1832
El emperador de la Atlántida	*Der Kaiser von Atlantis*	Ullmann	1975
El enano	*Der Zwerg*	Zemlinski	1922
El gallo de oro	*Золотой Петушок (Zolotói Petushok)*	Rimski-Korsakov	1909
El gato con botas	*El gato con botas*	Montsalvatge	1948
El gato inglés	*The English Cat*	Henze	1984
El Gran Macabro	*Le Grand Macabre*	Ligeti	1978
El guaraní	*Il Guarany*	Gomes	1870
El holandés errante	*Der fliegende Holländer*	Wagner	1843
El milagro de Heliane	*Das Wunder der Heliane*	Korngold	1927
El Nusch-Nuschi	*Das Nusch-Nuschi*	Hindemith	1921
El ocaso de los dioses	*Götterdämmerung*	Wagner	1876
El oro del Rin	*Das Rheingold*	Wagner	1869
El pobre marinero	*Le pauvre matelot*	Milhaud	1927
El prínicpe Igor	*Князь Игорь (Kniaz Ígor)*	Borodin	1890
El prisionero	*Il prigionero*	Dallapiccola	1950
El prisionero del Cáucaso	*Кавказский пленник (Kavkazski plénnik)*	Cui	1883
El proceso	*Der Prozess*	Von Einem	1953
El proceso	*The Trial*	Glass	2014
El profeta	*Le Prophète*	Meyerbeer	1849
El regreso de Ulises a la patria	*Il ritorno d'Ulisse in patria*	Monteverdi	1640
El rey Arturo	*Le Roi Arthus*	Chausson	1903
El rey de Ys	*Le roi d'Ys*	Lalo	1888

Idomeneo, rey de Creta	*Idomeneo, re di Creta*	Mozart	1781
Ifigenia en Áulida	*Iphigénie en Aulide*	Gluck	1774
Iolanta	*Иоланта (Yolanta)*	Chaikovski	1892
Jonny empieza a tocar	*Jonny spielt auf*	Krenek	1927
Jovánschina	*Хованщина (Jovánschina)*	Musorgski	1911
Juana de Arco	*Giovanna d'Arco*	Verdi	1845
Juana de Arco en la hoguera	*Jeanne d'Arc au bûcher*	Honegger	1938
Judith	*Judith*	Honegger	1925
Katia Kabanova	*Káťa Kabanová*	Janacek	1921
Katia y el diablo	*Čert a Káča (El diablo y Catalina)*	Dvorak	1899
La africana	*L'Africaine*	Meyerbeer	1865
La arlesiana	*L'arlesiana*	Cilea	1897
La bella muchacha de Perth	*La jolie fille de Perth*	Bizet	1867
La bohemia	*La bohème*	Puccini	1896
La caída de la casa Usher	*La chute de la maison Usher*	Debussy	1977
La caída de la casa Usher	*The Fall of te House of Usher*	Glass	1988
La Cenicienta	*La Cenerentola*	Rossini	1817
La chica del Oeste	*La fanciulla del West*	Puccini	1910
La ciudad muerta	*Die Tote Stadt*	Korngold	1920
La clemencia de Tito	*La clemenza di Tito*	Mozart	1791
La condenación de Fausto	*La damnation de Faust*	Berlioz	1846
La coronación de Popea	*L'incoronazione di Poppea*	Monteverdi	1642
La criada patrona	*La serva padrona*	Pergolesi	1733
La dama de picas	*Пиковая дама (Pikovaya dama)*	Chaikovski	1890
La doncella de Orleans	*Орлеанская дева (Orleanskaya deva)*	Chaikovski	1881

La fábula de Orfeo	*La favola d'Orfeo*	Monteverdi	1607
La favorita	*La favorite*	Donizetti	1840
La flauta mágica	*Die Zauberflöte*	Mozart	1791
La fuerza del destino	*La forza del destino*	Verdi	1862
La Gioconda	*La Gioconda*	Ponchielli	1876
La golondrina	*La Rondine*	Puccini	1917
La hija del capitán	*Капитанская дочка (Kapitanskaja docka)*	Cui	1911
La hija del regimiento	*La Fille du régiment*	Donizetti	1840
La italiana en Argel	*L'italiana in Algeri*	Rossini	1813
La judía	*La Juive*	Halévy	1835
La libertad de Bremen	*Bremer Freiheit*	Hölzsky	1988
La llama	*La fiamma*	Respighi	1934
La luna	*Der Mond*	Orff	1939
La médium	*The Medium*	Menotti	1947
La muda de Portici	*Masaniello ou La Muette de Portici*	Auber	1828
La muerte de Agamenón	*La muerte de Agamenón*	Bañuelas	2007
La muerte de Danton	*Dantons Tod*	Von Einem	1947
La muerte de Klinghofer	*The Death of Klinghofer*	Adams	1991
La mujer sin sombra	*Die Frau ohne Schatten*	Strauss, R.	1919
La nariz	*Нос (Nos)*	Shostakovich	1930
La novia vendida	*Prodaná nevěsta*	Smetana	1866
La ópera de tres peniques	*Die Dreigroschenoper*	Weill	1928
La prohibición de amar	*Das Liebesverbot*	Wagner	1835
La reina de las hadas	*The Fairy Queen*	Purcell	1692
La reina de Saba	*Die Königin von Saba*	Goldmark	1875
La sonámbula	*La sonnambula*	Bellini	1831
La tempestad	*The Tempest*	Adès	2004

La tragedia del diablo	*Die Tragödie des Teufels*	Eötvös	2010
La Traviata	*La Traviata*	Verdi	1853
La Valquiria	*Die Walküre*	Wagner	1870
La vestal	*La Vestale*	Spontini	1807
La vida breve	*La vida breve*	Falla	1913
La vida con un idiota	*Жизнь с идиотом (Jizn s idiotom)*	Schnittke	1992
La violación de Lucrecia	*The rape of Lucretia*	Britten	1946
La voz humana	*La Voix humaine*	Poulenc	1959
La Wally	*La Wally*	Catalani	1892
La zorrita astuta	*Příhody lišky bystroušky (Las aventuras de la zorra Orejas Afiladas)*	Janacek	1924
Lady Macbeth de Mtsensk / Katerina Izmailova	*Леди Макбет Мценского уезда (Ledi Mákbet Mtsénskogo uyezda) / Катерина Измайлова (Katerina Izmailova)*	Shostakovich	1934
Lakmé	*Lakmé*	Delibes	1883
Las alegres comadres de Windsor	*Die lustigen Weiber von Windsor*	Nicolai	1849
Las Bacantes	*Die Bassariden*	Henze	1966
Las bodas de Fígaro	*Le nozze di Figaro*	Mozart	1786
Las desgracias de Orfeo	*Les malheurs d'Orphée*	Milhaud	1926
Las excursiones del señor Broucek a la Luna y al siglo XV	*Výlety pana Broučka do Měsíce/Výlety pana Broučka do XV. Století*	Janacek	1920
Las indias galantes	*Les Indes galantes*	Rameau	1735
Las Villi	*Le Villi*	Puccini	1884
Lohengrin	*Lohengrin*	Wagner	1850
Los cuentos de Hoffmann	*Les contes d'Hoffmann*	Offenbach	1881

Mefistófeles	*Mefistofele*	Boito	1868
Mehmed II	*Maometto II*	Rossini	1820
Mignon	*Mignon*	Thomas	1866
Mireille	*Mireille*	Gounod	1864
Mitrídates Eúpator	*Il Mitridate Eupatore*	Scarlatti, A.	1707
Mitrídates rey de Ponto	*Mitridate, Re di Ponto*	Mozart	1770
Moctezuma	*Motezuma*	Vivaldi	1733
Moisés en Egipto	*Mosè in Egitto / Moïse et Pharaon*	Rossini	1818
Moisés y Aarón	*Moses und Aron*	Schönberg	1957
Mozart y Salieri	*Моцарт и Сальери (Motsart i Salyeri)*	Rimski-Korsakov	1898
Muerte en Venecia	*Death in Venice*	Britten	1973
Nabucco	*Nabucco*	Verdi	1842
Nixon en China	*Nixon in China*	Adams	1987
Norma	*Norma*	Bellini	1831
Oberto, conde de San Bonifacio	*Oberto, conte di San Bonifacio*	Verdi	1839
Orfeo y Eurídice	*Orfeo ed Euridice*	Gluck	1762
Orlando paladino	*Orlando paladino*	Haydn	1782
Otelo	*Otello*	Rossini	1816
Otelo	*Otello*	Verdi	1887
Palestrina	*Palestrina*	Pfitzner	1917
Parsifal	*Parsifal*	Wagner	1882
Pasaje	*Passaggio*	Berio	1963
Payasos	*Pagliacci*	Leoncavallo	1892
Pelleas y Melisenda	*Pelléas et Mélisande*	Debussy	1902
Pepita Jiménez	*Pepita Jiménez*	Albéniz	1896
Peter Grimes	*Peter Grimes*	Britten	1945
Porgy y Bess	*Porgy and Bess*	Gershwin	1935
Radamisto	*Radamisto*	Händel	1720
Rienzi, el último de los tribunos	*Rienzi, der Letzte der Tribunen*	Wagner	1842
Rigoletto	*Rigoletto*	Verdi	1851

Una cosa rara	*Una cosa rara, ossia bellezza ed onestà*	Martín y Soler	1786
Una mano de bridge	*A Hand of Bridge*	Barber	1959
Una tragedia florentina	*Eine florentinische Tragödie*	Zemlinski	1917
Una vida por el Zar / Iván Susanin	*Жизнь за царя (Zhizn za tsaryá) / Иван Сусанин (Ivan Susanin)*	Glinka	1836
Venimos al río	*We come to the River*	Henze	1976
Vísperas sicilianas	*I vespri siciliani / Les vêpres siciliennes*	Verdi	1855
Werther	*Werther*	Massenet	1892
Wozzeck	*Wozzeck*	Berg	1925
Zorro	*Renard*	Stravinski	1922

ÍNDICE DE COMPOSITORES

Einem, Gottfired von (1918-1996)
Enescu, George (1881-1955)
Eötvös, Péter (1944)
Erkel, Ferenc (1810-1893)

Falla, Manuel de (1876-1946)
Flotow, Friedrich von (1812-1883)

Gershwin, George (1898-1937)
Giordano, Umberto (1867-1948)
Glanert, Detlev (1960)
Glass, Philip (1937)
Glinka, Mijaíl (1804-1857)
Goldmark, Károly (1830-1915)
Goldschmidt, Berthold (1903-1996)
Gomes, Antônio Carlos (1836-1896)
Gounod, Charles (1818-1893)
Granados, Enric (1867-1916)

Halévy, Jacques Fromental (1799-1862)
Händel, Georg Friedrich (1685-1759)
Haydn, Joseph (1732-1809)
Henze, Hans Werner (1926-2012)
Hindemith, Paul (1895-1963)
Holst, Gustav (1874-1934)
Hölzsky, Adriana (1953)
Honegger, Arthur (1892-1955)
Humperdinck, Engelbert (1854-1821)

Janáček, Leoš (1854-1928)

Korngold, Erich Wolfgang (1897-1957)
Krenek, Ernst (1900-1991)

Lalo, Édouard (1823-1892)
Leoncavallo, Ruggero (1857-1919)
Ligeti, György (1923-2006)
Lully, Jean-Baptiste (1632-1687)

Marschner, Heinrich (1795-1861)
Martín i Soler, Vicent (1754-1806)
Mascagni, Pietro (1863-1945)
Massenet, Jules (1842-1912)
Menotti, Gian Carlo (1911-2007)
Messiaen, Olivier (1908-1992)
Meyerbeer, Giacomo (1791-1864)
Milhaud, Darius (1892-1974)
Moniuszko, Stanislaw (1819-1872)
Monteverdi, Claudio (1567-1643)
Montsalvatge, Xavier (1912-2002)
Mozart, Wolfgang Amadeus (1756-1791)
Músorgski, Modest (1839-1881)

Nicolai, Carl Otto (1810-1849)
Nielsen, Carl (1865-1931)

Offenbach, Jacques (1819-1880)
Orff, Carl (1895-1982)

Penderecki, Krzysztof (1933-2020)
Pergolesi, Giovanni Battista (1710-1736)
Peri, Jacopo (1561-1633)
Pfitzner, Hans (1869-1949)
Pizzetti, Ildebrando (1880-1968)
Ponchielli, Amilcare (1834-1886)
Poulenc, Francis (1899-1963)
Prokofiev, Sergéi (1891-1953)
Puccini, Giacomo (1858-1924)
Purcell, Henry (1659-1695)

Rachmaninov, Sergéi (1873-1943)
Rameau, Jean-Philippe (1683-1764)
Respighi, Ottorino (1879-1936)
Reyer, Ernest (1823-1909)
Rimski-Kórsakov, Nikolái (1844-1908)
Rossini, Gioachino (1792-1868)
Rubinstein, Antón (1829-1894)

BIBLIOGRAFÍA

Alier, R., *Historia de la ópera*. (col. Ma Non Troppo, Redbook ediciones, 2020.)

Alier, R., Heilbron, M. y Sans Rivière, F. *La discoteca ideal de la ópera*. (Planeta, 1995)

Barenboim, D. y Chéreau, P. *Diálogos sobre música y teatro: «Tristán e Isolda»*. (Acantilado, 2018).

Batta, A. Ópera. Compositores. Obras. Intérpretes. (Konemann, 1999)

Blanning, T. *El triunfo de la música. Los compositores, los intérpretes y el público desde 1700 hasta la actualidad*. (Acantilado, 2011)

Brunel, P. y Wolff, S. *L'Opéra*. (Bordas, col. Spectacles, 1980)

Clausse, E. *Puccini*. (Espasa-Calpe, 1985)

Delgado Cabrera, A. *Un texto teatral específico: el libreto de ópera*. (Servicio de publicaciones de la Universidad de La Coruña, 1993)

Dent, E.J. *Las óperas de Mozart*. (Huemul, 1965)

Falcón, L. *La ópera. Voz, emoción y personaje*. (Alianza Música, 2014)

Feuchtner, B. *Shostakóvich. El arte amordazado por la autoridad*. (Turner, 2004)

Fraga, F. y Matamoro, B. *Morir por la ópera*. (Espasa Música, 1996)

Gregor-Dellin, M. *Richard Wagner*. (Alianza Música, 1983)

Honegger, M. *Diccionario biográfico de los grandes compositores de la Música*. (Espasa Calpe, 1994).

Introducción al mundo de la ópera. *Colección de libretos con traducción, análisis y comentarios para una rápida comprensión*, de varios autores bajo la dirección de Roger Alier. (Ediciones Daimon, Barcelona y México D.F., 1981-1986)

La gran ópera, paso a paso. Colección de 50 disco-libros. (Edilibro, S.L. y PolyMedia Hamburg, para Club Internacional del Libro, 1998-2000)

La ópera, enciclopedia Salvat en 3 tomos bajo la dirección de Asunción Vilella (Salvat Editores, S.A., 1988)

Lang, P. H. *La experiencia de la ópera*. (Alianza Música, 1983)

McGovern, D. y Winter, D.G. *Mis recuerdos de la Ópera*. (Vergara, 1992)

Newman, E. *Wagner. El hombre y el artista*. (Taurus, 1982)

Panofsky, W. *Richard Strauss*. (Alianza Música, 1988)

Radrigales, J. y Villanueva, I. Ópera en pantalla. Del cine al streaming. (Cátedra, 2019)

Ross, A. *El ruido eterno. Escuchar al siglo XX a través de su música*. (Seix Barral, 2009)

Rosselli, J. *Vida de Verdi*. (Cambridge University Press, 2001)

Schonberg, H.C. *Los grandes compositores*. (Ma Non Troppo, 2007)

Scruton, R. *El anillo de la verdad. La sabiduría de «El anillo del nibelungo» de Richard Wagner*. (Acantilado, 2019)

Snowman, D. *La ópera. Una historia social*. (El ojo del tiempo, Siruela, 2012)

Soriano García, M.V. *El texto dramático-lírico y su representación: aportaciones escénicas a la ópera durante los siglos XX y XXI*. (Tesis doctoral, UNED, 2017)

Tranchefort, F.R. *La ópera*. (Taurus, 1985)

Trujillo Sevilla, J. *Breve historia de la ópera*. (Música. Alianza Editorial, 2007)

V.V.A.A. Ópera. Pasión, poder y política. (La Caixa, 2019)

Williams, B. *Sobre la ópera*. (Alianza Música, 2010)

(El autor también se ha servido de numerosos programas de mano de representaciones y de textos acompañantes a grabaciones operísticas en soportes de audio y vídeo).

ESCENAS CUMBRE EN LAS QUE LA MUERTE ES PROTAGONISTA

Ópera	Escena	Intérpretes	Código QR
Orfeo y Euridice (1762) de C.W. Gluck	Che farò senza Euridice	Janet Baker	
Don Giovanni (1787) de W.A. Mozart	Condenación de Don Juan	Mariusz Kwiecien (DG) Luca Pisaroni (L) Stefan Kocan	
Norma (1831) de V. Bellini	Inmolación de Norma	Sondra Razvanovsky	
Lucia de Lammermoor (1835) de G. Donizetti	Escena de la locura	Natalie Dessay	
Rigoletto (1851) de G. Verdi	Muerte de Gilda	Sumi Jo y Leo Nucci	

La traviata (1853) de G. Verdi	Muerte de Violetta	Stefania Bonfadelli	
Fausto (1859) de Ch. Gounod	Muerte de Margarita	Gabriela Benackova y Francisco Araiza	
Tristán e Isolda (1865) de R. Wagner	Muerte de amor de Isolda	Waltraud Meier	
Boris Godunov (1874) de M. Mussorgski	Muerte de Boris	Mijail Kazakov	
Carmen de G. Bizet (1875)	Asesinato de Carmen	Roberto Alagna y Elina Garança	
El Ocaso de los dioses (1876), de R. Wagner	Inmolación de Brunilda	Deborah Voigt	
Sansón y Dalila (1877) de C. Saint-Saëns	Escena final	Plácido Domingo	
Eugene Oneguin (1879) de P.I. Chaikovski	Duelo entre Oneguin y Lenski	Dmitri Hvorostovski y Ramón Vargas	
Pagliacci (1892), de R. Leoncavallo	Asesinato de Nedda y de Silvio	Luciano Pavarotti y Teresa Stratas	
Werther (1892), de J. Massenet	Suicidio de Werther	Jonas Kaufmann Sophie Koch	

La bohéme (1896), de G. Puccini — Muerte de Mimí — Dmytro Popov y Maija Kovalevska

Tosca (1900), de G. Puccini — Fusilamiento de Cavaradossi y precipitación de Tosca — Plácido Domingo y Raina Kabaivanska

Pélleas et Mélisande (1902) de C. Debussy — Asesinato de Pelleas — Robert Elibay-Hartog y Estelle Lefort

Billy Budd, de B. Britten — Ejecución de Budd — Phillipp Addis

Salomé (1905), de R. Strauss. — Ejecución de Salomé — Maria Ewing

Diálogos de Carmelitas (1957), de F. Poulenc — Ejecución de las carmelitas — Dagmar Schellenberger

Las bacantes (1966) de H.W. Henze — Escena final — Veronica Simeoni

Playlist Spotify

Si quieres escuchar los fragmentos de óperas y las arias más significativas que aparecen en este libro puedes acudir a este link que te conducirán a ellas:

https://open.spotify.com/playlist/1GtU9BJAasdrnXmbD4NL42?si=1bzV8d-8hTM-5oyhoBLHZKw